中華現代學術名著叢書

國故論衡

章太炎 著

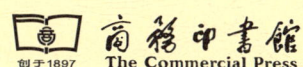

2019年·北京

圖書在版編目(CIP)數據

國故論衡 章太炎著．—北京：商務印書館，2010(2019.10重印)
(中華現代學術名著叢書)
ISBN 978-7-100-07383-7

Ⅰ.①國… Ⅱ.①章… Ⅲ.①國學—研究—中國—近代 Ⅳ.①Z126.275②B259.2

中國版本圖書館 CIP 數據核字(2010)第 185539 號

權利保留，侵權必究。

本書據浙江圖書館 1919 年《章氏叢書》木刻本排印

中華現代學術名著叢書
國 故 論 衡
章太炎 著

商務印書館出版
(北京王府井大街 36 號 郵政編碼 100710)
商務印書館發行
北京通州皇家印刷廠印刷
ISBN 978-7-100-07383-7

2010 年 12 月第 1 版　　開本 880×1240　1/32
2019 年 10 月北京第 4 次印刷　印張 9¾　插頁 1
定價 35.00 元

章 太 炎
(1869—1936)

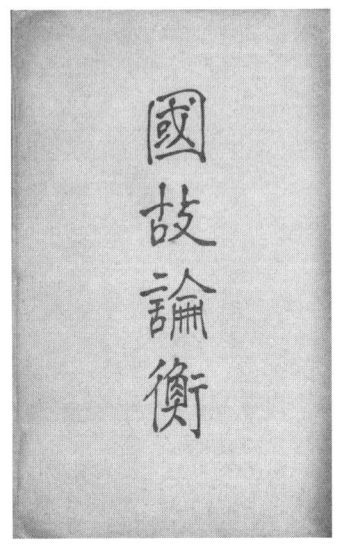
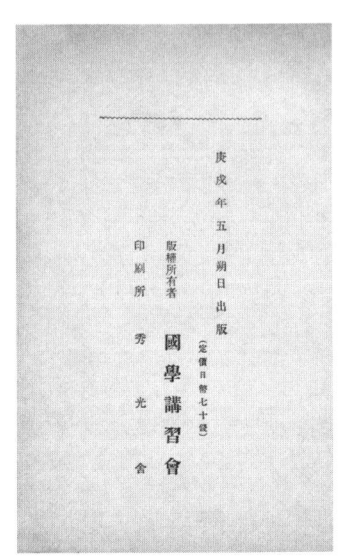

日本秀光舍1910年版《國故論衡》內封、版權頁

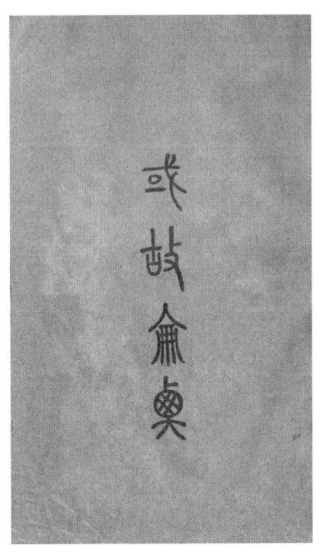
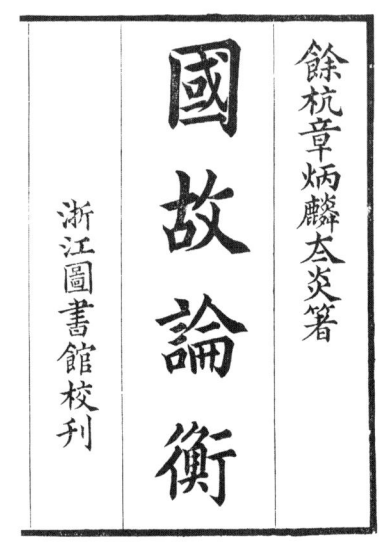

上海大共和日報館1912年版　　浙江圖書館1919年版
《國故論衡》封面　　　　　　《國故論衡》封面

出版說明

百年前，張之洞嘗勸學曰："世運之明晦，人才之盛衰，其表在政，其裏在學。"是時，國勢頹危，列強環伺，傳統頻遭質疑，西學新知亟亟而入。一時間，中西學并立，文史哲分家，經濟、政治、社會等新學科勃興，令國人亂花迷眼。然而，淆亂之中，自有元氣淋漓之象。中華現代學術之轉型正是完成於這一混沌時期，於切磋琢磨、交鋒碰撞中不斷前行，涌現了一大批學術名家與經典之作。而學術與思想之新變，亦帶動了社會各領域的全面轉型，爲中華復興奠定了堅實基礎。

時至今日，中華現代學術已走過百餘年，其間百家林立、論辯蜂起，沉浮消長瞬息萬變，情勢之複雜自不待言。温故而知新，述往事而思來者。"中華現代學術名著叢書"之編纂，其意正在於此，冀辨章學術，考鏡源流，收納各學科學派名家名作，以展現中華傳統文化之新變，探求中華現代學術之根基。

"中華現代學術名著叢書"收錄上自晚清下至二十世紀八十年代末中國大陸及港澳臺地區、海外華人學者的原創學術名著（包括外文著作），以人文社會科學爲主體兼及其他，涵蓋文學、歷史、哲學、政治、經濟、法律和社會學等衆多學科。

出版説明

出版"中華現代學術名著叢書",爲本館一大夙願。自一八九七年始創起,本館以"昌明教育,開啓民智"爲己任,有幸首刊了中華現代學術史上諸多開山之著、扛鼎之作;於中華現代學術之建立與變遷而言,既爲參與者,也是見證者。作爲對前人出版成績與文化理念的承續,本館傾力謀劃,經學界通人擘畫,并得國家出版基金支持,終以此叢書呈現於讀者面前。唯望無論多少年,皆能傲立於書架,并希冀其能與"漢譯世界學術名著叢書"共相輝映。如此宏願,難免汲深綆短之憂,誠盼專家學者和廣大讀者共襄助之。

商務印書館編輯部

二〇一〇年十二月

凡　例

一、"中華現代學術名著叢書"收錄晚清以迄二十世紀八十年代末，爲中華學人所著，成就斐然、澤被學林之學術著作。入選著作以名著爲主，酌量選錄名篇合集。

二、入選著作内容、編次一仍其舊，唯各書卷首冠以作者照片、手迹等。卷末附作者學術年表和題解文章，誠邀專家學者撰寫而成，意在介紹作者學術成就，著作成書背景、學術價值及版本流變等情況。

三、入選著作率以原刊或作者修訂、校閱本爲底本，參校他本，正其訛誤。前人引書，時有省略更改，倘不失原意，則不以原書文字改動引文；如確需校改，則出脚注説明版本依據，以"編者注"或"校者注"形式説明。

四、作者自有其文字風格，各時代均有其語言習慣，故不按現行用法、寫法及表現手法改動原文；原書專名（人名、地名、術語）及譯名與今不統一者，亦不作改動。如確係作者筆誤、排印舛誤、數據計算與外文拼寫錯誤等，則予徑改。

五、原書爲直（横）排繁體者，除個别特殊情況，均改作横排簡體。其中原書無標點或僅有簡單斷句者，一律改爲新式標點，專名號從略。

六、除特殊情況外，原書篇後注移作脚注，雙行夾注改爲單行夾注。文獻著録則從其原貌，稍加統一。

七、原書因年代久遠而字迹模糊或紙頁殘缺者，據所缺字數用"□"表示；字數難以確定者，則用"（下缺）"表示。

《國故論衡》贊

黄侃

　　夫學者多貴古而賤今，談者有廢視而任聽，先民已病其然，況復學術衰息之世哉！今樸學者所至，惠、戴、錢、段也；玄學者所至，二程、朱、陸也；文學者所至，汪、李、姚、張也。循茲榘度，可以弗畔。然不窺其取材所由，而徒校其成器所至，守法則易，規始卽已難矣。狂狷之倫，或云不阡不陌，不章不句，卒令條理凌亂，文辭破碎，乃愈庳於前也。

　　餘杭章先生遭濡首之運，處亢龍之位，閔此國故，蔽於兇愚，講誦多暇，微言閒作。侃以頑質，獲侍君子，嘗聞文字之本，肇於語言，形體保神，聲均是則。曉徵、撝約，獨能尋理。若夫探賾索隱，妙達神恉，聲有對轉，故重文摯多；音無定型，而轉注斯起，其猶二君所未逮乎？名言孳乳，各有淵泉。私以蒼頡造文，形皆獨體，聲義遞衍，不離其宗，乃得九千餘字。然有采音而遺其形，見彼而隱乎此，此精微之獨至也，不曉其故。子韶右文，轉成支詘。曾因侍論，有所陳獻，旣見稱許，規爲《文始》。夫其比合殊文，徵之故老，和理內發，符采外章，則必度越數子矣。

　　又文辭之部，千緒萬端，仲任、彥和，獨明經略。蕭嗣《文選》，上本摯君，蓋乃鈔選之常科，非盡文辭之封域。伯元所論，滌生所鈔,弇侈殊塗,悉違律令。俗師末士,醒醉不分,以所知爲祕妙。自非胡辇之器,卓爾之材,其孰不波蕩者哉!侃昔屬文,頗得統緒,比從師學,轉益自信。念文學之敝,悼知者之難,請箸篇章,以昭來葉爾。乃順解舊文,匡詞例之失;甄別今古,辨師法之違;持論議禮,尊魏晉之筆;緣情體物,本縱橫之家,可謂博文約禮深根寧極者焉。

又諸子之業,兼會精垺。江左區區,玄學未泯。自玄成《治要》,鈔疏班志,九流之部,獨汰名家。退之粗悁,橫以老、莊深美之言,下等黄巾、祭酒。自爾録略,殽雜無分。故科目作而九流訛,對策盛而玄理紊。宋世高材,獨欲修補儒術。周氏始作,猶近巫師,惟彼土苴,非足珍腆。二程廓爾,取資禪録,尋其從迹,未越郭象、皇侃之流;猶復外拒釋老,内排荀氏,斯由屈於時會,非其本懷。晚有伯安,自任黠慧,彊梁故可以爲教父,跛眇故可以任武人,譁諜故可以樹朋黨。不閱衆甫,故不能立主客;不明分理,故不能成家言。比及近世,顔、戴代興,假令陳於校舍,則材技精妍;施於有政,而民萌忘死,自一時良書也。若其原本情性,推論仁義,膚受不精,彌益湫隘爾。則時有文質,論有屈伸,持爲常度,未知其可。夫見古人之大體者,不專於鄒、魯;識形名之取舍者,無閒於儒、墨。其惟先生,和以天倪,要之名守,通衆家之紛蔽,衡所見之少多;令庖丁廢其躊躇,爲斲輪言其甘苦。咨可謂制割大理,疏觀萬物,以淺持博,以一持萬者也。

方今華夏彫瘁,國聞淪失,西來殊學,盪滅舊貫。懷古君子,徒用盡傷,尋其殘殘,豈誠無故?老聃有言:"物壯則老,是謂不道，不道早已。"然則持老不衰者，必復丁乎壯矣；於穆不已者，必自除其道矣。侃幸覯祕書，竊抽微旨，雖牛蹏之涔，匪盡於大海；而洪鐘之響，或藉於寸莛。弟子蘄州黃侃。

目　　錄

上卷　小學十一篇

小學略説 …………………………………………… 3
成均圖 ……………………………………………… 8
音理論 ……………………………………………… 22
二十三部音準 ……………………………………… 26
一字重音説 ………………………………………… 38
古音娘日二紐歸泥説 ……………………………… 40
古雙聲説 …………………………………………… 44
語言緣起説 ………………………………………… 48
轉注假借説 ………………………………………… 54
理惑論 ……………………………………………… 63
正言論 ……………………………………………… 66

中卷　文學七篇

文學總略 …………………………………………… 73
原經 ………………………………………………… 83

明解故上 …………………………………… 98
明解故下 …………………………………… 107
論式 ………………………………………… 116
辨詩 ………………………………………… 122
正齋送 ……………………………………… 134

下卷　諸子學九篇

原學 ………………………………………… 145
原儒 ………………………………………… 149
原道上 ……………………………………… 153
原道中 ……………………………………… 160
原道下 ……………………………………… 163
原名 ………………………………………… 167
明見 ………………………………………… 176
辨性上 ……………………………………… 188
辨性下 ……………………………………… 197

附錄

古今音損益說 …………………………… 204
論語言文字之學 ………………………… 207
駁中國用萬國新語說 …………………… 226

章太炎先生學術年表 …………………… 張渭毅　243
論章太炎先生的學術成就 ……………… 章念馳　273
校後記 …………………………………… 張渭毅　285

上卷　小學十一篇

小學略説

《地官·保氏》："教國子以六藝，曰禮、樂、射、御、書、數。"《七略》列書名之守于小學。《律歷志》曰："數者，一十百千萬也。其法在算術，宣于天下，小學是則。"此則書、數并稱，而禮、樂、射、御闕焉。蓋六藝者，習之不一時，行之不一歲，射御非兒童所任。六樂之舞：十三始舞勺，成童舞象，二十而舞大夏。禮亦準是。獨書、數不出刀筆口耳，按古多用籌算，筆算乃始梵僧，事見《開元占經》。而後漢徐岳《數術記遺》已云"了知算首唯秉五，腹背兩兼"，甄鸞《注》曰："了算之法，一位爲一了字。其了有三曲，其下股之末，内主一，外主九，下次第一曲，内主二，外主八，當第二曲，内主三，外主七，其第三曲，内主四，外主六，當了字之首則主五。"此亦筆算之術。岳時雖已見梵書，而以一了字兼晐九數，與彼土九字各有符號者不同，則僞中土舊筆算術也。上推史趙①，以亥有二首六身計日，是亦已用筆算矣②。要之，書數皆刀筆之事，書兼聲韻，亦在口耳。長幼宜之。《説文叙》曰："保氏教國子，先以六書。"明節次冣初也，其與九數容得并習，故劉歆言小學，獨舉書、數。若夫理財正辭，百官以治，萬民以察，莫大乎文字。自

---

① "事見……上推"，初版本無，"史趙"上有一"然"字。——校者注（本書頁下注均爲"校者注"，下文不再一一注明，以避繁冗。）

② 初版本作"是已有筆算矣"。

李斯、蕭何以降，小學專任八體久矣。

《世本》言蒼頡作書，司馬遷、班固、韋誕、宋忠、傅玄，皆云蒼頡爲黃帝史官，《説文叙》亦同此説。崔瑗、曹植、蔡邕、索靖以爲古之王者。張揖言蒼頡爲帝王，生於禪通之紀。揖所説蓋本慎到，曰①"蒼頡在庖犧前"，皆見《書正義》引。其時代無以明焉。《説文叙》曰："蒼頡之初作書，蓋依類象形，故謂之文；其後形聲相益，卽謂之字。文者，物象之本；字者，言孳乳而寖多也。"鄭康成注《禮》曰："古曰名，今曰字。"尋討舊籍，書契稱字，慮非始于李斯。何者？人生幼而有名，冠爲之字。名字者，一言之殊號。名不可二，孳乳寖多謂之字，足明周世有其稱矣。

六書之次，《説文叙》曰："一曰指事。指事者，視而可識，察而見意，上下是也。二曰象形。象形者，畫成其物，隨體詰詘，日月是也。三曰形聲。形聲者，以事爲名，取譬相成，江河是也。四曰會意。會意者，比類合誼，以見指撝，武信是也。五曰轉注。轉注者，建類一首，同意相受，考老是也。六曰假借。假借者，本無其字，依聲託事，令長是也。"世稱異域之文諧聲，中國之文象形，此徒明其大校，非復刻定之論。徵尋外紀，專任象形者，有西南天教之國。會意一例，域外所無。至于計數之文，始一終九，自印度、羅甸、亞羅比耶，皆爲指事。轉注、假借，爲文字繁省之例，語言變異之端，雖域外不得闕也。假借非謂同音通用，見《轉注假借説》。六書所以始指事者，固由夷夏所同，引以居首。若其常行之字，中土不可一用并音，亦誠有以。蓋自軒

---

① 初版本"曰"字上有"慎到"二字。

轅以來，經略萬里，其音不得不有楚夏，并音之用，祇局一方，若令地望相越，音讀雖明，語則難曉。今以六書爲貫，字各歸部，雖北極漁陽，南暨儋耳，吐言難諭，而按字可知，此其所以便也。海西諸國，土本陿小，尋響相投，媮用并音，宜無罣礙。至于印度，地大物博，略與諸夏等夷，言語分爲七十餘種，而文字猶守并音之律，出疆數武，則筆札不通。梵文廢閣，未踰千祀，隨俗學人，多莫能曉，所以古史荒昧，都邑殊風。此則并音宜于小國，非大邦便俗之器明矣。漢字自古籀以下，改易殊體，六籍雖遥，文猶可讀。古字或以音通借，隨世相沿，今之聲韻，漸多譌變，由是董理小學，以韻學爲候人。譬猶旃斾辨色，鉦鐃習聲，耳目之治，未有不相資者焉。言形體者始《說文》，言故訓者始《爾雅》，言音韻者始《聲類》，三者偏廢，則小學失官。自《聲類》而下者，卷軸散亡，今所難理。後出之書，獨有《廣韻》，則其粲然者矣。

《廣韻》者，今韻之宗，其以推迹古音，猶從部次。上考《經典釋文》及《一切經音義》，舊音絕響，多在其中。顧炎武爲《唐韻正》，始分十部。江永《古韻標準》分十三部。段玉裁《六書音均表》分十七部。孔廣森《詩聲類》分十八部。王念孫分二十一部。大氐前修未密，後出轉精，發明對轉，孔氏爲勝。若其梭次五音，本之反語，孫炎、韋昭，財有魄兆。舊云雙聲，《唐韻》云紐，晚世謂之字母。三十六母雖依擬梵書，要以中夏爲準。顧氏稽古有餘，審音或滯。江氏復過信字母，奉若科律。段、孔以降，含隱不言。獨錢大昕差次古今，以舌上、輕脣二音，古所無有，然后宮商有準，八風從律。斯則定韻莫察乎孔，審紐莫辯乎錢,雖有損益,百世可知也。

段氏爲《説文注》,與桂馥、王筠并列,量其殊勝,固非二家所逮。何者？凡治小學,非專辨章形體,要于推尋故言,得其經脈。不明音韻,不知一字數義所由生,此段氏所以爲桀[①]。旁有王氏《廣雅疏證》、郝氏《爾雅義疏》,咸與段書相次。郝于聲變,猶多億必之言。段于雅訓,又不逮郝。文理密察,王氏爲優,然不推《説文》本字,是其瑕適。若乃規摹金石,平秩符璽,此自一家之業。漢之鴻都,鳥篆盈簡,曾非小學之事守也。專治許書,竄句增字,中聲雅誥,略無旁通,若王筠所爲者,又非夫達神恉者也。

蓋小學者,國故之本,王教之端,上以推校先典,下以宜民便俗,豈專引筆畫篆、繳繞文字而已。苟失其原,巧僞斯甚。昔二徐初治許書,方在草創,曾未百歲,而荆舒《字説》橫作,自是小學破壞,言無典常。明末有衡陽王夫之,分文析字,略視荆舒爲愈。晚有湘潭王闓運,亦言指事、會意,不關字形。此三王者,異世同術,後雖愈前,乃其刻削文字,不求聲音,譬瘖聾者之視書,其揆一也。

或言書契因于八卦,"水"爲坎象,"巛"則坤圖。若爾,八卦小成,"乾"則三畫,何故三畫不爲"天"字？又言始一終亥,是卽"歸藏"。循是以推,韻書始于一"東",何知非帝出乎震,爲大一下行九宮之法乎？《爾雅》始于"初"字,初者,裁衣之始,復可云"取諸乾坤","垂衣裳而天下治"邪？或言文字之始,肇起結繩,

---

① "所以",初版本作"獨以"。

一繩縈爲數形，一畫衍爲數字，此又矯誣眩世，持論不根。即如是者，始造"一"字，繼則有"二"，"二"必繼"一"，宜在諸文之前，何故重糸成文，不以一畫紆詘？且蒼頡造文，本象鳥獸蹏迒之迹，馬蹏而外，寧有指爪不分，獨爲一注者哉？若斯之徒，妄穿崖穴，務欲勝前，不悟音訓相依，妙入無閒，先達之所未袪，當推明者尚衆。何爲亢越兔蹊，自絶大道！斯所謂"攻難之士，求名而不得"者也。

大凡惑幷音者，多謂形體可廢。廢則言語道窒，而越鄉如異國矣。滯形體者，又以聲音可遺。遺則形爲糟魄，而書契與口語益離矣。余以寡昧，屬兹衰亂，悼古義之淪喪，慜民言之未理，故作《文始》以明語原，次《小學答問》以見本字，述《新方言》以一萌俗。簡要之義，箸在兹編。舊有論簽，亦或入錄。若夫陰陽對轉，區其夸侈；半齒彈舌，歸之舌頭；明一字之有重音，辨轉注之繫造字；比于故老，蓋有討論修飾之功矣。如謂不然，請俟來哲。

成均圖

韻目表

右韻目：上列陽聲，下列陰聲，爲對轉。其數部同居者，同一對轉。

紐目表

　喉音：見、谿、羣、疑

牙音：曉、匣、影喻

舌音：端知、透徹、定澄、泥日娘、來

齒音：照精、穿清、牀從、審心、禪邪

脣音：幫非、滂敷、竝奉、明微

右紐目：其旁注者，古音所無。

成　均　圖

陰弇與陰弇爲同列。

陽弇與陽弇爲同列。

陰侈與陰侈爲同列。

陽侈與陽侈爲同列。

凡同列相比爲近旁轉。

凡同列相遠爲次旁轉。

凡陰陽相對爲正對轉。

凡自旁轉而成對轉爲次對轉。

凡陰聲、陽聲雖非對轉,而以比鄰相出入者,爲交紐轉。

凡隔軸聲者不得轉;然有閒以軸聲隔五相轉者,爲隔越轉。

凡近旁轉、次旁轉、正對轉、次對轉爲正聲。

凡交紐轉、隔越轉爲變聲。

孔氏《詩聲類》列上下兩行,爲陽聲、陰聲;其陽聲卽收鼻音,陰聲非收鼻音也。然鼻音有三孔道,其一侈音,印度以西皆以半摩字收之,今爲談、蒸、侵、冬、東諸部,名曰撮脣鼻音;古音蒸、侵常相合互用,東、談亦常相合互用,以侵、談撮脣,知蒸、東亦撮脣。今音則侵、談撮脣,而蒸、東與陽同收,此古今之異。① 其一弇音,印度以西皆以半那字收之,今爲青、真、諄、寒諸部,名曰上舌鼻音;其一軸音,印度以娛字收之,不待撮脣上舌,張口气悟,其息自從鼻出,名曰獨發鼻音。夫撮脣者使聲上揚,上舌者使聲下咽,旣已乖異。且二者非故鼻音也,以會厭之气。被閉距于脣舌,宛轉趨鼻,以求渫宣,如河決然。獨發鼻音則異是。印度音"摩"、"那"皆在體文,而"娛"獨在聲埶,亦其義也。談、蒸、侵、冬、東諸部,少不審則如陽,然其言之自別。《釋名》云:"風,沇、豫、司、冀橫口合脣言之,風,氾也。青、徐踧口開脣推气言之,風,放也。"放在陽,爲開脣,風、氾在侵、談,爲合脣,區以別矣,焉可憮也?夫陽聲弇者,陰聲亦弇;陽聲侈者,陰聲亦侈;陽聲軸者,陰聲亦軸。是故陰、陽各有弇、侈而分爲四,又有中軸而分爲六矣。

---

① 初版本無此注。

不悟是者，鼻音九部悉似同呼，不能得其鰓理。今江河之域，撮脣鼻音收之亦以半那字，惟交廣以半摩字收之。此於聲音大劑，能條理始終矣。然魚者閉口之極，陽者開口之極。故陽部與陽侈聲、陽弇聲皆旁轉。陽部轉東者，如《老子》以盲、爽、狂與聾爲韻，及泱瀚音轉，伀鍾作章，是也。轉侵冬者，如《漢書·李廣傳》"諸妄校尉"，張晏釋妄爲凡；《說文》訓訪爲汎謀；《釋名》訓風爲放；《易》"朋盍巑"，或爲"盍簪"，或爲"盍宗"；又"商"轉爲"宋"；《周頌》以崇、皇爲韻，是也。轉蒸者，如"揚觚"作"媵觚"，"未嘗"即"未曾"；及彊通作强，是也。轉談者，如《大雅》以瞻、相爲韻；《商頌》以濫、皇爲韻；及鏡轉作鑑，是也。此與陽侈聲之轉也。轉青者，如《禮經》竝亦作併；又將借爲請；丁、鼎借爲當，是也。轉真者，如萌、甿、氓即民；榜又稱篇，今字扁亦爲榜；又楄部訓方木，是也。轉諄者，如《易傳》以炳、君爲韻；《爾雅》"芺光"亦作"蕨攈"；又芳轉爲芬，防轉爲墳，是也。轉寒者，如"磺人"作"卝人"；"舜妃女英"，《帝繫》篇作"女匽"；《說文》："祥，讀若普。"《地理志·牂柯郡》："同並。"應劭曰："並，音伴。"①是也。此與陽弇聲之轉也。魚部與陰侈聲、陰弇聲皆旁轉。魚部轉侯者，如武借爲柎；傅借爲坿，是也。轉幽者，如甫聲字爲牖；《大雅》以攸韻休、逑、憂，是也。轉之者，如"民雖靡膴"作"民雖靡腜"；又憮、悔同訓；謨、謀同訓，是也。轉宵者，如"犧牲不略"作"犧牲不勞"；古文以"奥"爲"澤"；又《漢書》"暴室"亦作"薄室"；《詩》之"暴虎"即爲"搏虎"，是也。此與陰侈聲之轉也。轉支者，如"迹"籀文作"速"；狄字今從亦聲；閩圛爲豈弟；曰圛爲曰涕，是也。轉至者，如《方言》云："迹迹、屑屑，不安也。"二語相轉；"韌敎，黏也。"二語相轉；《說文》"渠蝚"，《釋蟲》作"蛣蜣"；又拮据爲連語；《釋詁》劼又訓固；《廣雅》石訓爲擿，賈子亦云提石，而擿字自《詩箋》已作擲也。轉脂者，如《說文》"壻讀若細"，壻本言謂，故字或作聟，假謂爲之，而今讀若細；又《史

---

① "《地理志》……音伴。"初版本無。

記·匈奴列傳"黃金胥紕",《漢書》作"犀比",《戰國策》言"師比",是也。轉隊者,如《説文》菾訓鬱,佢訓拙,又鼓造爲屈造;《魏略》書徐庶"白堊涂面"作"白堊突面",是也。轉泰者,如于、越同訓;又《釋名》稱草圓屋曰蒲,卽草舍之庞字,是也。轉歌者,如格字小篆作駕;削瓜曰華之,借爲撝之;又何亦作胡;菱讀如訛,是也。此與陰弇聲之轉比。餘熱未已,陽與陽弇聲旁轉,極于寒矣,又從寒以對轉而得泰。如對揚亦作對越,威揚借爲威戉,是也。陽與陽侈聲旁轉,極于談矣,又從談以對轉而得宵。如騏騏牡馬,亦作驍驍牡馬。又枉轉爲夭,量轉爲料,是也。魚與陰弇聲旁轉,極于歌矣,又從歌以對轉而得寒。如篧或作觿,無作曼,烏作安,跛扈作畔援,魁梧作魁岸,是也。魚與陰侈聲旁轉,極于宵矣,又從宵以對轉而得談。如古文扈作岹,從丂聲,草木之華爲丂,音轉爲扈爲華;又叙從古聲,楉讀若芰,是也。夫惟當軸處中,故兼攝弇侈之聲,與之交捷。其弇侈者爲軸所隔,則交捷之塗絶矣。孔氏所表,以審對轉則優,以審旁轉則蹇。辰、陽鱗次,脂、魚櫛比,由不知有軸音,故使經界華離,首尾橫決,其失一也。緝、盍二部,雖與侵、談有別,然交廣人呼之,同是撮脣,不得以入聲相格。孔氏以緝、盍爲陰聲,其失二也。對轉之理,有二陰聲同對一陽聲者,有三陽聲同對一陰聲者,復有假道旁轉以得對轉者。此所謂次對轉。若東亦與幽對轉,是假道于冬、侵也;至亦與青對轉,是假道于支也;支、脂亦與寒對轉,是假道于歌、泰也;之亦與冬、侵、緝對轉,是假道于幽也。非若人之處室,妃匹相當而已。孔氏所表,欲以十八部相對,伉叡不踦,有若魚貫,真、諄二部,執不得不合爲一,拘守一理,遂令部曲掍殽,其失三也。今爲圜則正之,命曰"成均圖"。成均圖者,大司樂掌成均之法,鄭司農以均爲調。古之言韻曰均,如陶均之圓也。

東、冬旁轉，如窮字本在冬部，然《詩》言"不宜空我師"，《傳》以空爲窮；又窮乏、空乏，其義大同；亦語之轉也。中字本在冬部，而鍾子期亦作中旗；洚字本在冬部，而洚水亦即洪水，是也。東與侵旁轉，如含之與容，芩之稱琴，是也。凡聲之字：風、芃、鳳輩，今皆讀入東部。

冬、侵二部，同居而旁轉，故農字音轉則爲男，戎字音轉則爲荏。《釋草》："戎菽謂之荏菽。"臨衝作隆衝，隆慮作林慮。緝、侵本可爲平入，以《三百篇》用韻有分，故今亦分爲二。若夫及聲爲今，甚聲爲斟，厭厭或爲愔愔，拾瀋即是拾汁，其相通轉亦取親也。

冬、蒸旁轉，如營本在冬部，或作䓅，則讀入蒸部。布八十縷爲升，本在蒸部，轉爲緵、稷、宗，則讀入東、冬二部，是也。

侵、蒸旁轉，如鳳本作朋，在蒸部，小篆從凡聲，則入侵部。癰從瘖省聲，瘖、應又從癰聲，音本在侵部，癰、瘖、應乃入蒸部。馮几字本作凭，凭在侵部，今以蒸部之馮爲之，是也。

蒸、談旁轉，如堋字亦轉作窆，是也。談亦與東旁轉，次旁轉。故窆又書作封矣。熊從炎聲，本在談部，張升《反論》以"鯀化爲熊"韻"積灰生蠅"，則讀入蒸部。談、盍二部，其分亦如侵、緝，乃如占、耴二聲，常相轉變：故拈、捻同訓，鉆、鉳同訓，其相通轉亦取親也。

東、蒸亦有旁轉，如送從㑌得聲，而《詩》以韻控、丰、巷；囪聲之字，乃有曾、層、增、贈，是也。東、談亦有旁轉，若坎侯即空侯，《史記》書張孟談、趙談作張孟同、趙同，是也。冬、談亦有旁轉，如函谷作降谷，鄭康成《尚書注》。巀鼎作崇鼎，是也。侵、談亦有旁轉，如函與含，嚴與嵒，音義多相通，是也。此皆次旁轉也。以上陽侈聲旁轉。

青、真旁轉，如令訓爲善，本借爲靈；又顛之與頂，咽之與嗌，音義相轉，亦其例也。

真、諄旁轉，如身、㑗皆在真部，轉諄乃爲娠；尹、君同聲，本在諄部，而《記》言孚尹，則借爲浮筍，是又轉入真部也。

諄、寒旁轉，如堇聲在諄部，難、漢等字從之，則入寒部；貫聲在寒部，琨之或字從貫作瑻，則入諄部；薀積或作宛積，薦席又爲荐席，皆其例也。

青、寒亦有旁轉，如嫈嫈亦作嬽嬽，自營亦作自環，是也。嫈嫈本作赹赹，則寒、青皆與真相轉矣。真、寒亦有旁轉，如辨本在真部，采本在寒部，采訓辨別，則聲義通矣。弁急之字，《說文》作懯，亦寒、真之轉也。青、諄亦有旁轉，如《詩》"巧笑倩兮，美目盼兮"，倩在青部，盼在諄部，而以爲韻。子夏引《詩》，倩、盼又與絢韻，則青、諄、真三部相轉也。此皆次旁轉也。以上陽弇聲旁轉。

侯、幽旁轉，如句從丩聲，朣、脁二字，義同聲轉；蜀國，漢人書作叜；未字，漢以來皆書作豆，是也。

幽、之旁轉，如求聲之字皆在幽部，而《詩》中裘字與梅、狸、試爲韻，則入之部；臼聲之字，本在幽部，而鴟舊之字，自古以爲新舊之字，則借舊爲久，讀入之部；毒聲之字，本在之部，故《爾雅·釋訓》以毒韻德、忒、食，然《詩》已以毒韻鞠、覆、育、迪，爲幽部入聲，是也。

之、宵旁轉，如《毛詩》“儦儦俟俟”，《韓詩》作“駓駓騃騃”；犛從𠩺聲，當在之部，而《唐韻》作莫交切，漢時亦以髦牛、旄牛爲稱，是讀犛入宵部也。氂字從毛，《周禮·樂師音義》云：“氂，舊音毛。”是從毛聲在宵部也。而《左氏傳》晏氂，《國語》作晏萊，《唐韻》亦音里之切，是讀氂入之部也。此皆二部相轉，故其音彼此相涉也。今語言“之”則曰“的”，是由之轉宵也；言“已”則曰“了”，亦由之轉宵也。

侯、宵亦有旁轉，如乘驕作乘駒，車樔讀蜂藪；《説文》𠬪訓上下相付，則𠬪、付一語之轉；《毛詩傳》訓摽爲拊心，今人書符契之字作票，皆是也。侯、之亦有旁轉，如音聲在侯部，故《易》以蔀、斗、主爲韻；而陪、倍諸字，多讀入之部；又《小雅》“鄂不”，《箋》以爲“鄂柎”；《大雅》禦、侮，與附、後、奏爲韻，是也。幽、宵亦有旁轉，如“箾韶”亦作“簫韶”；“皋陶”亦爲“咎繇”；《魯詩》“素衣朱綃”，《毛詩》作“素衣朱繡”，是也。此皆次旁轉也。以上陰侈聲旁轉。

支、至旁轉，如弟聲之字，當在支部，而䏲讀如秩；寔、實二字，春秋時已通用，漢世趙魏閒亦同聲呼之；八佾今作佾。之字，《漢書》、《春秋繁露》皆作溢；老洫之字，亦或作溢，是也。

至、脂旁轉，如日聲之䵒，《左氏傳》用爲昵字；密，本訓山如堂者，周密之密，則借爲比，故《説文》云：“比，密也。”是也。

脂、隊二部，同居而旁轉，舊不别出。今尋隊與術、物諸韻，視脂、微、齊平、入不同[①]。其相轉者，如豙從豕聲；渠魁之字，借

---

① 此句初版本作“與脂、微、齊皆自有巨細”。

爲䭿；突出之字，借爲自、頤①，是也。

脂、歌旁轉，如祉亦作瑳；訾、咨亦借爲嗟；彼交匪敖，亦作匪交；江南柀木，或作枽木，是也。

隊、泰旁轉，如兀在隊部，月在泰部，而朏亦爲覛，抈亦同扤；出在隊部，汱在泰部，而屈、䫻、拙諸字，與汱、竅、㯇諸字，同有短義。是本一語之別，此其例也。

泰、歌二部，同居而旁轉，如曷卽是何；害卽是訶；《說文》：害，語相訶歫也。揭卽是何；儋何之何。溰洂卽摩挱；苦蔞卽果蓏，是也。

支、脂亦有旁轉，如"樂只君子"，作"樂旨君子"；"積之秩秩"，作"稽之秩秩"；此從匕聲，本在脂部，而是、斯二字，同借爲此，則轉入支部；示聲之字，《三百篇》多入脂部，而《周禮》以示爲祇；《左氏傳》"提彌明"，《公羊傳》作"祁"，《史記》作"示"，則示亦出入支、脂二部也。支、泰亦有旁轉，如知、哲二文，互訓通用；《荀子》"朽木不折"，《大戴禮》作"朽木不知"，是也。支、歌亦有旁轉。如芰或作茤，輗或作輨，是也。至、泰亦有旁轉，《說文》迭、达二字，或說以爲互借；中聲之字，音本如徹，在至、支二部，徹或從鬲聲，而䢅乃在泰部，是也。此皆次旁轉也。以上陰弇聲旁轉。

東、侯對轉，如匇從豕聲；容從谷聲；誦轉爲讀；洞借爲竇；童山卽秃山；冓子卽彀子，是也。

冬、幽對轉，如忠轉爲周；忠信爲周。蟲轉爲凡；蟲、凡本異訓，

---

① "渠魁……自、頤"初版本作"歸、自通用，《詩》皆以'歸'韻脂部之字"。

而從凡之字，義與從虫者同。猎變爲巎；奭變爲戎；芻、躬同訓；窮、究同訓，是也。

侵、幽對轉，如襌服作導服；味道作味罩；侵從帚而音亦與帚相轉；寢訓宿而音亦與宿相轉；尤豫卽猶豫；枭弱卽柔弱，是也。

緝、幽對轉，如《小雅》"事用不集"，卽事用不就；《豳風》"九月叔苴"，卽九月拾苴。勾合爲一語；旬、帀爲同訓，皆一語之轉也。今昱聲之字，亦多讀入幽部入聲矣。

蒸、之對轉，如載、乘同訓；止、懲同訓；台、朕同訓；戴、增同訓，皆一語之轉也。倗讀如陪；徵讀如止；繒亦作綘；從宰省聲。冰亦作凝，從疑聲。亦其例也。

談、宵對轉，如《說文》"訬讀若眇"；爵弁之爵，字本作纔；灪、灂同訓；《說文》無灪，以灂該之。嘄、噍同訓，皆一語之轉也。

盍、宵對轉，如砭轉爲剽；《說文》："剽，砭刺也。"鍉轉爲斛；捷《說文》訓獵。轉爲鈔；《說文》訓叉取。獵轉爲獠；擸《說文》訓理持。轉爲撩，《說文》訓理。是也。

東、幽亦有對轉，如董借爲督；縱訓爲縮；冡之音義得于冃；用之音義同于由；羃變爲幢；霿讀如蒙，是也。緝、之亦有對轉，急、亟相借；翌、翼相借，是也。侵、冬與之亦有對轉。暗噁作意烏；得失作中失，是也。東、之亦有對轉，《公羊傳》："宰上之木拱矣。"以宰爲冢。宰字《方言》作埰，《說文》無。《說文》"毈讀若華"，是也。茸亦從耳聲，其字在東在冬未定。此皆次對轉也。以上侈聲對轉。

青、支對轉，如徣訓使，轉而爲俾；赶訓半步，轉而爲頃；耿從烓聲；鞞讀如餅，是也。

真、至對轉，如臻、至同訓，親、竅與至亦同訓，皆一語之轉也；妃嬪之與妃匹，振訊《爾雅》、《毛詩傳》皆有"振訊"之語。之與振肎，《説文》："肎，振肎也。"亦一語之轉也。

諄與脂、隊對轉，如三䢅之䢅本作示；《説文》示下云："三垂，日、月、星也。""其祁孔有"，讀爲麐；春之與推；《説文》："春，推也。"臀之與脽；鈍之與椎；漢人稱鈍爲椎。敦之與自，敦北卽自北。皆一語之轉也。

寒與泰、歌對轉，如憲得聲于害；璿得聲于睿；櫶得聲于獻；兌得聲于𠔁，是寒、泰之轉也。祼讀如灌，閔讀如縣，獻尊卽犧尊，桓表卽和表，是寒、歌之轉也。

青、至亦有對轉，如"戠戠大猶"，今作"秩秩"；"平秩東作"，又爲"辨程"，是也。真、支亦有對轉，如《詩》言"麟之定"，《傳》訓爲顛，本亦作題，《説文》"睼讀若瑱"，《春秋傳》"西鄰責言"，責讀如臻，見《集韻》十九臻"緇詵切"下。此猶《説文》"轃"訓"車簀"，轃、簀亦一聲之轉，必本舊讀。今《釋文》有"側介反"與"如字"二讀。案，責字作去聲者，俗或作債。《唐韻》、《集韻》皆側賣切，在卦韻，與"介"在怪韻有別。"側介"必是"側巾"之誤。① 是也。真、脂亦有對轉，如"玭"古文作"蠙"，《説文》"臨讀若指"，是也。寒、支亦有對轉，如"鬸"或作"䰹"；《地理志》越巂郡卑水，孟康音班②，是也。寒與脂、隊亦有對轉，如爟轉爲烜，欵從祟聲，䑛胡爲肥胡，爲使作夷使，沙羨音

---

① "《春秋傳》"……"責讀如臻"及注文，初版本無。
② "《地理志》"……"音班"初版本作"尚訓物初生之題"。

沙夷，是也。此皆次對轉也。以上弇聲對轉。

陽、魚對轉，如亡、無同訓；荒、蕪同訓；旁、溥同訓；虋、䵢同訓；往、于同訓；昉、《說文》但作方、放。甫同訓；改、撫同訓；獎、駔同訓；皆一語之轉也。以上軸聲對轉。

交紐轉者云何？荅曰：寒、宵雖隔以空界，亦有旁轉。如《大雅》以虐、謔、灌、蹻、蘀、謔、熇、藥爲韻；《說文》訓芼曰艸覆蔓，《廣雅》訓蹻曰健；及夫榦之與槀，乾之與豪，翰之爲高，乾之爲槀，《周禮》作藁。瑑之與兆，象之與逃，讙之與囂，灌之與澆，蹠之與號，束選之與撟捎，偃蹇之與夭撟，二皆見《廣雅·釋訓》。其訓詁聲音皆相轉也。談、盇、歌、泰，雖隔以空界，亦有旁轉。如丹聲之字爲那；勇敢謂之勇果；盈科借爲盈坎；坎、律，銓也，坎又借爲科，是歌、談之轉也。盇借爲曷；蓋又從盇；枼從世聲，世又借葉，是盇、泰之轉也。此以近在肘腋，而漫陰聲、陽聲之界，是故謂之變聲也。

問曰：凡陽聲之收半摩半那者，從陰聲而加之鼻音。侯、幽、之、宵，寧不可加以半那，歌、泰、脂、隊、至、支，寧不可加以半摩邪？荅曰：有焉，然其埶不能上遂而復下墮，故陰聲有隔越相轉之條。宵欲對青，支欲對談，不及則適與其陰聲支、宵隔越相轉，故螵蛸爲蟲蛸；左膘爲左髀；戎狄爲戎翟，自古以然。今敫聲、勺聲、樂聲、翟聲之字迆入錫韻者，由此也。之欲對真，至欲對蒸，不及則適與其陰聲至、之隔越相轉。故古文閾爲閽，肊亦爲臆；宓羲爲伏羲；不瞑爲不貊，由此也。因之與至轉，故其左右之幽、宵皆附之以轉。如《小雅》"神之弔矣，民之質矣"，弔、質爲韻。"發彼有的"，《毛傳》訓的爲質。到之音本轉于至，而弔借爲到，亦借爲至。是宵、至之轉也。《韓詩》以"蓫薪"爲"栗薪"。《禮經》"軒輖"之字,《詩》作"軒輊",是幽、至之轉也。幽欲對諄,脂、隊欲對冬、侵、緝,不及則適與其陰聲脂、隊、幽隔越相轉。故彫弓爲弤弓,琱琢爲追琢,遲任爲周任,疇昔爲誰昔,由此也。侯欲對寒,泰欲對東,不及則適與其陰聲泰、侯隔越相轉。故朱儒爲椒儒,䵷黽爲蝦蟆,乘橇爲乘沵,誦説爲誦數,由此也。因侯與泰轉,故其比鄰之幽,亦附之以轉。《投壺》"若是者浮",浮,借爲罰,亦或作匏、作符,是幽、侯皆與泰轉也。因侯與泰轉,故其同列之宵亦附之以轉。《説文》少從丿聲,又雀聲之字爲截。《方言》云:"憿爵,言憿截也。"與尐正相近。《説文》云:"髳,束髮少也。"段氏改爲尐小,其實小、少、尐,古本同語耳。因泰與侯轉,故其比鄰之隊亦附之以轉。如絀、絑同訓,柮、株同訓,拙、鈯與朱、愚、銖、鈍同訓,皆一語之轉也。若夫銖訓鈍者,字本作錭。而周周爲短羽,乃几几之借。《緯書》言"冠短周周,"亦几字之借。與屈爲短尾又相轉也。《毛詩傳》訓屈爲收,則以收拘同從丩聲,本一語之轉,故屈又爲收矣。句萌或作區萌,與詘又相轉也。然其陽聲亦往往效之。支、宵隔五而轉,青、談亦隔五而轉,故《公羊經》敖嬴作頃熊,《説文》"耆讀若耿介之耿",由此也。至、之隔五而轉,真、蒸亦隔五而轉,故菱或作蔆;矜亦讀兢;勝屠之音,轉爲申屠;四北爲甸,甸可讀乘,由此也。脂、幽隔五而轉,諄、侵亦隔五而轉。今聲之字爲參,殿屎借爲唸㕧,是也。因諄與侵轉,故其比鄰之真亦附之以轉。《本草》"梣皮"作"秦皮",是也。真又與冬轉,《大雅》以天韻躬,是也。因侵與諄轉,故其比鄰之東亦附之以轉。《大雅》以東韻憇、辰、瘵,《淮南》、《史記》、《漢書》皆以蠭門爲逢蒙,是也。泰、侯隔五而轉,寒、東亦隔五而轉,故百官爲百工,衮從公聲,瞳從童聲,鎸或從象聲作鐻,是也。其幸而合會者,宵、青有轉,則《三蒼》訓熛爲進火;《説文》訓艵爲縹色;《莊子》洴澼絖即漂絖;

《淮南》生藚卽生莕。《地形訓》："容華生蘋,蘋生蘋藻。"《廣雅·釋草》："藙,莕也。"之、真有轉,則《說文》讀㪔爲迅,訓嬪爲服。與婦同訓。《釋木》以櫬①、采薪、卽薪爲同名,是也。幽、諄有轉,則昷聲之字爲媼;臺聲之字爲氒;《大雅》"彤弓"乃爲"敦弓";《司几筵》"每敦一几",敦讀曰燾,是也。侯、寒有轉,則《說文》短從豆聲;奐聲、需聲之字,往往相變;敂關爲款關,款款爲叩叩,是也。支、談有轉,則广有危、魚毁切。檐兩讀,《釋宮》"垝謂之坫",亦由是轉,是也。至、蒸有轉,則《釋詁》訓凌爲湊;《荀子》言陵謹,言節族欲陵,竝卽恂栗、嚴栗之栗,本作瑮。是也。隊、緝有轉,則古文以入爲內,以立爲位,是也。泰、東有轉,則以閦爲容,《詩》:"我躬不閲。"《傳》曰:"閲,容也。"以達爲通,達本訓行不相遇,無通義。以蓬爲坺,蓬顆勃壤,皆借爲坺。是也。此皆奇牾錯出,不別弇侈,不入旁轉、對轉之條,而亦成條貫,有分理。蓋餘分閏位,聲音之閒气也,不爲常率,又非可泯絕其文,故謂之變聲爾。音之正者,呼侯、幽、之、宵諸韻,聲固近撮脣;呼歌、泰、脂、隊、至、支諸韻,聲固近上舌矣。循是而施鼻音,旣有常典,故範圍不可過。摩、那二音,曷能更互以施焉?

---

① 《釋木》,初版本作"《釋草》",誤。

音理論①

韻紐者，慧琳《一切經音義》稱梵文"阿"等十二字爲聲勢，"迦"等三十五字爲體文。聲勢者韻，體文者紐也。斯蓋前代韻書之言。《北史·徐之才傳》曰："尤好劇談體語，公私言聚，多相嘲戲。"案南北朝人好以雙聲語相戲弄，故云然。《北齊書》"體"作"謕"，義異。封演《聞見記》曰："周顒好爲體語，因此切字皆有紐，紐有平上去入之異。"然則收聲稱勢，發聲稱體，遠起齊梁閒矣。或以字母未出，儒者所傳切語，以上字爲雙聲標識，其文有定，亦若晚世三十六字。陳氏《切韻攷》説。雖然，造反語者非始孫叔然也。案《經典釋文序例》謂漢人不作音，而王肅《周易音》，則《序例》無疑辭，所錄肅音用反語者十餘條。尋《魏志·肅傳》云："肅不好鄭氏，時樂安孫叔然授學鄭玄之門人，肅集《聖證論》以譏短玄。叔然駁而釋之。"假令反語始于叔然，子雍豈肯承用其術乎？又尋《漢·地理志》廣漢郡梓潼下應劭注："潼水所出，南入墊江，墊音徒浹反。"遼東郡沓氏下應劭注："沓，水也。音長荅反。"是應劭時已有反語，則起於漢末也。叔然承襲舊文，體語已有數家。故反語上字無定，見於《爾雅音》。《爾雅音》中反語如九遇、居衞、古貴，一類分用三字。苦穴、犬縣、虛貴、去貧，一類分用四字。五果、吾補、牛氹、魚句，一類分用四字。大才、徒荅，一類分用二字。直略、丈耕、

---

① 此爲浙本增益篇目，初版本無。

一類分用二字。如羊、人垂、汝均,一類分用三字。是叔然一人所用,已非畫一也。及周顒整而一之,惜其不傳也。而晚唐五季間,字母自兹起。喉、牙、舌、齒、脣者,分類就列,取於印度。印度五音爲列,此土以四。故見、谿與羣,端、透與定,其間可補苴也。自來言字母者,皆以羣爲谿之濁,定爲透之濁,而見、端無濁音。返觀梵文,五字爲行;二清二濁,一爲收聲。而中土獨二清一濁一收,何以不相比類?蓋羣、定等字,揚气呼之,爲谿、透之濁;抑气呼之,爲見、端之濁。今北音多揚,南音多抑。又北音平去亦有抑揚之異,如呼羣皆揚如谿之濁,呼郡則抑气如見矣;呼亭皆揚如透之濁,呼定則抑气如端矣。同此一母而平去異貫,則知曩日作字母者,本以羣承見,谿、定承端、透,非謂羣專爲谿之濁,定專爲透之濁。然據例自當二清二濁,故潘耒《類音》爲之補苴焉。收聲音濁,而其上有清,清音復可補苴也。今音那、黏等字皆作清音,亦當補。轉益緐多,三十六者可爲五十。又不知百年以後,音之分擘,將何底邪?江慎修欲以大衍之數皮傅,其未知聲音損益,隨世而異也。

又始作字母者,未有分等。同母之聲,大別之不過闔口、開口。分齊視闔口而減者爲撮口,分齊視開口而減者爲齊齒,闔口、開口皆外聲,撮口、齊齒皆內聲也。依以節限,則闔口爲一等,撮口其細也;開口爲一等,齊齒其細也。本則有二,二又爲四,此易簡可以告童孺者。季宋以降,或謂闔口、開口皆四等,而同母同收者可分爲八。是乃空有名言,其實使人哽介不能作語。驗以見母收舌之音,昆闔口、君撮口、根開口、斤齊齒以外,復有佗聲可容其閒邪?原其爲是破碎者,嘗覩《廣韻》、《集韻》諸書,分部緐穰,不識其故,欲以是通之爾。不悟《廣韻》所包,兼有古今方國之音,非並時同地得有聲執二百六種也。且如東、冬于古有別,故《廣韻》兩分之,在當時固無異讀。是以李涪《刊誤》以爲不須區別也。支、脂、之三韻,惟之韻無闔口音,而支、脂開、闔相閒,必分爲二者,亦以古韻不同,非必唐音有異也。若夫東鍾、陽唐、清青之辨,蓋由方國殊音,甲方作甲音者,乙方則作乙音。乙方作甲音者,甲方或又作乙音。本無定分,故殊之以存方語耳。昧其因革,操繩削以求之,由是侏離不可調達矣。《唐韻》分紐,本有不可執者。若五質韻中,一、壹爲於悉切,乙爲於筆切,必以下二十七字爲卑吉切,筆以下九字爲鄙密切,蜜、謐爲彌畢切,密、蔤爲美畢切,悉分兩紐。一屋韻中,育爲余六切,囿爲于六切,亦分兩紐也。夫其開闔未殊而建類相隔者,其殆《切韻》所承《聲類》、《韻集》諸書,羋嶽不齊,未定一統故也。因是析之,其違於名實益遠矣。若以是爲疑者,更舉五支韻中文字證之:嫣切居爲,規切居隋,兩紐也;虧切去爲,闚切去隨,兩紐也;奇切渠羈,岐切巨支,兩紐也;皮切符羈,陴切符支,兩紐也。是四類者:嫣、虧、奇、皮,古在歌。規、闚、岐、陴,古在支。魏晉諸儒所作反語,宜有不同。及《唐韻》悉隸支部,反語尚猶因其遺迹,斯其證驗冣箸者也。審音者不尋耑緒,欲無回惑,得乎?

一母或不兼有闔撮開齊,斯又口舌所礙也。正齒撮齊即齒頭,齒頭闔開爲正齒。及夫疑、尼二母,其音易以爻錯。今世呼疑、牛、顒、仰,皆亂于尼,銀、鄂、吾、危,又亂于喻,獨廣東不誤,江浙閒微出入耳。然疑母至于撮口齊齒,終不得不與尼母同呼。語、俁之譌如宇,雖近正者,財如女;顒之譌如容,雖近正者,財如濃。斯由聲等不能完具,韻書雖箸其音,而言者猶弗能剴切本紐,況欲令開闔皆四乎?夫寄寙作規者,有其音無其字可也,本無其音可乎?章炳麟曰:聲音出口,則官器限之。齟差之度,執非一劑,非若方位算數之整齊也。故言音理者,亦故而已矣,惡其鑿也。

所謂聲執者，謂韻終所收，若水之走尾閭也。異域并音，以陰聲爲主，多者不能過十名。此即今人所謂母音。印度有十二字，爲取多矣。然其間有長短音，有開闔音，亦可併省。咽喉曲折之度，雖中外不逾是矣。故古韻陰聲九類者，足以準度百代。季世二百六部之譜，依于因革，非依于音理也。諸陰聲皆收喉，陽聲或收脣收舌，悉可以喉音爲準。自戴君《聲類表》分九類二十五部，歌、魚、鐸曰阿、烏、堊，蒸、之、職曰膺、噫、億，東、矦、屋曰翁、謳、屋，陽、宵、藥曰央、夭、約，青、支、錫曰嬰、娃、戹，諄、脂、質曰殷、衣、乙，寒、泰、曷曰安、藹、遏，侵、緝曰音、邑，談、盍曰醶、諜。戴君收喉、收鼻、收舌、收脣之説未諦。陰陽相配，亦未精密。今但取其喉音表韻爾。若依其例以表二十三部，魚、陽曰烏、姎，《廣韻》烏郎切。支、青曰娃、《廣韻》烏攜切。䁝，青部今韻無可表音之字。䁝，今音嬰，依古當作一開切。至、真曰乙、因，脂、隊、諄曰婔，《廣韻》於非切。厱，《廣韻》於胃切，又紆物切。㗊，歌、泰、寒曰阿、遏、安，矦、東曰謳、翁，幽、冬、侵、緝曰幽、雡、邕聲字，近人皆説在東部，《詩》以禮、雡爲韻，沖、雡爲韻，則亦轉入冬部，故舉以表冬韻。猶、《廣韻》乙咸切。邑、之、蒸曰埃、膺，宵、談、盍曰夭、菴、罯，《廣韻》烏合切。可以準音而視戴氏聲气精幾冥合矣。抑夫聲執所收，非氾走喉音而已矣。延袤之，纏緜之，慮無不開口者，而分韻自有闔撮開齊，魚、脂、隊皆闔口，亦兼有撮口。矦、幽之分，純以開口、齊齒爲辨。反語識音，其執不能無襍用，趣以臨時磑磴得聲。及收韻猶當失以絫黍，"烏"之收音，實亦開口而非烏也。矦、幽收音，同是一"謳"，宛無別異。顧中外未有能免是也。夫以伊烏爲收者，其收時豈誠伊烏邪？收音不能不開口，伊，齊齒；烏，闔口。語歇收音，其實不爾。窮言音理，大地將無解音之人，故順道大款而止。

二十三部音準[①]

　　古音流傳於晚世者，自二十三支分爲二百六，則有正韻、支韻之異。以今觀古，侯當從正韻，不從支韻之虞。支當從正韻，不從支韻之佳。歌當從正韻，不從支韻之麻。幽當從正韻，不從支韻之蕭。此爲以正韻定音。脂當從支韻之微。之當從支韻之咍。青當從支韻之先。侵當從支韻之咸。東當從支韻之江。江南呼江，穹口而大異于陽、唐，江西尤塙。此爲以支韻定音。魚、模主模。祭、泰、夬、廢、曷、末、鎋、月、薛主曷、末、鎋。此爲以正韻諸部建其夐適之音。非審音端諦者莫能明也。段氏言古音斂，今音侈，悉以支韻還就正韻。則支、脂、之何以分，東、冬何以辨焉？錢君駁之曰："歌部字今多入支，此乃古侈今斂之徵也。"余以古人呼泰，若今北方呼麻之去。今乃與代、隊、至亂，亦古侈今斂也。大氐聲音轉變，若環無耑，終則有始。必若往而不返，今世宜多解頤之憂矣。

　　昔《唐韻》以入聲配陽聲韻，顧氏悉取以配陰聲，及戴君言二平同入，以爲陰陽對轉之符，孔氏取聲焉，而復以爲古無入聲。案古音本無藥、覺、職、德、沃、屋、燭、鐸、陌、錫諸部，是皆

[①] 此爲浙本增益篇目，初版本無。

宵、之、幽、侯、魚、支之變聲也。有入聲者：陰聲有質、櫛、屑一類，曷、月、鎋、薛、末一類，術、物、沒、迄一類。陽聲有緝類、盍類耳。顧君以藥、覺等部悉配陰聲，徵之《說文》諧聲，《詩》、《易》比韻，其法契較然不迻。若"藐"得聲於"貌"，"洪"得聲於"芙"，"癬"得聲於"樂"，"試"得聲於"式"，"特"得聲於"寺"，"蕭"得聲於"肅"，"寶"得聲於"賣"，"博"、"縛"得聲於"專"，"錫"得聲於"易"，玆其平、上、去、入皆陰聲也，遽數之不能終其物。江、戴以陰、陽二聲同配一入，此於今韻得其條理，古韻明其變遷，因是以求對轉，易若戠肪，其實古韻之假象耳。已知對轉，猶得兔可以忘蹏也。然顧氏以入聲麗陰聲，及緝、盍終不得不麗侵、談。孔氏云無入聲，而談與緝、盍乃爲對轉，戴氏以一陰一陽同趣入聲，至緝、盍獨承陽聲侵、談，無陰聲可承者，皆若自亂其例。此三君者，坐未知古平、上韻與去、入韻墊戠兩分，平、上韻無去、入，去、入韻亦無平、上。夫泰、隊、至者，陰聲去、入韻也，緝、盍者，陽聲去、入韻也。入聲近他國所謂促音。用并音則陽聲不得有促音。而中土入聲，可舒可促，舒而爲去，收聲屬陰聲則爲陰，收聲屬陽聲則爲陽。陰聲皆收喉，故入聲收喉者麗陰聲。陽聲有收脣、收舌，故入聲收脣者麗陽聲。緝、盍收脣也，舒爲侵、談去聲，其收脣猶如故，以是與侵、談同居。泰、隊、至皆有入聲，舒其入聲歸泰、隊、至，猶故收喉，而不與寒、諄、真同收，以是不與寒、諄、真同居。入聲所以乏寡者，之部非不可促，促之乃與至同；侯、幽、宵非不可促，促之聲相似也；歌、魚非不可促，促之聲相似也；蒸部促之復若緝；陽部促之復若泰；聲相疑似則止矣。衆家之說，各有馮依，要之皆未盡其常變。又案戴君《聲類表》云："有入者如气之陽，如物之雄，如衣之表；無入者如气之陰，如物之雌，如衣之裏。"有入者如擊金成聲；無入者如擊石成聲。此所謂有入無入，乃據《廣韻》所配言之，不取顧氏所配也。後人則皆從顧，故戴、孔嚴陰聲、陽聲之説，非有相異。今人不解，以爲戴、孔所配，陰陽適相反易，故附辯之。入聲不屬陽聲，蓋漢魏訖今所同，顧惟陸《韻》爲異。如"宿"轉去爲息救切，不入送、宋、用；"惡"轉去爲烏故切，不入漾、宕；"易"轉去爲以豉切，不入勁、徑；"織"、"識"轉去爲職吏切，不入證、嶝；"質"轉去爲陟利切，不入震；此皆晉、宋、齊、梁人舊音，其餘可知也。陸《韻》於此循舊，佗則反之，例自亂矣。徵以今音，北方讀入聲皆作去，安徽、江蘇、浙江、福建、廣東五部，其入聲嶄然促音，與去絕異。而江西、湖北、湖南、廣西、四川、雲南、貴州七部，入聲似去而加沈重。此七部者，言"力"似"吏"，言"式"似"試"，言"錫"似"細"，言"遞"似"遞"，言"郭"似"故"，言"鐸"似"度"。其言篤言竹者，湖南、江西聲清，故"篤"似"鬥"，"竹"似"肘"；其餘五部聲濁，故"篤"似"姤"，"竹"似"箸"；旁皇幽、侯、魚、模之閒，本相轉也。未有言力、式似拨、勝，言錫、遞似性、定，言郭、鐸似枑、宕，言篤、竹似冬、中者。此則入聲不繫陽聲，今音猶舊音也。及夫谷聲爲容，束聲爲涑，屮聲爲蚩，易聲爲緆，黃聲爲纊，昷聲爲殟，兀讀如复，芛讀如聿，此皆對轉變聲，非其相麗。陸《韻》以入聲分麗陽聲，雖因是得見對轉之條，卒非聲音本然之紀。陰陽聲者，例猶夫婦，入聲猶子。子雖合氣受形，裹妊必于其母。然則一平一入者，其説方以智，二平同入者，其説圓而神。圓出於方，未有蔑棄絜則而作旋規者也。

問曰："大江上游讀術、物、没諸韻有似御、莫、遇者,北方殆無分別矣,雖等陰聲,而分配固非其部,何也?"答曰:"此其遷變久矣。宋人以鶻突爲胡塗,以兀尤爲烏珠,回鶻亦或作畏吾兒,猶曰宋後然也。前世赫連氏之白口騮城,元魏譌爲薄骨律鎮;見《水經‧河水注》。《魏略》稱徐庶白堊塗面,而曰'白堊突面';及夫拙之爲銖,勿之爲無,自古以然。以術、物、没闔口、撮口呼之,魚、模、虞亦闔口、撮口呼之,故相轉耳。"

問曰:"今人呼緝、盍諸部舒之齊齒者如支部去聲,開口者如歌部去聲,違戾已甚。此今音不可證舊音出也。"答曰:"緝、盍之譌,以江河內外失收脣之音耳。呼以收脣,自轉爲侵、談去聲,廣東固未失矣。今人讀入聲,惟緝、盍誤爲甚;平聲惟侵、談誤爲甚,故嶺外爲正音宗。"

魚部陽部聲埶

魚部古皆闔口,如烏、姑、枯、吾。其撮口如於、居、袪、魚者,後世之變也。從是開口則近歌,從是齊齒則近支,此魚部所以常與歌、支相轉。對轉陽部,開、闔皆備,如汪、王、荒、黄、光、匡、狂爲闔,央、羊、杭、岡、姜、羌、彊爲開,以是推之,魚部雖無齊齒,不得言無開口。今舉烏、姑、枯、吾諸聲滿口呼之,及其語歇,收聲在烏、阿之間,較烏則口開,較阿則聲噎。而非烏也。徵以變音:魚變爲麻,瓜、華之與家、蝦,一闔一開殊也。變者既備闔開,亦可以知其本。平聲韻。

陽部古音徑直,今或穹口。穹口者,《唐韻》之江,古韻之東也。平聲韻。

支部青部聲埶

古支部異于脂、之者,其聲與之爲縱橫,之縱而支橫也。今人得正音者九十六字,通部以是爲準:

䚺、迟、企、衹、攱、芰、技、岐、魃、疷、倪、涯、睨、䣕、鎰、娃、貱、酏、扡、匜、歋、欹、傷、伲、眭、攜、系、繋、奊、媲、鬻、䫂、難、緹、帝、諦、掃、締、鬄、髢、鞮、䟱、嚏、題、騠、提、踶、陡、褅、知、智、籠、簁、襹、厄、柂、支、伎、枝、忮、雄、只、呮、枳、軹、翅、䨹、弛、漬、觜、束、刺、斯、澌、癳、虒、徙、賜、氏、軝、䮧、是、視、匙、豉、孌、臂、譬、避、俾、陴、脾、髀、庳、裨、婢。

右九十六字,今讀橫口,乃支部正音。平聲韻。

支部橫口,故對轉青亦橫口。青韻古音如今先、仙。倩、綪、䁾、䁝、䡇、駢、胼、蛢、汫、雅、妍、研、䟏、蛵、涏、鼁《說文》讀若騁。《唐韻》丑善切。是其正音,乃所以異于真部也,收舌。平聲韻。

至部真部聲埶

至部古音如今音,去入韻也。以此異支。

真部古音如今音,收舌。平聲韻。

脂部隊部諄部聲執

古脂部異于支、之者,其聲滿口而嗔呼,皆闔口音也。隊異于脂,去、入與平異也。

今人得正音者,脂部九十七字,隊部三十八聲,二部各以是爲準:

歸、癸、揆、鬼、傀、瑰、魁、夔、葵、睽、危、頎、詭、跪、嵬、隗、垠、隈、煨、猥、煒、禕、毀、燬、徽、微、幃、口、韋、違、圍、闈、偉、韙、韋、韡、帷、維、唯、惟、煒、虫、回、洄、自、推、蓷、魋、追、椎、佳、錐、騅、雖、崔、摧、催、誰、睢、雖、水、緌、悲、配、裴、陛、眉、湄、媚、枚、美、媄、黴、飛、非、誹、妃、菲、匪、腓、斐、扉、肥、微、靁、纍、罍、讄、勵、儡、瓃、鬶、耒、誄、磊、欸、蕤。

右九十七字,今讀闔口嗔呼,乃脂部正音。平聲韻。

骨、由、圣、史、畝、兀、陛、鬱、聿、曰、胃、位、啟、卉、欻、旻、冒、寙、頮、惠、突、去、內、頮、戾、出、尤、卒、彗、率、由、弗、闕、丶、勿、旻、未、采。

右三十八聲,今讀闔口嗔呼,乃隊部正音。去、入韻。隊部气字,今誤橫口，愾、鐖等字，今誤開口，古當如出音。四字今誤橫口，古當如碎音。

　　脂、隊闔口嗺呼，故對轉諄亦闔口嗺呼。諄部古音如今音，收舌。平聲韻。

歌部泰部寒部聲埶

　　古歌部如今音，歌開戈闔。平聲韻。

　　古泰部音，開口橫呼，不與代近乎？闔口嗺呼，不與隊同乎？皆非也。音具開闔，而聲埶與今人言麻部去、入同。世人皆云古無麻音，江南始有之，蓋據《經典釋文》韋昭讀車爲尺奢反也。然《爾雅注》言："江東呼華爲荂，荂，音敷。"則江東猶從古音。尺奢之音，蓋與音居者異紐，非異聲埶也。今江寧、山陰，古吳越舊都也。山陰音讀加正如哥，讀麻正如摩，讀化正如貨，其餘一切，悉同歌、戈。而江寧言家、言馬，音亦在魚、模、歌、戈閒，是則《唐韻》麻部，與歌小殊耳，非若今中原之張口也。且譯釋典直音者，晉、宋尚矣。雖逮隋、唐，張口之聲猶取歌、戈而不及麻，明其時歌、麻非有大別。若是，古韻遂無張口者乎？曰：有焉。古之泰部如今中原呼麻，自麻部變爲張口，而泰部乃有橫口、縱口音矣。案賁本訓賆，字從世聲，聲類音"埶"，《地理志》"鉅鹿郡賁"，師古亦音式制反，而劉昌宗讀時夜反[①]，《唐韻》則神夜反，《史記·高祖本紀索隱》引《漢書·功臣表》"賁陽侯

---

① "劉昌宗"之"劉"原作"鐳"。後不復注。

劉纏"，而《史記》作"射陽"，讀貰爲射。此則古之音貰，正如今呼賒也。《説文》稱艸之白華爲茇，《釋草》云："苕，陵苕；黄華，蔈；白華，茇。"古之言茇，正如今呼葩也。推其類例，古之言櫱蘗，正如今呼芽也；古之言迣，正如今呼遮也；古之言泄，正如今呼寫也；古之言説駕，説正如今呼卸也；古之言"召伯所説"，説正如今呼舍也；古之言勾，正如今呼叚也；古之言逝，正如今呼謝也；謝者，辭去也。古之言歇言愒，《説文》皆訓息。正如今呼暇也；古之言肆，正如今呼奢也。皆去、入聲讀之耳。且《方言》"襥襶謂之䘳"，《注》云："即帊、幞也。"《廣雅》䘳、帊亦同訓幞，則古呼䘳正如今呼帊也。《説文》云："自，讀若鼻。始生子爲鼻子。"則古呼鼻正如今呼伯也。必駕切，長子曰伯。亦去、入聲讀之也。蓋泰部、魚部爲張口、閉口反覆之音，故泰部有此字者，音義相轉，在魚部，復成彼字。貰音本張口如俗呼賒，而賒乃閉口如今呼舒。及泰部音變，而常語未異，由是以魚部同義之字代之矣。嘗又驗之，魚與陽爲正對轉，其雙聲連語，陽則多與泰坿，若言忼慨，言沆瀣，沆瀣，《漢書·司馬相如傳》作"沆溉"。言唐逮，言唐棣，言疆界，言滂沛，皆其比類。惟泰部正如今世中原麻音，故旋轉爲陽爾。今江寧山陰呼麻皆斂，而吳越開呼泰則與佗方呼麻者同，亦可以驗矣。故歌與泰爲短長同居之音，"大"音不張口，籀文大字，大徐音他達切，則本張口呼也。則不得轉爲勑佐、唐佐、他佐諸切矣。枂音不張口，則不得轉爲柁字矣，今述泰部字通國皆張口呼者，通部以爲音準：

聒、括、栝、刮、活、"北流活活"之字。葛、割、乞、夾、轄、鞾、話、捷、獺、大、達、刺、瘌、殺、機、薩、菩薩字卽薛之譌。察、瞥、槊、刷、刷、拔、茇、跋、抹、正作撇。伐、橃、罰、發、髮、韈，去入聲韻。

吳越閒泰部字張口呼者復有十餘字：

介、疥、界、价、芥、快、夬、外、愛、靉、帶、泰、賴、癩、拜、敗、捐、謂折斷爲捐斷。䶩，謂殘缺處爲缺䶩。去、入聲韻。

雲南呼貝爲海肌，或作海肥，則貝之古音也。入聲韻。

歌部、泰部皆備開闔，故對轉寒亦備開闔。寒部古音如今音，寒開桓闔，皆收舌。平聲韻。

侯部東部聲執

侯、幽古音分。侯開口，故有鉤、狗、彀、彄、口、敂、謳、耦、涑、樓諸音；幽齊齒，故有鳩、九、究、求、絿、憂、攸、悠、猶、由、修、流諸音。又幽音徑直，侯音稍穹口呼之，其音在侯號閒。今廣州呼侯、幽皆穹口，侯則是，幽則非也；諸部呼侯、幽皆徑直，幽則是，侯則非也。平聲韻。

侯音穹口，故對轉東亦穹口。東部古音，如今江西呼江部音而收屑，江南浙江呼江韻皆穹口，或呼陽唐，亦宛轉肖之。江則是，陽、唐非也。今之呼東者，不能如江部，音亂于冬矣。湖南呼冬如登，又亂于蒸，皆非正音也。徵之故書：《孟子》引《書》"洚水"，言"洚水者洪水也"，此以今語釋古語也。案《說文》："洪，洚水也。""洚，水不遵道。"兩字同義。就如《唐韻》，洪、洚皆户工切,即不煩以今語説古,以洚在冬部,其聲徑直;洪在東部,其聲穹隆。是以古今語言微異,有待于轉譯也。今《廣韻》洚有户公、户冬、下江三音:户冬者,洚之本音也;户公者,洪之今音也;户江者,洪之古音也。侯部字若叢、藂、顀、鰩、喁,轉入東、鐘,講、椌、舽則轉入講,未有轉入冬、宋者,講卽江之上聲,以是知古音東部如今江部,而與冬部聲埶殊矣。平聲韻。

幽部冬部侵部緝部聲埶

幽部古音如今音,齊齒而直,故與侯殊。平聲韻。

冬部古音如今音,收脣聲直,故與東殊,與幽對轉。平聲韻。

侵部古音略如今廣東音,齊齒而收脣,故與幽對轉。正音當舉酓、妗、咸、緘、雉、喦、綅、潛爲準。其流變爲音、歆、金、禽、吟、心、梣,乃作蒸部音矣。孔氏改侵稱綅,以綅有七林、息廉二音,蓋先覺是也。《廣韻》復有覃韻,其聲視咸爲開口、齊齒之異,視談則舉頤、下頤不同,定海黃以周嘗舉是爲侵部正音。今以幽部齊齒,故定對轉如咸韻音。平聲韻。

緝部古音如今廣東音,齊齒而收脣,故與幽對轉。緝之與盍,緝橫而盍縱。去、入韻。

侵、談皆陽聲,而緝、盍爲之入。陽聲何以有入?曰:緝、盍之音,非不可去也。今之聲從及,《詩傳》以今爲急詞,明"及"、"急"可讀如"噤"、"禁"也。裌與裣亦相轉相借,明"裌"亦可讀如"禁"也。斟音子入切,《詩·螽斯》作蟄蟄,以"斟"甚聲,明"斟"可讀如"浸"也。厭厭卽愔愔,明"厭"可讀如"蔭"也。浥、湆同義,明"浥"可讀如"窨"也。給、贛同義,明"給"可讀如"禁"也。亼、三同義,明"亼"可讀如"滲"也。吸爲吸气,欱爲神食气,欱之語出於吸,明"吸"可讀許禁切也。執聲有墊、窐,明執聲字古皆都念切也。盍聲有壛,明盍聲字古皆以贍切也。乏聲有貶、窆,覂、砭,明乏聲字古皆方驗切也。及如《詩》之《小戎》,以驂、合、邑爲韻,《常棣》以合、琴、翕、湛爲韻,正以平、去開叶矣。因是知古音緝、盍可作去聲。去、入同類,故通讀入耳。

之部蒸部聲執

古之部異于支、脂者,其聲與支爲縱橫,支橫而之縱也。今人得正音者七十九字,通部以是爲準:

陔、垓、晐、佗、該、胲、改、戒、誡、械、埃、唉、欸、誒、挨、毐、駭、亥、孩、荄、頦、劾、駭、海、醢、戴、能、態、胎、鮐、臺、台、菭、駘、息、殆、待、給、代、岱、來、萊、騋、賚、耐、偕、才、弋、哉、載、裁、栽、財、材、在、巛、災、宰、再、颽、偲、塞、采、菜、茝、栖、坏、肧、陪、培、倍、葡、備、憊、佩、苺、每、媒、梅。栖等十四字如江南音。

右七十九字,今讀縱口,乃之部正音。平聲韻。

之部縱口,故對轉蒸亦縱口,其收脣與侵同。蒸、侵所以分者,蒸視侵爲舒。平聲韻。

宵部談部盍部聲埶

宵部古音如今音,以手承頤,言侯、幽頤舉而上,言宵頤朶而下。平聲韻。

談部古音如今廣東音,收脣,初發頤亦朶下,故與宵對轉。平聲韻。

盍部古音如今廣東音,收脣,初發頤亦朶下,故與宵對轉。去、入韻。

章炳麟曰:"略依儒先所定部目而爲音準,無所改作,校其名實:魚當稱模,脂當稱微,之當稱咍,東當稱江,侵當稱咸。"

一字重音説

中夏文字，率一字一音。亦有一字二音者，此軼出常軌者也。何以證之？曰：高誘注《淮南·主術訓》曰："鷄䳋，讀曰私鉇頭。二字三音也。"按私鉇合音爲鷄，諄、脂對轉也。頭爲䳋字旁轉音。既有其例，然不能徵其義。今以《説文》證之：凡一物以二字爲名者，或則雙聲，或則叠韻。若徒以聲音比況，卽不必別爲製字。然古有但製一字，不製一字者，躓踔而行，可怪也。若謂《説文》遺漏，則以二字爲物名者，《説文》皆連屬書之，亦不至善忘若此也。

然則遠溯造字之初，必以一文而兼二音，故不必別作彼字。如《説文》虫部有悉蟀，蟀，本字也，悉則借音字。何以不兼造蟋？則知蟀字兼有悉、蟀二音也。如《説文》人部有焦僥，僥，本字也，焦則借音字。何以不兼造僬？則知僥字兼有焦、僥二音也。如《説文》廌部有解廌，廌，本字也，解則借音字。何以不兼造獬？則知廌字兼有解、廌二音也。廌字兼有解、廌二音，更有確證。《左傳·宣十七年》："庶有廌乎？"《杜解》："廌，解也。"借廌爲解，卽廌有解音之證。艸部有牂蕠，蕠，本字也，牂則借音字。何以不兼造莊？則知蕠字兼有牂、蕠二音也。其他以二字成一音者，此例尚衆。如黽勉之勉，本字也，黽則借音字，則知勉字兼有黽、勉二音也。

詰詘之詘，本字也，詰則借音字，則知詘字兼有詰、詘二音也。
箟箈之箟，本字也，箈則借音字，則知箟字兼有箟、箈二音也。
唐逮之逮，本字也，唐則借音字，則知逮字兼有唐、逮二音也。
此類實多，不可殫盡。

　　大抵古文以一字兼二音，既非常例，故後人旁駙本字，增注借音，久則遂以二字并書。亦猶越稱於越，邾稱邾婁，在彼以一字讀二音，自魯史書之，則自增注"於"字、"婁"字於其上下也。

古音娘日二紐歸泥説

古音有舌頭泥紐，其後支别，則舌上有娘紐，半舌半齒有日紐。於古皆泥紐也。

何以明之？涅從日聲。《廣雅·釋詁》："涅，泥也。""涅而不緇"，亦爲"泥而不滓"。是日、泥音同也。䵒從日聲。《説文》引《傳》："不義不䵒。"《考工記·弓人》杜子春《注》引《傳》："不義不昵。"是日、昵音同也。昵今音尼質切，爲娘紐字。古尼、昵皆音泥，見下。《傳》曰："姬姓，日也。異姓，月也。"二姓何縁比況日月？《説文》復字從日，亦從内聲作𠁥，是古音日與内近。月字古文作外，韻、紐悉同，則古月、外同字。日、月所以比内、外者，《天文志》曰："日有中道，月有九行。中道者，黄道，一曰光道。九行者，黑道二，出黄道北；赤道二，出黄道南；白道二，出黄道西；青道二，出黄道東。是爲日道在内，月道在外。"姬姓，内也；異姓；外也。音義同，則以日月況之。太史公説"武安貴在日月之際"，亦以日月見外戚也。日與泥、内同音，故知其在泥紐也。"入"之聲今在日紐，古文以"入"爲"内"。《釋名》曰："入，内也。内使還也。"是則"入"聲同"内"，在泥紐也。"任"之聲今在日紐。《白虎通德論》、《釋名》皆云："男，任也。"又曰："南之爲言任也。"《淮南·天文訓》曰："南吕者，任包大也。"是古音"任"同"男"、"南"，本在泥紐也。"𦍋"之聲今在日紐，臣錯本言"讀若飪"，臣鉉本言"讀若能"，是古音"羊"聲在泥紐也。①

然、而、如、若、爾、耳，此六名者，今皆在日紐。"然"之或體有蘸，從艸，難聲。《劇秦美新》"蘸除仲尼之篇籍"，《五行志》"巢蘸墮地"，皆從難聲。明"然"古音如難，在泥紐也。《史記·周本紀》："赧王延立。"《索隱》："按《尚書·中候》以赧爲然。鄭玄云：'然，讀曰赧。'王劭按：'古音人扇反，今音奴板反。'"尋王劭此説，蓋以《書》赧作然，誤謂赧之古音如然之今音耳。不知古音然字正作奴板反也。②"而"之聲類有耐，《易·屯》曰："宜建侯而不寧。"《淮南·原道訓》曰："行柔而剛，用弱而强。"鄭康成、高誘皆讀"而"爲能，是古音"而"同耐、能，在泥紐也。"如"從女聲，古音與奴、拏同。音轉如柰，《公羊·定八年傳》："如丈夫何？"《解詁》曰："如，猶柰也。"又轉如能，《大雅》："柔遠能邇。"《箋》曰："能，猶恔也。"柰、能與如皆雙聲，是"如"在泥紐也。"若"之聲類有諾。稱若、稱乃，亦雙聲相轉，是"若"本在泥紐也。《釋名》曰："爾，昵也。""泥，邇也。"《書》言"典祀無豐于昵"，以昵爲禰。《釋獸》"長脊而泥"，以泥爲䛐。是古"爾"聲字皆如泥，在泥紐也。《漢書·惠帝紀》曰："内外公孫耳孫。"師古以耳孫爲仍孫。"仍"，今在日紐，本從乃聲，則音如乃，是"耳"、"仍"皆在泥紐也。

奭、弱、儒、柔，此四名者，今皆在日紐。奭聲之稬，音奴亂切；奭聲之煗，音乃管切；奭聲之㛖，音奴困切。是"奭"本在泥

---
① "'羊'之聲……在泥紐也。"初版本無。
② 初版本無此段注文。

紐也。弱聲之嫋，音奴鳥切；弱聲之搦，音奴歷切；弱聲之溺，或以爲屎，音奴弔切。《管子·水地》："夫水，淖弱以清。"《莊子·逍遥游》："淖約若處子。"李頤曰："淖約，柔弱貌。"明古音弱與淖同，故得以淖爲弱，或爲聯語，是"弱"在泥紐也。"儒"之聲類燸、獳、齵、魗，《廣韻》並音奴鉤切，此則"儒"本音燸，在泥紐也。《廣雅·釋詁》柔訓爲弱，《說文》鞣、鍒皆訓爲耎。柔與弱、耎本雙聲，而義相似，故"柔"亦在泥紐也。明此，則"恁"爲下齋，"荏染"爲柔木，其音並在泥紐，可例推也。

"人"、"仁"之聲，今在日紐。"人"聲之年，爲奴顛切；"仁"聲之佞，爲乃定切。此則"人"、"仁"本音如佞，在泥紐也。"冄"之聲今在日紐。"那"從冄聲，則"冄"、"那"以雙聲相轉，在泥紐也。"攘"之聲今在日紐。槍攘古爲槍囊，是"攘"本音爲囊。"毇"亦爲囊，在泥紐也。舉此數事，今日紐者，古音皆在泥紐。其他以條列比況可也。

今音"泥"、"坭"在泥紐，"尼"、"呢"在娘紐。仲尼，《三蒼》作"仲坭"，《夏堪碑》曰："仲泥何侘。"足明"尼"聲之字，古音皆如坭、泥，有泥紐，無娘紐也。今武昌言尼如泥，此古音也。① 今音男"女"在娘紐，爾"女"在日紐，古音"女"本如帑，妻帑、鳥帑，其字則一。《天文志》顏師古說："帑，雌也。"是則帑即女矣。爾"女"之音，展轉爲乃，有泥紐，無娘紐也。今武昌言女如奴而撮口，此古音也。② "狃"之聲今在娘紐。"公山不狃"，狃亦爲擾。往來頻復

---

① 初版本無此注。
② 初版本無此注。

爲狃，《説文》作㺀。擩、㺀今在日紐，古無日紐，則"狃"亦在泥紐也。其他亦各以條列比況可也。

問曰："聲音者，本乎水土，中乎同律，發乎肙囟，節族自然。今曰古無娘、日，將迫之使不言耶？其故闕也。"答曰："凡語言者，所以爲別。日紐之音，進而呼之則近'來'，退而呼之則近'禪'；娘紐之音，浮气呼之則近'影'，按气呼之則近'疑'①。古音高朗而徹，不相疑似，故無日、娘二紐矣。今閩、廣人，亦不能作日紐也。"

---

① 初版本"浮气"作"下气"，"按气"作"作气"。

古雙聲説

　　古音紐有舌頭，無舌上；有重脣，無輕脣，則錢大昕所證明。娘、日二紐，古並歸泥，則炳麟所證明。正齒、舌頭，慮有鴻細，古音不若是繁碎，大較不別。齊、莊、中、正，爲齒音雙聲，今音"中"在舌上，古音"中"在舌頭，疑於類隔。齒、舌有時旁轉，錢君亦疏通之矣。此則今有九音，于古則六，曰：喉、牙、舌、齒、脣、半舌也。同一音者，雖旁紐則爲雙聲。是故金、欽、禽、唫，一"今"聲具四喉音；汙、吁、芋、華，一"于"聲具四牙音。

　　漢魏南北朝，反語不皆音和，以是爲齊。及夫喉、牙二音，互有蜕化，募原相屬，先民或弗能宣究。證以聲類，公聲爲翁、爲玄，工聲爲紅，叚聲爲瑕，古聲爲胡，久聲爲羑，圭聲爲黿，夾聲爲挾，甲聲爲狎，見聲爲莧，气聲爲氣①，开聲爲形，乚聲爲弘，藿聲爲歡，干聲爲汙，咼聲爲禍，區聲爲歐，谷聲爲浴，角聲爲斛，句聲爲昫，羔聲爲窯，丂聲爲號，高聲爲蒿，光聲爲黄，斤聲爲欣，君聲爲耆，《説文》讀若威。軍聲爲運，勻聲爲曷，今聲爲会，㲋聲爲繫，丑讀若蔚。聲爲彝，咎聲爲欲，於糾切。元聲爲完，午聲爲許，我聲爲羲，此喉音爲牙音也。臣聲爲姬，異聲爲冀，羊

---

①　初版本作"气聲爲餼"。

聲爲羌、爲姜,灰聲爲恢,或聲爲國①,奚聲爲谿、爲鷄,益聲爲齸,昷烏玄切。聲爲涓,與聲爲舉,虍聲爲虜、爲虧,户聲爲顧②,爻聲爲教,恒聲爲緪,熒聲爲榮,扶聲爲扴,古案切。於聲爲夸,皀聲爲卿,坓聲爲匡,玄聲爲牽,衍聲爲愆,咸聲爲感,臽聲爲䫥,苦紺切。合聲爲袷,此牙音爲喉也。是故柂柄爲棬柜,曲紅爲曲江,冶容爲蠱容,肉倍好爲肉倍孔,芐爲大苦,"何以恤我"爲"假以溢我","有蒲與荷"爲"有蒲與茄"。詞有揚推,訓有謑髁,《莊子·天下》篇《釋文》:"謑有胡啓、苦迷、五米三反,髁有户寡、勘禍二反。"其音出入喉、牙,而皆爲雙聲。鳥有雎渠,樂有空侯,形有句、股、弦,水有江、河、淮、沇,山有吳、華、恒、衡,皆雙聲也。囧、冏同文,油膏通借,若是者遽數之不能終其物。昔守溫、沈括、晁公武輩,喉、牙二音,故已互易。韓道昭乃直云深喉、淺喉,斯則喉、牙不有異也。百音之極,必返喉、牙。喑者雖不能語,猶有喉、牙八紐。語或兜離了戾,舌上及齒,必内入喉、牙而不悟憭,今交廣音則然。北方輕脣或時入牙,故喉、牙者生人之元音。凡字從其聲類,横則同均,縱則同音,其大齊不踰是。

然音或有絶異,世不能通。揮鈎元始,喉、牙足以衍百音,百音亦終軔復喉、牙。攸聲有條,由聲有笛,睪聲有鐸,厂聲有躩,亦聲有狄,也聲有地,㠯聲有台、有能,弋聲有代、有忒,舀聲有稻、有韜,尚聲有當③,倂聲有騰,毒聲有毒,余聲有荼,俞聲有媮,庚聲有唐,谷聲有兑,炎聲有談,鹹聲有覃,易聲有湯,甬聲

---

① 初版本此句下有"危聲爲詭",衍,因危、詭均爲牙音。
② 初版本此句下有"由聲爲軸",衍,因軸是舌音。
③ 初版本作"向聲有當"。

有通,貴聲有積,堇聲有難,夒籀文婚。聲有巎,乃回切。堯聲有嬈,九聲有凡,篆文作𨂁,音人久切,古泥紐,今日紐。予聲有芧,此喉、牙發舒爲舌音也。天音如顯,《釋名》。地訓爲易,《春秋·元命苞》。弟讀爲圛,《詩箋》。田讀若引,田本作䟓。卤讀若調。聲爲鹵,讀若攸。多聲爲宜、爲移,自聲爲歸,壬他鼎切。聲爲𦔻,𢆉聲爲緣,㓞聲爲鰥、爲褱,兌聲爲閱,殳古音如投。聲爲股、爲殺,内聲爲裔、爲㒞,竹聲爲籥,蟲聲爲融,姚、銚大吊切。同聲,㓝、以井切。恬同聲,此舌音遒斂爲喉、牙也。魯讀若旅,午聲有卸,卸復有御,魚聲有穌,戶聲有所,羊聲有詳,易聲有傷,乙聲有失,失復有佚,冏聲有屑,血聲有恤,亘聲有宣,昌聲有圓,似沇切。弋聲有式,樂聲有鑠,音聲有戠,殷聲有聲,公聲有松,谷聲有俗,匀聲有旬,牙聲有邪,彦聲有産,也聲有施,屰聲有朔,契聲有偰,埶聲有褻,告聲有造,庫讀如舍,《釋名》。車讀如尺奢反,此喉、牙發舒爲齒音也。出聲爲屈,更聲爲袁、爲䘇,彗祥歲切。聲爲慧,歲聲爲薉,世聲爲勩,戌聲爲威,隹聲爲唯,自聲爲洎、爲臬、爲臭,支聲爲芰、爲跂,旨聲爲詣、爲稽、爲耆,只聲爲伿,以豉切。氏聲爲祇,矢聲爲疑,昌聲爲捐,丞聲爲㞬,僉聲爲劍、爲險,川聲爲訓,井聲爲荆,收聲爲茷,舟聲爲貋,以疋爲雅,以所爲許,以聲爲馨,此齒音遒斂爲喉、牙也。亯亦爲享,今作烹。爲聲有皮,囧讀若獷。聲有朙、䔿,蒿聲有薹,允聲有玧,瑞之或字。巳乎感切。聲有氾,黑聲有默,昏聲有捪、有䚧,开聲有并,久聲有畞,交聲有駁,此喉、牙發舒爲脣音也。丙聲爲变,采聲爲卷,䒑母官切。聲爲繭,冒聲爲勖,勿聲爲忽,母聲爲悔,罔聲爲岡,亡聲爲巟,品聲爲嵒,分聲爲黂,黂復音門,文聲爲虔,未聲爲沫,卽頮字。敖聲爲豈,豹、約同聲,父、巨音訓,此脣音遒斂爲喉、牙也。各聲有路,京聲有涼,咎聲有綹,讀若柳。束聲有闌,果聲有裸,兼聲有廉,監聲有濫,樂聲有爍,聿聲有律,丣聲有柳,槑聲有量,魚聲有魯,可聲有砢,來可切。《詩》以肇革爲鋚勒。《考工記》故書以兩樂爲兩欒,此喉、牙發舒爲半舌也。羸聲爲蠃,里聲爲悝、苦回切,爲趡,讀若孩。翏聲爲膠,鬲郎擊切。聲爲隔,吕聲爲莒,令聲爲矜,末聲爲頼,讀若蠤。劍、斂同聲,蛾、羅一名,"總角丱兮",《地官·丱人》丱讀如貫,"有略其耜",略讀如犁,犁即籀文剓字。古文《春秋》以卽立爲卽位,此半舌遒斂爲喉、牙也。

略舉數事,足以明喉、牙貫穿諸音。精气爲物,游魂爲變。往者屈也,來者伸也。屈伸相感,以成形聲。諷誦典籍病蹇吃者,由是得調達也。

語言緣起説

語言者，不憑虛起。呼馬而馬，呼牛而牛，此必非恣意妄稱也。諸言語皆有根，先徵之有形之物，則可覩矣。何以言雀？謂其音卽足也。何以言鵲？謂其音錯錯也。何以言雅？謂其音亞亞也。何以言雁？謂其音岸岸也。何以言鴐鵝？謂其音加我也。何以言鶻鵃？謂其音磔格鉤輈也。此皆以音爲表者也。何以言馬？馬者，武也。古音馬、武同在魚部。何以言牛？牛者，事也。古音牛、事同在之部。何以言羊？羊者，祥也。何以言狗？狗者，叩也。何以言人？人者，仁也。何以言鬼？鬼者，歸也。何以言神？神者，引出萬物者也。何以言祇？祇者，提出萬物者也。此皆以德爲表者也。要之，以音爲表，惟鳥爲衆；以德爲表者，則萬物大抵皆是。乃至天之言顚，地之言底，山之言宣，水之言準，水在脂部，準在諄部，同類對轉。火之言毀，古音火、毀同在脂部。土之言吐，金之言禁，風之言汎，有形者大抵皆爾。以印度勝論之説儀之，實、德、業三，各不相離。人云、馬云，是其實也；仁云、武云，是其德也；金云、火云，是其實也；禁云、毀云，是其業也。一實之名，必與其德若與其業相麗，故物名必有由起。雖然，大古草昧之世，其言語惟以表實，而德、業之名爲後起。青、黄、赤、白、堅、耎、香、殠、甘、苦之名，則當在實先。但其字皆非獨體,此不可解。故牛、馬名取先;事、武之語,乃由牛、馬孳乳以生。世稍文,則德、業之語早成,而後施名於實。故先有"引"語,始稱"引出萬物者曰神";先有"提"語,始稱"提出萬物者曰祇"。此則假借之例也。

物之得名,大都由于觸受。觸受之噩異者,動盪視聽,眩惑熒魄,則必與之特異之名。其無所噩異者,不與特名,以發聲之語命之。夫牛、馬、犬、羊,皆與人異,故其命名也,亦各有所取義。及至寓屬,形體知識多與人同。是故以侯稱猴,侯者,發聲詞也。如云"侯不邁哉","侯其禕而"。以爰稱猨,爰者,發聲詞也。猨之變而爲"爲",元、寒、歌、戈相轉,若楥讀如撝矣。以且稱狙,且者,發聲詞也。以隹稱雉,隹者,發聲詞也。發聲之"維",古彝器皆作"隹"。以胡稱䝿,《說文》:"斬䝿,類猨蜼之屬。"陸璣《毛詩草木疏》云:"猨之白腰者爲獅猴。"今猶有猢猻之語。胡者,發聲詞也。以渠稱㺉,渠者,發聲詞也。如"何渠"亦作"何遽",俗字有詎,亦即遽字。蓋形體相似,耦俱無猜,目無異視,耳無異聽,心無異感,則不能與之特異之名,故以發聲命之則止。其在人類亦然。異種殊族,爲之特立異名。如北方稱狄,東北稱貊,南方稱蠻、稱閩,其名皆特異,被以犬及虫豸之形,謂其出於獸類。尚考蠻、閩二字,本由髳轉,長言爲馬流,唐以前史籍皆作馬流或作馬留,今作馬來。短言爲髳。《牧誓》言"庸、蜀、羌、髳、微、盧、彭、濮",《小雅》言"如蠻如髦",《傳》曰:"髦,夷髦也。"髳云、髦云,即馬流合音耳。今人呼西南夷爲苗,其實當作髳。《書》之三苗,舊說皆謂三族之不才子,乃苗裔字,非有異種名三苗也。稍變則曰蠻,又稍變則曰閩,非必是虫類也。以其異族,故被之以惡名。狄、貊二名準是。抑諸夏種族自西來,《史記》稱高陽生於若水,高辛生於江水,皆蜀西地也。隴西之姜戎者,又四岳苗裔也。故於西方各種,亦不爲特立異名。或稱曰羌,羌者,發聲詞也。或稱曰戎,戎者,又人之聲轉也。顏師古《匡謬正俗》言:今之戎獸,字當作猱。戎、猱一音之轉,猴類得名,亦由人之轉音,此可互證。東方諸國,不與中國抗衡,故美之曰仁人,號之曰夷種。夷,本人字聲轉得名,夷,古音當讀人脂切,人、夷雙聲,其韻爲脂、真次對轉,而夷復爲發聲之語。如云"夷使則介之","夷考其行"。斯又可展轉互證矣。東胡與貉一物也,胡亦發聲之詞,而以名貉種者。胡名初起,宜即九夷之輩,漸以其名施之貉族,亦猶漢世以胡稱匈奴,隋、唐人以胡稱西域耳。反古復始,謂胡者宜屬九夷,非貉族之號也。由是言之,施於獸類者,形性絕異,則與之特異之名;形性相似,則與之發聲之名。施於人類者,種類絕異,則與之特異之名;種類相似,則與之發聲之名。以此見言語之分,由觸受順違而起也。

人自稱與取親昵之相稱,亦以發聲之詞言之。如古人稱先生曰兄,今稱先生曰哥,兄爲發聲詞,兄即況字,如《詩》"倉兄填兮","職兄斯引"。漢石經《尚書·無逸》篇"則兄自敬德",皆發聲詞也。哥亦發聲詞也。哥從可聲,可從丂聲,丂,即今之阿字,發聲詞也。至親無文,則稱之曰爾、曰乃、曰若,此皆發聲詞也。自稱曰朁老子,朁亦發聲詞也。《說文》:"朁,曾也。"引《詩》"朁不畏明"。古人自稱曰朕,朕即朁字,正當作朁,朕乃假借耳。朁,古音或如岑,故變爲朕,與台爲舌音雙聲,之、蒸對轉。自稱曰我,我轉爲義、爲儀、爲羲,亦皆發聲詞也。《書》稱:"義爾邦君,越爾多士,尹氏御事。"《詩》:"我儀圖之。"義、儀皆發聲詞也。《說文》云:"羲,气也。"凡言烏呼者,亦作於戲。戲,當作羲,猶伏羲亦作伏戲也。於戲之爲發聲，人所共曉。自稱曰言，《釋詁》："言，我也。"言亦發聲詞也。如《詩》"言告師氏"、"言念君子"之屬。自稱曰阿陽，見《釋詁注》。我父曰阿父，我兄曰阿兄，阿卽丂字，亦發聲詞也，《說文》："丂，气欲舒出，上礙於一也。""己，反丂也。"讀若呵。近世言阿者，其字皆當作己。此皆無所甄異，故未嘗特制一稱。益明語言之分，由觸受順違而起也。

　　語言之初，當先緣天官，然則表德之名最夙矣。然文字可見者，上世先有表實之名，以次桄充，而表德、表業之名因之。後世先有表德、表業之名，以次桄充，而表實之名因之。是故同一聲類，其義往往相似，如阮元說，從古聲者，有枯槀、苦窳、沽薄諸義，此已發其端矣。今復博徵諸說，如立"爲"字以爲根，爲者，母猴也，猴喜模效人舉止，故引伸爲作爲，其字則變作僞；凡作爲者異自然，故引伸爲詐僞；凡詐僞者異真實，故引伸爲譌誤，其字則變作譌；爲之對轉爲媛，僞之對轉復爲諼矣。如立"禺"字以爲根，禺亦母猴也，猴喜模效人舉止，故引伸之，凡模擬者稱禺。《史記・封禪書》云："木禺龍欒車一駟，木禺車馬一駟。"是也。其後木禺之字，又變爲偶，《說文》云："偶，桐人也。"偶非真物，而物形寄焉，故引伸爲寄義，其字則變作寓；凡寄寓者非能常在，顧適然逢會耳，故引伸爲逢義，其字則變作遇；凡相遇者必有對待，故引伸爲對待義，其字則變作耦矣。如立"乍"字以爲根，乍者，止亡詞也。倉卒遇之，則謂之乍，故引伸爲定取始之義，字變爲作；《毛詩・魯頌傳》曰："作，始也。"《書》言"萬邦作乂"、"萊夷作牧"，作皆始也；凡取始者必有創造，故引伸爲造作之義，凡造作者異於自然，故引伸爲僞義，其字則變爲詐；又自冣始之義，引伸爲今日之稱往日，其字則變作昨。如立"羊"字以爲根，羊者，撠也。撠者，刺也。其字從干，干從倒入，入一爲干，犯也，入二爲羊，言稍甚也，其音如飪。羊訓爲刺，又言稍甚，其實今之甚字，由羊而變。《說文》云："甚，尤安樂也。從甘、匹，匹，耦也。"男女之欲，安樂尤甚，亦有直刺之義。後人改作凡殊尤之義，則專作甚字；凡直刺之義，則變爲揕字。俗作砍。《史記·刺客傳》曰："左手把其袖，右手揕其匈。"是也。由刺之義，引伸爲勝，字變作戡，《西伯戡黎》是也。亦借用堪，《墨子·非攻》篇云："往攻之，予必使女大堪之。"是也。由勝之義引伸，復爲勝任，由勝任義引伸，復爲支載，於是字變作堪。《說文》云："堪，地突也。"今言堪輿是也。然由甚字有尤安樂義，其字或借作湛，《毛詩·小雅傳》曰："湛，樂之久也。"其後有專樂飲酒之義，則又變爲酖字。樂極無厭，還以自害，故曰"宴安酖毒"。於是鳥可以毒人者，亦得是名，字則變爲鴆矣。羊之聲本同任，《太宰》"以九職任萬民"，注曰："任，猶倳也。"倳即倳刃之倳，與羊同訓刺。耕稼發土者，命之爲男，舊皆以任訓男，卽羊之字變也。侵、冬自轉，男之字又變爲農矣。如立"辡"字以爲根，辡者，罪人相與訟也。方免切。引伸則爲治訟者，字變作辯；治訟務能言，引伸則爲辯論、辯析；由辯析義引伸，則爲以刀判物，於是字變作辨；由刀判義引伸，則有文理可以分析者，亦得是名，其字則變作辮；由刀判義引伸，則瓜實可分者，亦得是名，其字則變作瓣矣。如上所說，"爲"字、"禺"字、"乍"字、"羊"字、"辡"字，一字遞衍，變爲數名。廣說此類，其義無邊，今姑舉五事明之。《說文》句部有拘、鉤，臤部有緊、堅，已發斯例，此其塗則在轉注、假借之閒。"轉注者,建類一首,同意相受"。今所言類,則與戴、段諸君小異①:考、老聲類皆在幽部,故曰"建類",若夫"同意相受",兩字之訓,不異豪氂②;今以數字之意,成于遞衍,固與轉注少殊矣。又亦近于假借。何者?耴初聲首,未有遞衍之文,則以聲首兼該餘義。自今日言,既有遞衍者,還觀古人之用聲首,則謂之"本無其字,依聲託事",故曰在轉注、假借閒也。

---

① 初版本此句下有"彼則與形,此則與聲。"
② "氂",初版本作"氅"。

轉注假借説

《説文叙》曰:"轉注者,建類一首,同意相受,考、老是也。"前後異説,皆瑣細無足録。休寧戴君以爲,考,老也;老,考也;更互相注,得轉注名。段氏承之,以一切故訓皆稱轉注。許瀚以爲,同部互訓然後稱轉注。由段氏所説推之,轉注不繫于造字,不應在六書。由許瀚所説推之,轉注乃豫爲《説文》設。保氏教國子時,豈縣知千載後有五百四十部書邪?且夫故訓既明,足以心知其意,虚張類例,亦爲繇碎矣。又分部多寡,字類離合,古文、籀篆,隨時而異。五百四十部非定不可增損也。如蜀本從蜀,而《説文》不立蜀部,乃令蜀、蠋二文同隸虫部。是小篆分部,尚難正定,况益以古籀乎?必以同部互訓爲劑,《説文》鵬鷫互訓也,雌雖互訓也,强蚚互訓也,形皆同部,而篆文鵬字作雕,籀文雖字作鴟,强字作䵖。佳與鳥,虫與蜀又非同部。是篆文爲轉注者,籀文則非,籀文爲轉注者,篆文復非。更蒼頡,史籀,李斯,二千餘年,文字異形,部居遷徙者,其數非徒什伯計也。苟形體有變而轉注隨之,故訓焉得不凌亂邪?① 余以轉注、假借,悉爲造字之則。汎稱同訓者,後人亦得名轉注,非六書之轉注也。同聲通

---

① "又分部……不凌亂邪?"初版本無。

用者，後人雖通號假借，非六書之假借也。蓋字者，孳乳而寖多，字之未造，語言先之矣。以文字代語言，各循其聲，方語有殊，名義一也。其音或雙聲相轉，疊韻相迆，則爲更制一字，此所謂轉注也。孳乳日繇，卽又爲之節制，故有意相引伸、音相切合者，義雖少變，則不爲更制一字，此所謂假借也。何謂"建類一首"？類謂聲類，鄭君《周禮序》曰："就其原文字之聲類。"《夏官序官注》曰①："薙讀如鬀，小兒頭之鬀，《書》或爲夷，字從類耳"。古者類、律同聲，《樂記》"律小大之稱"，《樂書》作"類小大之稱"。《律歷志》曰："旣類旅於律呂，又經歷於日辰。"又《集韻·六術》："類，似也。"音律。此亦古音相傳，蓋類、律聲義皆相近也。以聲韻爲類，猶言律矣。首者，今所謂語基。《管子》曰："《凡將》起五音凡首。"《地員》篇。《莊子》曰："乃中經首之會。"《養生主》篇。此聲音之基也。《春秋傳》曰："季孫召外史掌惡臣而問盟首焉。"杜《解》曰："盟首，載書之章首。"《史記·田儋列傳》曰："蒯通論戰國之權變，爲八十一首。"首或言頭。《吳志·薛綜傳》曰："綜承詔造祝祖文。權曰：'復爲兩頭，使滿三也。'綜復再祝，辭令皆新。"②此篇章之基也。《方言》曰："人之初生謂之首。"③初生者，對孳乳寖多，此形體之基也。考、老同在幽類④，其義相互容受，其音小變。按形體，成枝別；審語言，同本株。雖制殊文，其實公族也。非直考、

---

① 《夏官序官注》，應爲《秋官序官注》，卽《周禮·秋官序官薙氏注》。
② "首或言……辭令皆新"初版本無。
③ 初版本此處注"首猶言題。"
④ "幽類"，初版本作"幽部"。本章凡稱謂韵部爲"某類"者，初版本均作"某部"。後不復注。

老,言壽者亦同。《詩·魯頌傳》:"壽,考也。"考、老、壽皆在幽類。

循是以推,有雙聲者,有同音者,其條例不異。適舉考、老疊韻之字,以示一端,得包彼二者矣。夫形者,七十二家改易殊體,音者,自上古以逮李斯無變,後代雖有遷譌,其大閾固不移。是故明轉注者,經以同訓,緯以聲音,而不緯以部居形體①。同部之字,聲近義同,固亦有轉注者矣②。許君則聯舉其文,以示微旨。如芋,麻母也;䔆,芋也;古音同在之類。薑,䔆也;䔆,薑也;同得畐聲,古音同在之類。薑、䔆二文,《釋草》已轉相訓。蒚車、㡿輿亦同,然實是一字。古多以同字爲訓者,如《說文》云:"烏,雖也。"是其例。蓨,苗也;苗,蓨也;古音同在幽類。藐,㡿輿也;㡿,㡿輿也;古音泰、隊相轉③。蕭,艾蒿也;萩,蕭也;古音同在幽類。走,趨也;趨,走也;古音同在侯類。逆,迎也;迎,逢也;古音陽、魚對轉。遺,亡也;遂,亡也;遺、遂同聲,如璿或作瓊,是其例。古音出入脂、隊二類④。遲,徐行也;邌,徐也;古音同在脂類。遲明或作黎明,是其聲通。邇,近也;邇,近也;古音至、脂相轉。誠,敕也;忌,誠也;古音同在之類。譸,訓也;訓,譸也;古音同在幽類。幺,小也;幼,少也;古音同在幽類。丝,微也;幽,隱也;古音同在幽類。刑,剄也;剄,刑也;古音同在青類⑤。箠,擊馬也;筴,箠也;古音同在歌類。標,木杪末也;杪,木標末也;古音同在宵類。

---

① "夫形者……部居形體。"初版本無。
② 初版本無此句,下文"微旨"前有"轉注之"三字。
③ 初版本作"古音同在泰部",當從浙本。
④ "隊",初版本作"泰",當從浙本。
⑤ "青類",初版本均作"清部",當從浙本。

桱，牀前几；硜，硜桱也；同得壬聲，古音同在青類。鄂，右扶風縣名；扈，夏后同姓所封，在鄂；古音同在魚類。晄，明也；曠，明也；同得光聲，古音同在陽類。晏，天清也；㬜，星無雲也；古音同在寒類①。皓，日出貌；暤，皓旰也；古音宵、幽相轉②，《唐韻》並胡老切。窅，冥也；窔，窅窔，深也；古音同在宵類。瘍，頭創也；痒，瘍也；古音同在陽類。頩，無髮也；頹，禿也；古音諄、隊對轉③。焜，火也；燬，火也；古音同在脂類。焯，明也；照，明也；古音同在宵類。竫，亭安也；靖，立竫也；古音同在青類，《唐韻》皆疾郢切。洪，洚水也；洚，水不遵道；古音東、冬相轉④。永，長也；羕，水長也；古音同在陽類。霖，雨三日以往爲霖；霪，霖雨也；古音同在侵類。霽，雨止也；霋，霽謂之霋；古音同在脂類。鯀，魚也；鰥，魚也；古音同在寒類。《經典釋文》禹父之字亦書作鰥。耴，耳垂也；貼，小垂耳也；古音無舌上，耴、輒、蟄皆讀如墊，耴、貼同在盇類。㩅，引也；擢，引也；古音幽、宵相轉⑤，同在舌頭。探，遠取之也；撢，探也；古音同在侵類。揜，掘也；掘，揜也；古音同在隊類⑥。婏，婉也；婉，順也；古音同在寒類。蠚，螫也；螫，蟲行毒也；古音同在魚類⑦。䬃，疾風也；颺，大風也；颶，大風也；古音同在隊類。垚，土高也；堯，高也；古音同在宵類。

---

① "寒類"，初版本均作"元部"。後不復注。
② "相轉"，初版本作"旁轉"，是。
③ "諄、隊"，初版本作"脂、諄"，當從浙本。
④ 此句初版本作"古音同在東部，《唐韻》皆户工切"，當從浙本。
⑤ "相轉"，初版本作"旁轉"。
⑥ "隊類"，初版本作"術部"。
⑦ "魚類"，初版本作"鐸部"，是。

午,啎也;啎,屰也;古音同在魚類。

　　若斯類者,同韻而紐或異,則一語離析爲二也。卽紐、韻皆同者,于古宜爲一字。漸及秦漢以降①,字體乖分,音讀或小與古異。《凡將》、《訓纂》,相承别爲二文,故雖同義同音,不竟説爲同字,此轉注之可見者②。顧轉注不局于同部。但論其聲,其部居不同若文不相次者③,如士與事,了與㐬,丰與莑、火與烓、熭,羊與羬,屮與跊,倞與勍,辛與愆,恫與痌、俑,敬與憼,忌與慁、䜮,欺與諆,悥與悠,㳀與游,夋、竣與蹲,頵與䫏、䰩、俜,姝與妭,敝與幣,此類尤衆。在古一文而已,其後聲音小變,或有長言、短言,判爲異字,而類義未殊,悉轉注之例也。若夫畐、葍同在之類,用、庸同在東類,畫、挂同在支類,鞏、恭同在東類,恥、惡同在之類,可、哿同在歌類,𢆯、朵同在歌類,㕸、癕同在歌類,絲、斀同在寒類,䪥、攝、愵同在緝類,殻、推同在宵類,㒸、臯同在宵類,亝、敖同在宵類,昇、傲同在宵類,昭、照同在宵類,劀、刮隊、泰相轉④,尙、訥同在隊類⑤,毟、糜同在泰類⑥,禱、詶、詬同在幽類,迋、往同在陽類,惶、恇同在陽類,妹、媦同在隊類,煖、煥同在寒類,雈、鸇同在寒類,午、啎、屰同在魚類,丙、舌同在泰類⑦,丙,讀若誓。淮、浹、澆同在宵類,涿、注同在侯類,姁、

---

① "漸及",初版本作"然自",是。
② 初版本"轉注"前有"皆"字,此句下無"顧轉注……論其聲"一句。
③ 初版本"其"作"其他",此句前有"許君緜聯比叙,令學者心知其意。"一句。
④ "隊、泰相轉",初版本作"同在月部",當從浙本。
⑤ "隊類",初版本作"月部",當從浙本。
⑥ "泰類",初版本作"月部",是。
⑦ "泰類",初版本作"月部",當從浙本。

嫗同在侯類，勞、剿同在宵類，戮、鏐同在幽類，瀏、漻同在幽類，旻、安同在寒類，髬、𩯭同在支類，𦁐、襦同在脂類，启、闓、開同在脂類，㐁、貐同在魚類，臮、曁泰、脂相轉①，匏、瓢幽、宵相轉②。此于古語皆爲一名，以音有小變，乃造殊字，此亦所謂轉注者也。

其以雙聲相轉，一名一義而孳乳爲二字者，尤彰灼易知。如屛與藩，并與匕，旁與溥，亡與無，象與豫，墻與序，謀與謨，勉與懋，慎與𧫒，𢾺與緬、緥，梸與茂與森，攺與撫，迎、逆與訝，攺與敏，笭與籠，龍與䰲，空與窠，北與虛，泱與瀇，甹與㫗，逞與逮，但與裼，古音如摘。鴐與鵝，揣與妖，囗與圓、圜，回與囩，弱與柔、㮰、反，芮與茸，戶與冢，究、窽與窮，誦與讀，嫗與嫗，雕與鵰，依與㫄，爨與炊，此其訓詁皆同，而聲、紐相轉，本爲一語之變，益粲然可覩矣。若是者爲轉注類③。類謂聲類，不謂五百四十部也；首謂聲首，不謂"凡某之屬皆從某"也。戴、段諸君，説轉注爲互訓，大義炳然。顧不明轉注一科爲文字孳乳之要例，乃汎謂"初、哉、首、基、肇、祖、元、胎、俶、落、權輿"訓始，並爲轉注。夫聲韻紐位不同，則非建類也；語言根柢各異，則非一首也。十二字中，惟胎與始近轉注④，自餘則非。雖《説文》宭窒、葢苫之屬，展轉相解，同意相受則然矣，而非建類一首，猶不得與之轉注之名。二君立例過嚴，于造字之則既無與。元和朱駿聲病之，乃以引

---

① "相轉"，初版本作"旁轉"，是。
② "相轉"，初版本作"旁轉"，是。
③ "爲轉注類"，初版本作"謂之轉注"，當從浙本。
④ "近"，初版本作"爲"，當從浙本。

伸之義爲轉注,則六書之經界慢。引伸之義,正許君所謂假借。轉注者,緐而不殺,恣文字之孳乳者也;假借者,志而如晦,節文字之孳乳者也。二者消息相殊,正負相待,造字者以爲緐省大例。知此者希,能理而董之者鮮矣。

問曰:古有以相反爲義,獨"亂"訓爲"治",《説文》𠧏、亂本與敵分。其他若苦爲快,徂爲存,故爲今,今雖習爲故常,都無本字。豈古人語言簡短,諸言不言非者,皆簡略去之邪? 荅曰:語言之始,義相同者,多從一聲而變;義相近者,多從一聲而變;義相對、相反者,亦多從一聲而變。相同之例,舉如前矣,相近者亦以一聲轉變。若穀不孰爲饑,音變則疏不孰爲饉;地氣發天不應爲霿,音變則天氣下地不應爲霧;人之易氣爲性,音變則人之含氣爲情。妻得聲於中,音變則爲妾。如接、捷同聲,是其例。娣從弟聲,音變則爲姪;姪古音本徒結切,與弟雙聲。弟,古音亦可讀𦙲,正同姪音。紅似絳,音亦如絳;欒似欄,音亦如欄;鴈似雁,音亦如雁;雅似烏,音亦如烏;閭似驢,音亦如驢。江漢、河、淮、沇,四瀆之水相似,以雙聲呼之;吴、華、恒、衡、岱,古音如弋。五嶽之山相似,以雙聲呼之。是其則也,相對相反者,亦以一音轉變。故先言天,從聲以變則爲地;先言易,從聲以變則爲含;先言古,從聲以變則爲今;先言始,古音如台。從聲以變則爲冬;今終之本字。先言疏,從聲以變則爲數;先言精,音本如青。從聲以變則爲粗;先言疾,從聲以變則爲徐;先言來,從聲以變則爲㥪;先言生,從聲以變則爲死;先言燥,從聲以變則爲溼;先言加,從聲以變則爲減;先言消,從聲以變則爲息;先言鋭,從聲以變則爲鈍;先言長,古音在舌頭。從聲以變則爲短;先言規,從聲以變則爲枑;先言文,從聲以變則爲武;先言襃,從聲以變則爲貶;先言男,從聲以變則爲女;古音在泥紐。先言夫,從聲以變則爲婦;先言公,古音多借翁爲之,則音亦如翁。從聲以變則爲媼;先言腹,得聲於畐,古音如畐。從聲以變則爲背;先言凭,從聲以變則爲負;古音如倍,然實借爲背。先言本,從聲以變則爲標。此以雙聲相轉者也。

先言起,從聲以變則爲止;先言卯,從聲以變則爲丣;先言寒,從聲以變則爲煖;先言出,從聲以變則爲内;先言央,從聲以變則爲傍;先言斟,本訓平,引伸訓直,經典以覺、較爲之。從聲以變則爲曲;先言新,從聲以變則爲塵;先言水,從聲以變則爲火;先言晨,從聲以變則爲昏;先言旦,從聲以變則爲晚;先言頭,從聲以變則爲足;先言好,從聲以變則爲醜;先言老,從聲以變則爲幼;先言聰,從聲以變則爲聾;先言受,從聲以變則爲授;先言祥,從聲以變則爲殃。此以疊韻相迆者也。

亦有位部皆同,訓詁相反者。始爲基,終爲期、爲極;聯爲叕,斷爲絶;濁亂爲涊,清治爲汨;明瀞爲絜,薉亂爲丰;相類爲似,相殊爲異;說樂爲喜、爲僖、爲嬰,悲痛爲譆;勉力爲勸,憛事爲券;具食爲饌,徹食爲餕;餕字《說文》不錄,然《禮經》已有之。上升爲陟,下降爲墊;彊力爲偲,畏慎爲諰;從隨爲若,本如字。不順爲婼;黠慧爲儇,謹敕爲愿;益之爲員,見《詩·小雅傳》,字亦孳乳爲覴。《說文》:"覴,外博衆多視也。"減之爲損;圜者爲規,方者爲巨;直修爲股,橫短爲句;有目爲明,無目爲盲;等畫爲則,毀則爲賊。竝以一語相變。既有殊文,故民無眩惑。自餘亦有制字者,然相承多用通借。若"特"爲牛父,引伸訓獨,而《詩傳》又訓爲匹,則是讀爲等夷之等也。"介"爲分畫,引伸宜訓兩,而《春秋傳》

以介特爲單數，則是讀爲子孓之孓也。苦、徂、故爲快、存、今，亦同斯例，顧終古未制本字耳。若從雙聲相轉之例，雖謂苦借爲快，徂借爲存，故借爲今，可也。

既作是説，逾三年，有以形體之説進者，曰：同意者不謂同義，造字之意同耳。《説文》稱聚頭"與禽、离頭同"，"兔頭與毚頭同"，"龜頭與它頭同"，"黽頭與它頭同"。此所謂"建類一首"也。"巫與工同意"，"壬"與"巫"同意"，"衺與衺同意"，"高與倉、舍同意"，"臺與室、屋同意"，"美"與"善"善同意"，"善"與"義美"同意，坙與畕同意，"㝵與殳同意"。此所謂"同意相受"也。應之曰：構造文字之恉，在一字者，指事、象形、形聲、會意盡之矣，如向諸文。不能越兹四例。説解者必曰同，或曰同意，以其取象難明，故舉其比物以相曉喻。説解之例，有同狀相明者，斯類是也。有異狀相明者：入一爲干；"入二爲羊"；"不上去而至下來"，是也。今以同狀相明爲轉注，異狀相明復云何？且以"頭同者"説爲一首，《説文》亦云"鳥鹿足相似"，"虎足象人足"，"麁足與鹿足同"，"㲋足與鹿同"，"燕尾與燕尾相似"。復可云建類一足、建類一尾邪？苟舉是爲標識，終無解於"考"、"老"。考從老省，説解不可言考頭與老頭同，亦不可言考從人、毛，與老同意。然則向者諸文不得以例考、老，審矣。定海黄君又徵《素問》"肺輪精皮毛，六八面焦，髮頒白"，故老從毛匕。肺气衰則气欲舒出，上礙于一，故曰考，其字從丂。是則考、老轉注，本在肺衰，益隱曲難知矣。①

---

① "既作是説……難知矣。"一段初版本無。

理惑論

　　《說文》錄秦漢小篆九千餘文,而古文大篆未備。後人抗志慕古,或趨怪妄。余以爲求古文者,宜取《說文》獨體,觀其會通,攝以音訓。九千之數,統之無慮三四百名,此則蒼頡所始造也。五帝三王之世,改易殊體,今既不獲遠求遂古,《周禮》故書、《儀禮》古文,有《說文》所未錄者,足以補苴缺遺。邯鄲淳《三體石經》,作在魏世,去古猶近,其閒殊體,若虞字作夶之類,庶可采錄。旁有陳倉石鼓,得之初唐,晚世疑爲宇文新器,蓋非其實,雖叵復見遠流,亦大篆之次也。按石鼓不知作于何時,必云宣王所作,史籀所書,固無其徵,然大致不相遠。四者以外,宜在闕疑之科。

　　而世人尊信彝器,以爲重寶,皮傅形聲,曲徵經義,顧以《說文》爲誤,斯亦反矣。彝器之出,自宋始盛。然郭忠恕《汗簡》、夏竦《古文四聲韻》、王欽若天書,即出其閒。方士詭僞,固已多矣。且輕用民力,莫如漢魏,浚深穿堅,時時閒作。由晉訖隋,土均尚厲,彝器顧少掊得。下及宋世,城郭陂池之役簡于前代,而彝器出土反多。其疑一也。自宋以降,載祀九百,轉相積桑,其器愈多。然發之何地,得之何時,起自何役,獲自誰手,其事狀多不詳。就有一二詳者,又非衆所周見。其疑二也。古之篚籩，咸云竹木所爲，管仲鏤簋，已譏其侈，而晚世所獲，悉是熔金，箸錄百數，何越禮者之多！其疑三也。祭饗庸器，非匹庶之家所有。至于戈、戟、刀、鈹，布在行伍；錡、釜、耒、耨，用之家人。少多之劑，千萬相越，然晚世所見者，禮器有餘，兵農之器反寡。其疑四也。刀布埶輕，失則易墜；鐘鼎質重，載之及溺；所以亡國之虛，下有積錢；秦致九鼎，淪入泗水，理之恒也。自餘觶、爵、簠、簋之倫，輕不如錢，重不如鼎，其漂流墊陷蓋少，得失之分，未譣其由。其疑五也。

然則吉金箸錄，寧皆贗器？而情僞相雜，不可審知。必令數器互讎，文皆同體，如丁作·，祖作且，惟作隹之類。斯崔然無疑耳。單文閒見，宜所簡汰，無取詭效殊文，用相誆燿。故曰："索隱行怪，吾弗爲之矣。"穿鑿之徒，務欲立異。自莊述祖、龔自珍，好玩奇辭，文致琢兆。晚世則吳大澂尤憙銅器。亦有燔燒餅餌，毀瓦畫墁，以相欺紿。不悟僞迹，顧疑經典有譌，《說文》未諦。迨孫詒讓，頗檢以六書，勿令離局。近校數家，諒爲慎密。然彝器刻畫，素非精理。形有屈伸，則説爲殊體；字有暗昧，而歸之缺泐。乃云李斯妄作，叔重貤繆，此蓋吾之所未諭也。

又近有掊得龜甲者，文如鳥蟲，又與彝器小異。其人蓋欺世豫買之徒，國土可鬻，何有文字？而一二賢儒，信以爲質，斯亦通人之蔽。按《周禮》有釁龜之典，未聞銘勒。其餘見于《龜策列傳》者，乃有白雉之灌、酒脯之禮、梁卵之祓、黃絹之裹，而刻畫書契無傳焉。假令灼龜以卜，理兆錯迎，釁裂自見，則誤以爲文字，然非所論于二千年之舊藏也。夫骸骨入土，未有千年不壞，積歲少久，故當化爲灰塵。龜甲蜃蛖，其質同耳。古者隨侯之珠，照乘之寶，琬琰之削，餘蚳之貝，今無有見世者矣。足明堊質白盛，其化非遠，龜甲何靈，而能長久若是哉！鼎彝銅器，傳者非一，猶疑其僞，況于速朽之質，易薶之器。作僞有須臾之便，得者非貞信之人，而羣相信以爲法物，不其傎歟？

夫治小學者，在乎比次聲音，推迹故訓，以得語言之本。不在信好異文，廣徵形體。曩令發玉牒于泰岱，探翩翼于泗淵，萬人貞觀，不容作僞者，以補七十二家之微文，備鑄器象物之遺法，庶亦可矣。若乃奉矯誣之器，信荒忽之文，以與召陵正書相角，斯于六書之學，未有云補。擬之前代，則新垣玉杯之刻，少翁牛腹之書也，寧可與道古邪？

正言論

　　文言合一,蓋時彥所譁言也。此事固未可猝行,藉令行之,不得其道,徒令文學日窳。方國殊言,閒存古訓,亦卽隨之消亡。以此閫闠烝黎,翩其反矣。余以爲文字訓故,必當普教國人。九服異言,咸宜撢其本始。乃至出辭之法,正名之方,各得準繩,悉能解諭。當爾之時,諸方別語,庶將斠如畫一,安用豫設科條,彊施檃括哉!

　　世人徒見遠西諸國,文語無殊,遂欲取我華風,遠同彼土。不悟疆域異形,大小相絕。彼之一國,當我數道,地旣陝迫,奢俗易同。我則經略廣員,兼包區夏,剛柔燥溼,風土互殊。其異一也。又彼土常言,多原羅馬,乃復雜以土風,雅、鄭相貿。借使羅馬先民,復生今日,聞彼正音,方當欯爲畔喭。夫以非正爲正,則正者譎矣;兩在非正之位,則一不獨正矣。反觀諸夏語言,承之在昔,殊方俚語,各有本株。故執旋機以運大象,得環中以應無窮,比合土訓,在其中乎?若枉徇偏方,用爲權槷,旣無雅俗之殊,寧得隨情取舍。其異二也。又彼土自日耳曼以來,仍世樸塞,畫革旁行,無過迻書聲气,雖有增華,離質非遠。我則口耳竹帛,文質素殊。今若以語代文,便將廢絕誦讀;若以文代語,又令喪失故言;文語交困,未見其益。其異三也。

世方瞀惑，余之所懷，旦莫難遂。猶願二三知德君子，考合舊文，索尋古語，庶使夏聲不墜，萬民以察，芳澤所被，不亦遠乎？

今以紐韻正音料簡州國，譌音變節，隨在而有。妙契中聲，亦或獨至。明當以短長相覆，爲中國正音。既不可任偏方，亦不合慕京邑。其表如左方：

濁音去聲變清音界：

直隸、山東、河南、山西。

清音去聲變濁音界：

湖北、湖南、廣東、廣西、福建。

濁音上聲變去聲界：

除浙江嘉興、湖州二府，他處皆然。

去聲不別影、喻二紐界：

除江南、浙江，他省皆然。

上聲似平界：

陝西。

入聲似去界：

直隸、山東、河南、山西。

舌上音歸舌頭界：

福建。

舌上音歸喉音界：
廣東。

舌上音變正齒界：
江南、浙江、廣東、湖南、廣西、雲南、貴州。

輕脣音歸牙音界：
除廣東，他省多有。

牙音誤輕脣音界：
廣東。

喉音誤齒頭音界：
廣東。

齒頭音歸喉音界：
各省多有。

齒頭音變正齒音界：
各省多有。

匣紐變喻紐界：

浙江。

疑紐誤娘紐界：
除廣東，他省多有。

泥紐變娘紐界：
除雲南、貴州，他省多有。

泥紐變來紐界：
直隸、山東、河南、江蘇北部、安徽北部。

彈舌音變來紐界：
安徽北部。

彈舌音誤襌紐界：
江南、浙江、江西、湖南、雲南、貴州、廣東。

魚韻誤支韻界：
雲南、貴州、廣東、浙江[①]。

鼻音收舌、收脣無別界：
除廣東，他省皆然。

---

① "浙江"，初版本無，當補。

東、冬二韻無別界：
除湖南、江西、安徽，他省皆然。

青、真二韻無別界：
除廣東，他省皆然。

真、諄二韻無別界：
除嶺北諸省，迤南諸省皆然。

江、陽二韻無別界：
除江西，他省皆然。

術、物等韻誤入模韻界：
直隸、河南、湖北、湖南。

麻韻誤如曷、末平聲界[①]：
除江蘇江寧府、浙江紹興府，他處皆然。

麻韻誤先韻、幽韻界：
除浙江、江西、湖南、廣東，他省皆有。

---

① 初版本作"麻韻亂佳韻界"，當從浙本。

中卷　文學七篇

文學總略

　　文學者，以有文字箸於竹帛，故謂之文。論其法式，謂之文學。凡文理、文字、文辭，皆稱文。言其采色發揚謂之彣，以作樂有闋，施之筆札，謂之章。《説文》云："文，錯畫也，象交文。""章，樂竟爲一章。""彣，馘也。""彰，文彰也。"或謂"文章"當作"彣彰"，則異議自此起。《傳》曰："博學於文。"不可作"彣"。《雅》曰："出言有章。"不可作"彰"。古之言文章者，不專在竹帛諷誦之閒。孔子稱堯、舜"焕乎其有文章"，蓋君臣、朝廷、尊卑、貴賤之序，車輿、衣服、宫室、飲食、嫁娶、喪祭之分，謂之文；八風從律，百度得數，謂之章。文章者，禮樂之殊稱矣。其後轉移施于篇什。大史公記博士平等議曰："謹案詔書律令下者，文章爾雅，訓辭深厚。"《儒林列傳》。此寧可書作"彣彰"邪？獨以五采彰施五色，有言黻、言黼、言文、言章者，宜作"彣彰"。然古者或無其字，本以"文章"引伸。今欲改"文章"爲"彣彰"者，惡夫冲淡之辭，而好華葉之語，違書契記事之本矣。孔子曰："言之無文，行而不遠。"蓋謂不能舉典禮，非苟欲潤色也。《易》所以有《文言》者，梁武帝以爲文王作《易》，孔子遵而修之，故曰"文言"。非矜其采飾也。夫命其形質曰文，狀其華美曰彣，指其起止曰章，道其素絢曰彰。凡彣者必皆成文，凡成文者不皆彣。是故推論文學，以文字爲準，不以彣彰爲準。今舉諸家之法，商訂如左方。

《論衡·超奇》云："能説一經者爲儒生，博覽古今者爲通人，采掇傳書以上書奏記者爲文人，能精思箸文連結篇章者爲鴻儒。"又曰："州郡有憂，有如唐子高、谷子雲之吏，出身盡思，竭筆牘之力，煩憂適有不解者哉！"又曰："長生死後，州郡遭憂，無舉奏之吏。以故事結不解，徵詣相屬，文軌不尊，筆疏不續也。豈無憂上之吏哉？乃其中文筆不足類也。"又曰："若司馬子長、劉子政之徒，紊積篇第，文以萬數，其過子雲、子高遠矣。然而因成前紀，無勾中之造。若夫陸賈、董仲舒，論説世事，由意而出，不假取於外。然而淺露易見，觀讀之者猶曰傳記。陽成子長作《樂經》，楊子雲作《大玄經》，造於助思，極窅冥之深，非庶幾之才，不能成也。桓君山作《新論》，論世閒事，辯照然否，虛妄之言，僞飾之辭，莫不證定。彼子長、子雲論説之徒，君山爲甲。自君山以來，皆爲鴻眇之才，故有嘉令之文。"準此，文與筆非異塗，所謂文者，皆以善作奏記爲主。自是以上，乃有鴻儒。鴻儒之文，有經傳、解故、諸子，彼方目以上第，非若後人擯此於文學外，沾沾焉惟華辭之守，或以論説、記序、碑志、傳狀爲文也。獨能説一經者，不在此列，諒由學官弟子，曹偶講習，須以發策決科，其所撰箸，猶今經義而已，是故遮列使不得與也。

自晉以降，初有文、筆之分。范曄自述其《後漢書》曰："文患其事盡於形，情急於藻，義牽其旨，韻移其意。政可類工巧圖繢，竟無得也。手筆差易，文不拘韻故也。"①《文心雕龍》云："今

---

① "范曄……文不拘韻故也。"初版本無。

之常言，有文有筆，有韻者文也，無韻者筆也。"然《雕龍》所論列者，藝文之部，一切并包。是則科分文、筆，以存時論，故非以此爲經界也。昭明大子序《文選》也，其於史籍，則云"不同篇翰"①，其於諸子，則云不以能文爲貴。此爲裒次總集，自成一家，體例適然，非不易之定論也。《抱樸子・百家》篇曰："陝見之徒，區區執一。惑詩賦瑣碎之文，而忽子論深美之言。眞僞顛倒，玉石混殽。同廣樂於桑閒，均龍章於素質。"斯可以箴矣。《世説・文學》篇注引《惠帝起居注》曰："裴頠箸二論，以規虛誕之弊，文辭精富。"此卽《崇有》二論也。《世説》又言王長史宿搆精理，并撰其才藻，往與支道林語，敘致作數百語，自謂是名理奇藻。又云：支道林通《莊子・漁父》篇作七百許語，敘致精麗，才藻奇拔，是皆名理之言，諸子之鼓吹也。而以精富才藻爲目，足知晉時所謂翰藻者正在此類。且沈思孰若莊周、荀卿，翰藻孰若《呂氏》、《淮南》？總集不擴九流之篇，格于科律，固不應爲之辭。② 誠以文筆區分，《文選》所集，無韻者猥衆，寧獨諸子？③ 若云文貴其彣邪，未知賈生《過秦》、魏文《典論》，同在諸子，何以獨堪入錄？有韻文中，旣錄漢祖《大風》之曲，卽《古詩十九首》亦皆入選，而漢晉樂府，反有愁遺④。是其於韻文也，亦不以節奏低卬爲主，獨取文采斐然，足燿觀覽，又失韻文之本矣。是故昭明之説，本無以自立者也。案《晉書・樂廣傳》："請潘岳爲表，便成名筆。"《成公綏傳》："所箸詩賦、襍筆十餘卷。"《張翰傳》："文筆數十篇行於世。"《曹毗傳》："所箸文筆十五卷。"《王珣傳》："珣夢人以大筆如椽

---

① 初版本作"則云'事異篇章'"。
② "《抱樸子・百家》篇……固不應爲之辭。"初版本無。
③ 此句初版本作"若以文筆區分，《文選》所登，無韻者固不少。"
④ "愁遺"，初版本作"佚遺"。

與之,既覺,語人曰,'此當有大手筆事。'俄而帝崩,哀冊謚議,皆珣所草。"《南史·任昉傳》:"既以文才見知,時人云'任筆沈詩'。"《徐陵傳》:"國家有大手筆,必命陵草之。"詳此諸證,則文卽詩賦,筆卽公文,乃當時恒語。阮元之徒猥謂儷語爲文,單語爲筆。任昉、徐陵所作,可云非儷語邪?

　　近世阮元,以爲孔子贊《易》,始箸《文言》,故文以耦儷爲主,又牽引文筆之說以成之。夫有韻爲文,無韻爲筆,是則駢散諸體,一切是筆非文。藉此證成,適足自陷。既以《文言》爲文,《序卦》、《説卦》又何說焉?且文辭之用,各有體要。《彖》、《象》爲占繇,占繇故爲韻語;《文言》、《繫辭》爲述贊,述贊故爲儷辭;《序卦》、《説卦》爲目錄箋疏,目錄箋疏故爲散錄。必以儷辭爲文,何緣《十翼》不能一致?豈波瀾既盡,有所謝短乎?蓋人有陪貳,物有匹耦,愛惡相攻,剛柔相易,人情不能無然,故辭語應以爲儷。諸事有綜會,待條牒然後明者,《周官》所陳,其數一二三四是也。反是或引端竟末,若《禮經》、《春秋經》、《九章算術》者,雖欲爲儷無由。猶耳目不可隻,而胷腹不可雙,各任其事。舍是二者,單複固恣意矣。未有一用單者,亦未有一用複者,案宋代以來,言文章者皆謂儷語爲俳。阮氏之論亦發慎而作也,不悟宋人儷語亦自不少,蘇軾《上皇帝書》,其箸者也,曾鞏《戰國策序》、《移滄州疏》,其閒儷語與齊梁人不殊,下者直如當時四六矣,其他類此者衆。蓋非簡策之書而純爲單語者,世所鮮有。顧張弛有殊耳。文之名實,未在是也;所以爲古今者,亦未在是也。[①] 或舉《論語》言辭達者,以爲文之與辭,較然異職[②]。然則《文言》稱"文",《繫辭》稱"辭",體格未殊,

---

[①] "蓋人有陪貳……亦未在是也。"初版本無。
[②] "較然",初版本作"劃然"。

而題號有異，此又何也？董仲舒云："春秋文成數萬。"兼彼經傳，總稱爲文，猶曰今文家曲說云爾①。《大史公自序》亦云"論次其文"，此固以史爲文矣。又曰："漢興，蕭何次律令，韓信申軍法，張蒼爲章程，叔孫通定禮儀，則文學彬彬稍進。"《藝文志》言秦"燔滅文章，以愚黔首"。文章者，謂經傳諸子，遷、固所稱，②半非耦儷之文也③。屈、宋、唐、景所作，旣是韻文，亦多儷語，而《漢書·王襃傳》已有《楚辭》之目。王逸仍其舊題，不曰"楚文"，斯則韻語耦語，亦旣謂之辭矣。《漢書·賈誼傳》云："以屬文稱於郡中。"其文云何？以爲賦邪？④《惜誓》載於《楚辭》，文辭不別；以爲奏記條議⑤，適彼之所謂辭也。《司馬相如傳》云："景帝不好辭賦。"《法言·吾子》云："詩人之賦麗以則，辭人之賦麗以淫。""或問：'君子尚辭乎？'曰：'君子事之爲尚，事勝辭則伉，辭勝事則賦，事辭稱則經。'"以是見韻文耦語，並得稱辭，無文辭之別也。且文辭之稱，若從其本以爲部署，則辭爲口說，文爲文字。古者簡帛重煩，多取記臆，故或用韻文，或用耦語，爲其音節諧適，易於口記，不煩紀載也。戰國從橫之士，抵掌搖脣，亦多積句，是則耦麗之體，適可稱職。乃如史官方策，有《春秋》、《史記》、《漢書》之屬，適當稱爲文耳。由是言之，文辭之分，反覆自陷，可謂大惑不解者矣。

---

① "云爾"，初版本作"然也"。
② "《藝文志》……遷、固所稱"初版本無。
③ "半非"，初版本作"此非"。
④ 此句初版本作"若云賦也。"
⑤ "以爲"，初版本作"若云"。

或言學說、文辭所由異者,學說以啓人思,文辭以增人感,此亦一往之見也。何以定之?凡云文者,包絡一切箸於竹帛者而爲言,故有成句讀文,有不成句讀文,兼此二事,通謂之文。局就有句讀者,謂之文辭。諸不成句讀者,表譜之體,旁行邪上,條件相分,會計則有簿録,算術則有演艸,地圖則有名字,不足以啓人思,亦又無以增感,此不得言文辭,非不得言文也。諸成句讀者,有韻無韻則分①。諸在無韻,史志之倫,記大傀異事則有感,記經常典憲則無感,既不可齊一矣。持論本乎名家,辨章然否,言稱其志,未足以動人。《過秦》之倫,辭有枝葉,其感人顧深摯,則本諸從橫家,然其爲論一也。不得以感人者爲文辭,不感者爲學說。且文曲變化,其度無窮。陸雲論文,先辭後情,尚絜而不取悦澤,《與兄平原君書》。此寧可以一槩齊哉?② 就言有韻,其不感人者亦多矣。《風》、《雅》、《頌》者,蓋未有離於性情,獨賦有異。夫宛轉侔隱,賦之職也。儒家之賦,意存諫誡,若荀卿《成相》一篇,其足以感人安在?乃若原本山川,極命草木,或寫都會、城郭、游射、郊祀之狀,若相如有《子虚》,楊雄有《甘泉》、《羽獵》、《長楊》、《河東》,左思有《三都》,郭璞、木華有《江》、《海》,奧博翔實,極賦家之能事矣,其亦動人哀樂未也?其專賦一物者,若孫卿有《蠶賦》、《箴賦》,王延壽有《王孫賦》,禰衡有《鸚鵡賦》,侔色揣稱,曲成形相,嫠婦孽子,讀之不爲泣,介胄戎士,詠之不爲奮,當其始造,非自感則無以爲也,比文成

---

① 此句初版本作"有韻無韻分焉"。
② "且文曲……一槩齊哉?"初版本無。

而感亦替,斯不可以一端論。又學説者,非一往不可感人?① 凡感於文言者,在其得我心。是故飲食移味、居處緼愉者,聞勞人之歌,心猶怕然。大愚不靈、無所憤悱者,覿眇論則以爲恒言也。身有疾痛,聞幼眇之音,則感槩隨之矣。心有疑滯,覿辨析之論,則悦懌隨之矣。故曰:"發憤忘食,樂以忘憂。"凡好學者皆然,非獨仲尼也。以文辭、學説爲分者,得其大齊,審察之則不當。

如上諸説,前之昭明,後之阮氏,持論偏頗,誠不足辯。取後一説,以學説、文辭對立,其規摹雖少廣,然其失也,衹以彣彰爲文,遂忘文字,故學説不彣者,乃悍然擯諸文辭之外。惟《論衡》所説,略成條貫。《文心雕龍》張之,其容至博,顧猶不知無句讀文,此亦未明文學之本柢也。余以書籍得名,實馮傅竹木而起,以此見言語文字,功能不齊。世人以"經"爲"常",以"傳"爲"轉",以"論"爲"倫",此皆後儒訓説,非必覿其本真。案"經"者,編絲綴屬之稱,異于百名以下用版者,亦猶浮屠書稱"修多羅"。"修多羅"者,直譯爲"綫",譯義爲"經",蓋彼以貝葉成書,故用綫聯貫也。此以竹簡成書,亦編絲綴屬也。"傳"者,"專"之假借。《論語》"傳不習乎",《魯》作"專不習乎"。《説文》訓"專"爲"六寸簿",簿即手版,古謂之忽。今作笏。"書思對命",以備忽忘,故引伸爲書籍記事之稱。書籍名簿,亦名爲專。專之得名,以其體短,有異於經。鄭康成《論語序》云:"《春秋》二

---

① "斯不可以……不可感人?"初版本作"此不可以一端論也。且學説者,獨不可感人耶?"

尺四寸，《孝經》一尺二寸，《論語》八寸。"此則專之簡策，當復短於《論語》，所謂六寸者也。《漢·藝文志》言，劉向校中古文《尚書》，有一簡二十五字者。而服虔注《左氏傳》則云，"古文篆書，一簡八字。"蓋二十五字者，二尺四寸之經也；八字者，六寸之傳也。古官書皆長二尺四寸，故云"二尺四寸之律"。舉成數言，則曰"三尺法"。經亦官書，故長如之，其非經律，則稱"短書"。皆見《論衡》。"論"者，古但作"侖"，比竹成册，各就次第，是之謂侖。簫亦比竹為之，故"龠"字從"侖"，引伸則樂音有秩亦曰侖，"於論鼓鐘"是也；言說有序亦曰侖，"坐而論道"是也。《論語》為師弟問答，乃亦畧記舊聞，散為各條，編次成帙，斯曰《侖語》。是故繩線聯貫謂之經，簿書記事謂之專，比竹成册謂之侖，各從其質以為之名，亦猶古言"方策"，漢言"尺牘"，今言"札記"矣。諸書不見題署者，亦往往從質名。大公之書而稱《六弢》，黃帝之書而稱《九卷》，今《靈樞經》晉時稱《鍼經》，漢末《傷寒論序》直稱《九卷》。直謂書囊有六，搏帛有九也。① 雖古之言"肄業"者，《左氏傳》："臣以爲肄業及之也。"亦謂肄版而已。《釋器》云："大版謂之業。"書有篇第，而習者移書其文于版，學童習字用觚，觚亦版也。故云"肄業"。《管子·宙合》云："退身不舍端，修業不息版。"以是徵之，則肄業爲肄版明矣。凡此皆從其質爲名，所以別文字于語言也。其必爲之別何也？文字初興，本以代聲气，乃其功用有勝于言者。言語僅成線耳，喻若空中鳥迹，甫見而形已逝，故一事一義得相聯貫者，言語司之。及夫萬類坌集，棼不可理，言語之用，有所不周，於是委之文字。文字之用，足

---

① "諸書……搏帛有九也。"初版本無。

以成面，故表誋圖畫之術興焉，凡排比鋪張，不可口說者，文字司之。及夫立體建形，向背同見，文字之用，又有不周，於是委之儀象。儀象之用，足以成體，故鑄銅雕木之術興焉，凡望高測深不可圖表者，儀象司之。然則文字本以代言，其用則有獨至，凡無句讀文，皆文字所專屬者也，以是爲主。故論文學者，不得以興會神旨爲上。昔者，文气之論，發諸魏文帝《典論》，而韓愈、蘇轍竊焉。文德之論，發諸王充《論衡》，《論衡·佚文》篇："文德之操爲文。"又云："上書陳便宜，奏記薦吏士，一則爲身，二則爲人。繁文麗辭，無文德之操。治身完行，徇利爲私，無爲主者。"楊遵彥依用之，《魏書·文苑傳》："楊遵彥作《文德論》，以爲古今辭人，皆負才遺行，澆薄險忌，唯邢子才、王元景、温子昇彬彬有德素。"而章學誠竊焉。气非竄突如鹿豕，德非委蛇如羔羊，知文辭始於表誋簿録，則修辭立誠其首也。气乎德乎，亦末務而已矣。案《文選序》云："謀夫之話，辯士之端，雖傳之簡牘，而事異篇章。"此即語言文字之分也。然《選》例亦未一致，依史所載，荆卿《易水》，漢祖《大風》，皆臨時觸興而作，豈嘗先屬草稾，亦與出話何異，而《文選》固録之矣。至于辭命，則有草創潤色之功，蘇張陳説，度亦先有篇章。《文選》録《易水》、《大風》二歌而獨汰去辯説，亦自相鉏吾矣。士衡《文賦》云："説煒曄而譎誑。"是亦列爲文之一種，要于修辭立誠，有不至爾。①

《文選》之興，蓋依乎摯虞《文章流别》，謂之總集。《隋書·經籍志》曰："總集者，以建安之後，辭賦轉繁，衆家之籍日以孶廣，晉代摯虞苦覽者之勞倦，於是芟翦繁蕪，自詩賦下，各爲條貫，合而編之，謂之《流别》。"然則李充之《翰林論》，劉義慶之《集林》，沈約、北遲之《集鈔》，放于此乎？《七略》惟有詩賦，及東漢銘誄、論

---

① 此段注文初版本無。

辯始絭,荀勖以四部變古,李充、謝靈運繼之,則集部自此箸。總集者,本括囊別集爲書,故不取六藝、史傳、諸子,非曰別集爲文,其他非文也。《文選》上承其流,而稍入《詩序》、《史贊》、《新書》、《典論》諸篇,故名不曰"集林"、"集鈔",然已痟矣。其序簡別三部,蓋總集之成法,顧已迷誤其本,以文辭之封域相格,慮非摯虞、李充意也。《經籍志》別有《文章英華》三十卷,《古今詩苑英華》十九卷,皆昭明大子撰,又以詩與雜文爲異,卽明昭明義例不純。《文選序》率爾之言,不爲恒則。且總、別集與他書經略不定,更相闌入者有之矣。今以《隋志》所錄總集相稽,自《魏朝雜詔》而下,訖《皇朝陳事詔》,凡十八家,百四十六卷;自《上法書表》而下,訖《後周與齊軍國書》,凡七家,四十一卷;而《漢高祖手詔》、匡衡、王鳳、劉隗、孔羣諸家奏事書旣亡佚,復傅其錄。然《七略》高祖、孝文詔策,悉在諸子"儒家",《奏事》二十卷隸"春秋",此則總集有六藝、諸子之流矣。陳壽定諸葛亮故事,命曰《諸葛氏集》,然其目錄有《權制》、《計算》、《訓厲》、《綜覈》、《雜言》、《貴和》、《兵要》、《傳運》、《法檢》、《科令》、《軍令》諸篇;《魏氏春秋》言:"亮作八務、七戒、六恐、五懼,皆有條章,以訓厲臣子。"若在往古,則《商君書》之流,而《隋志》亦在別集,故知集品不純,選者亦無以自理。阮元之倫,不悟《文選》所序,隨情涉筆,視爲經常,而例復前后錯迕。曾國藩又雜鈔經史百家,經典成文,布在方策,不虞潰散,鈔將何爲?若知文辭之體,鈔選之業,廣陝異塗,庶幾張之弛之,並明而不相害。凡無句讀文,旣各以專門爲業,今不亟論。有句讀者,畧道其原流利病,分爲五篇。非曰能盡,蓋以備常文之品而已。其贈序、壽頌諸品,旣不應法,故棄捐弗道爾。

原經

古之爲政者，"必本於天，殽以降命①，命降於社之謂殽地，降於祖廟之謂仁義，降於山川之謂興作，降於五祀之謂制度"。故諸教令符號謂之經。輓世有章學誠，以經皆官書，不宜以庶士僭擬，故深非楊雄、王通。案《吳語》稱"挾經秉枹"，兵書爲經。《論衡·謝短》曰："《五經》題篇，皆以事義別之，至禮與律獨經也。"法律爲經。《管子》書有"經言"、"區言"，教令爲經。説爲官書誠當，然《律歷志》序庖犧以來帝王代禪，號曰"世經"；辨疆域者有《圖經》，摯虞以作《畿服經》也。見《隋書·經籍志》。經之名廣矣，仲尼作《孝經》，漢《七略》始傅六藝，其始則師友讎對之辭，不在邦典；《墨子》有《經上》、《下》；賈誼書有《容經》；韓非爲《内儲》、《外儲》，先次凡目，亦楬署經名；《老子》書至漢世，鄰氏復次爲《經傳》；孫卿引《道經》，曰："人心之危，道心之微。"《道經》亦不在六籍中。此則名實固有施易，世異變而人殊化，非徒方書稱經云爾。

學誠以爲六經皆史，史者固不可私作。然陳壽、習鑿齒、臧

---

① "降命"，原文作"教命"。見《禮記·禮運篇》："是故夫政必本於天，殽以教命。"

榮緒、范曄諸家，名不在史官，或已去職，皆爲前修作年歷紀傳。陳壽在晉爲箸作郎，箸作郎本史官，然成書在去官後，故壽卒後，乃就家寫其書。又壽于《高貴鄉公陳留王傳》中三書司馬炎：一書撫軍大將軍新昌鄉侯炎，一書晉大子炎，武帝見在，而斥其名。豈官書之體也？其書間爲晉諱，稱韋昭曰韋曜，而蜀之昭烈、吳之張昭及與韋昭同述《吳書》之周昭又不爲諱，是又非官書之式也。① 壽又嘗作《古國志》五十篇，《三國志》蓋亦其類耳。大史公雖廢爲埽除隸，《史記》未就，不以去官輟其述作。班固初草創《漢書》，未爲蘭臺令史也。人告固私改作國史，有詔收固，弟超馳詣闕上書，乃召詣校書部，終成前所箸書。令固無縲紲之禍，成書家巷，可得議耶？且固本循父彪所述，彪爲徐令，病免，既篹後篇，不就而卒。假令彪書竟成，敷文華以緯國典，雖私作何所訾也！陸賈爲《楚漢春秋》，名擬素王。新汲令王隆爲《小學漢官篇》，依擬《周禮》，以知舊制儀品。孔衍又次《漢魏尚書》。世儒《書儀》、《家禮》諸篇，亦悉規摹士禮。此皆不在官守，而箸書與六藝同流，不爲僭擬。諸妄稱者，若《東觀漢記》署"大史官"，雖奉詔猶當絕矣。《文選·西征賦》注引《東觀漢記》大史官曰："票骸蓬轉，因遇際會。"又大史曰："忠臣畢力。"《三國名臣序贊注》引《東觀漢記》大史官曰："耿況、彭寵，俱遭際會，順時承風，列爲蕃輔，忠孝之策，千載一遇也。"② 是其論贊亦稱大史。然後漢大史已不主記載，《漢記》實非大史所爲，署之爲妄。

且夫治歷明時，羲和之官也；關石和鈞，大師之所秉也。故周公作《周髀算經》，張蒼以計相定章程，而次《九章算術》。然

---

① "其書……官書之式也。"初版本無。
② "《三國名臣序贊注》……千載一遇也。"初版本無。

後人亦自爲律歷、籌算之書，以譏王官失紀。《明堂》、《月令》授時之典，民無得奸焉，而崔寔亦爲《四民月令》。古之書名，掌之行人保氏，故史籀在官則爲之，李斯、胡毋敬在官則爲之。及漢有《凡將》、《訓纂》，卽非王官之職。許叔重論譔《說文解字》，自爾有吕忱、顧野王諸家，詩續不絕，世無咎其僭擬者。吴景帝、唐天后位在考文，而造作異形，不合六書，適爲世所鄙笑。今《康熙字典》依是也。古之姓氏，掌之司商，其後有《世本》，然今人亦自爲諡録，林寶承詔作《元和姓纂》，言不雅馴，見駁于鄧名世。以是比况，古之作者，刱制而已；後生依其式法條例則是，畔其式法條例則非，不在公私也。王通作《元經》，匡其簡陋與逢迎索虜，斯侻已。謂不在史官不得作，陸賈爲《楚漢春秋》，孫盛爲《晉陽秋》，習鑿齒爲《漢晉春秋》，何因不在誅絕之科？學誠駁汪琬說云，布衣得爲人作傳。既自倍其官守之文，又甚裁抑王通。準其條法，仲尼則國老耳，已去司寇，出奔被徵，非有一命之位、儋石之禄，其作《春秋》亦僭也。楊雄作《大玄》擬《易》，儒者比于吴楚僭王，謂其非聖人，不謂私作有誅也。雄復作《樂》四篇，見《藝文志》。是時陽成子長亦爲《樂經》，見《論衡·超奇》篇。儒者不譏，獨譏《大玄》，已過矣。

《易》之爲書，廣大悉備，然常用止於別蓍布卦。《春官》："大卜掌三兆之法：一曰玉兆，二曰瓦兆，三曰原兆。其經兆之體，皆百有二十，其頌皆千有二百。掌三易之法：一曰連山，二曰歸藏，三曰周易。其經卦皆八，其別皆六十有四。掌三夢之法：一曰致夢，二曰觭夢，三曰咸陟；其經運十，其別九十。"仲尼贊《易》而《易》獨貴，其在舊法世傳之史，則筮書與卜夢等夷。《數術略》著龜家有《龜書》、《夏龜》、《南龜書》、《巨龜》、《襍龜》，襍占家有《黃帝長柳占夢》、《甘德長柳占夢》，書皆別出，雖《易》亦然。是故《六藝略》有《易經》十二篇，《數術略》蓍龜家復有《周易》三十八卷，此爲周世旣有兩《易》，猶《逸周書》七十一篇別在《尚書》外也。《左氏》說秦伯伐晉，筮卦遇蠱曰："千乘三去，三去之餘，獲其雄狐。"成季將生，筮遇大有之乾曰："同復于父，敬如君所。"說者或云是連山、歸藏，或云筮者之辭。尋連山、歸藏，卦名或異《周易》。筮者占卦，其語當指切事情，知皆非也。宜在三十八卷中。蓋《易》者，務以占事知來，惟變所適，不爲典要。故周世旣有二家駁文，韓宣子觀書於大史氏，見《易象》與《魯春秋》，曰："周禮盡在魯矣。"尚考九流之學，其根極悉在有司，而《易》亦掌之大卜。同爲周禮，然非禮器、制度、符節、璽印、幡信之屬不可刊者，故周時《易》有二種，與《連山》、《歸藏》而四。及漢，楊雄猶得摹略爲之，是亦依則古初，不恣于素。學誠必以公私相格，是九流悉當燔燒，何獨《大玄》也！

《晉書‧束晳傳》言汲郡人不準盜發魏襄王墓，得《易經》二篇，與《周易上》、《下經》同，《易繇陰陽卦》二篇，與《周易》略同，繇辭則異，卦《下經》一篇，似《說卦》而異。《易繇陰陽卦》者，亦三十八卷之倫。以是知姬姓未亡，玉步未改，而《周易》已分析爲數種。姚際恒不曉《周易》有異①，乃云魏文侯敢好古，魏芻無《十翼》，明《十翼》非仲尼作。然則《易繇陰陽卦》者，顧仲尼所爲三絕韋編，以求寡過者耶？凡說古藝文者，不觀會通，不參始末，專以私意揣量，隨情取舍，上者爲章學誠，下者爲姚際恒，疑

---

① 初版本句首有"桐城"二字。

誤後生多矣。自《大玄》推而極之，至于他書，其類例悉準是。外有經方、相人、形法之屬。至于釋、道，其題號皆曰"經"，學誠所不譏。誠格以官書之律，釋者有修多羅，傳自異域，與諸夏異統，不足論；道士者，亦中國之民，何遽自恣？而老子又非道士所從出，不能以想余之注①，姦令之條文致也。《經典釋文》。《老子想余注》二卷，不詳何人，一云張魯，或云劉表。《典略》曰：妖賊張修，使人爲姦令祭酒，祭酒主以《老子》五千文使都習，號爲《姦令》，爲鬼吏主爲病者請禱。此道士託名老子耴先者也。觀《論衡·道虛》篇言"世或以爲老子之道，可以度世"，則俗論已有是言。仲長統云："安神閨房，思老氏之玄虛；呼吸精和，求至人之仿佛。"似漢末儒者亦以老子附會房中神仙之術。然《七略》道家與神仙、房中絕非一類，《韓非·解老》、《喻老》更可證明。至《論衡·道虛》篇三稱道家，皆指服食不死者言，則名號已混亂矣。② 本出史官，與儒者非異教，故其徒莊周猶儒服。見《莊子·説劍》篇。儒家稱經卽諿，而道家稱經卽無諿，《墨子》、《韓子》準此。何其自相伐也？

章炳麟曰："老聃、仲尼而上，學皆在官；老聃、仲尼而下，學皆在家人。正今之世，封建已絶矣，周秦之法已朽蠹矣，猶欲拘牽格令，以吏爲師，以宦于大夫爲學。一曰欲修方志以接衣食，則言家傳可作，援其律於《東方》、《管輅》諸傳，其書乃遠在楊雄後；舊目《七略》，令目四部，自爲《校讎通義》，又與四庫官書齟齬；既薄宋儒，又言誦六藝爲遵王制。時制《五經》在學官者，《易》、《詩》、《書》皆取宋儒傳注，則宋儒亦不可非。諸此條例，所謂作法自獎者也。"

---

① "想余"，當作"想爾"。下文注云《老子想余注》"，當作《老子想爾注》"。
② "不能以……致也。"及注文，初版本無。

問者曰："經不悉官書,今世說今文者,以《六經》爲孔子作,豈不然哉?"應之曰:"經不悉官書,官書亦不悉稱經。《史籀》篇、《世本》之屬。《易》、《詩》、《書》、《禮》、《樂》、《春秋》者,本官書,又得經名。孔子曰:'述而不作,信而好古。'明其亡變改。其次《春秋》,以《魯史記》爲本,猶馮依左丘明。左丘明者,魯大史。見《藝文志》。然則聖不空作,因當官之文。《春秋》、《孝經》,名實固殊焉。《春秋》稱經,從本名;《孝經》稱經,從施易之名。孟子曰:'王者之迹息而《詩》亡,《詩》亡然後《春秋》作。'迹息者,謂《小雅》廢;《詩》亡者,謂正雅、正風不作。見《説大疋小疋》。《詩序》曰:'文武以《天保》以上治内,《采薇》以下治外。''《六月》者,宣王北伐。'《小雅》之變,自此始也。其《序》通言正雅二十二篇廢而王道缺,終之曰:'《小雅》盡廢,則四夷交侵,中國微矣。'國史之有編年,宜自此始。故大史公錄《十二諸侯年表》,始于共和,明前此無編年書。《墨子·明鬼》篇引周、燕、齊、宋四國《春秋》,三事皆在隱、桓以下。《周春秋》乃記杜伯射宣王事,宣王以上,欲明鬼,其徵獨有《詩》、《書》,明始作《春秋》者,爲宣王大史。蓋大篆布而《春秋》作五十凡例,尹吉甫、史籀之成式,非周公箸也。晉羊舌肸習於《春秋》,則爲《乘》,楚士亹教大子《春秋》則爲《檮杌》。孟子曰:'晉之《乘》,楚之《檮杌》,魯之《春秋》,一也。'惑者不覩論篹之科,不銓主客。文辭義理,此也;典章行事,彼也;一得造,一不得造。今以仲尼受天命爲素王,變易舊常,虛設事狀,以爲後世制法。且言左氏與遷、固皆史傳,而《春秋》爲經,經與史異。"劉逢禄、王闓運、皮錫瑞,皆同此説。

原經

蓋素王者，其名見于《莊子》，《天下》篇①。責實有三：伊尹陳九主素王之法，守府者爲素王；莊子道玄聖素王，無其位而德可比于王者；大史公爲素王眇論，多道貨殖，其《貨殖列傳》已箸素封，無其位，有其富厚崇高，小者比封君，大者擬天子。此三素王之辨也。仲尼稱素王者，自後生號之。王充以桓譚爲素丞相，非譚生時以此題署。顧言端門受命，爲漢制法，循是以言，桓譚之爲《新論》，則爲魏制法乎？《春秋》二百四十二年之事，不足盡人事蕃變，典章亦非具舉之，卽欲爲漢制法，當自作一通書，若賈生之草具儀法者。後世王晁、黃宗羲之徒亦嘗爲此。今以不盡之事，寄不明之典，言事則害典，言典則害事。令人若射覆探鉤，卒不得其翔實。故有《公羊》、《穀梁》、《騶》、《夾》之《傳》，爲說各異。是則爲漢制惑，非制法也。言《春秋》者，載其行事，憲章文武，下遵時王，懲惡而勸善，有之矣。制法何與焉！經與史自爲部，始晉荀勖爲《中經簿》，以甲乙丙丁差次，非舊法。《七略》，《大史公書》在"春秋家"，其後東觀、仁壽閣諸校書者，若班固、傅毅之倫，未有變革，訖漢世依以第錄。雖今文諸大師，未有經史異部之錄也。今以《春秋經》不爲史，自俗儒言之卽可，劉逢禄、王闓運、皮錫瑞之徒，方將規摹皇漢，高世比德于十四博士，而局促于荀勖之見。荀勖分四部，本已陵襍，丙部錄《史記》，又以《皇覽》與之同次，無反紀，不足以法，後生如王儉猶規其過。據《隋書·經籍志》，王儉撰《七志》：一曰《經典志》，紀六藝、小學、史記、襍傳；二曰《諸子志》，紀今古諸子；三曰《文翰志》，紀詩、賦；四曰《軍書

---

① "《天下》篇"，誤，當作"《天道》篇"。

志》,紀兵書;五曰《陰陽志》,紀陰陽、圖緯;六曰《術藝志》,紀方技;七曰《圖諜志》,紀地域及圖書,其《道》、《佛》附見,合九條。然則《七志》本同《七略》,但增《圖諜》、《道》、《佛》耳。其以六藝、小學、史記、襍傳同名爲《經典志》,而出圖緯使入《陰陽》,卓哉!二劉以後,一人而已。今陳荀勖之法于石渠、白虎諸老之前,非直古文師誚之,唯今文師亦安得聞是語乎?今文家所貴者,家法也,博士固不知有經、史之分,則分經、史者與家法不相應。夫《春秋》之爲志也,董仲舒說之,以爲"上明三王之道,下辯人事之紀……萬物之散聚,皆在《春秋》。"然大史公自敘其書,亦曰:"厥協《六經》異傳,整齊百家異語,俟後世聖人君子。"班固亦云:"凡《漢書》,窮人理,該萬方,緯《六經》,綴道綱,總百氏,贊篇章。"其自美何以異《春秋》?《春秋》有義例,其文微婉。遷、固亦非無義例也。遷、陳壽微婉志晦之辭尤多。大山、梁父,崇卑雖異哉,其類一矣。

然《春秋》所以獨貴者,自仲尼以上,《尚書》則闊略無年次,百國《春秋》之志,復散亂不循凡例。又亦臧之故府,不下庶人,國亡則人與事偕絕,大史公云:"《史記》獨臧周室,以故滅。"此其效也。是故本之吉甫、史籀,紀歲時月日,以更《尚書》,傳之其人,令與《詩》、《書》、《禮》、《樂》等治,以異百國《春秋》,然後東周之事,粲然箸明。令仲尼不次《春秋》,今雖欲觀定、哀之世,求五伯之迹,尚荒忽如草昧。夫發金匱之臧,被之萌庶,令人人不忘前王,自仲尼、左丘明始。且蒼頡徒造字耳,百官以治,萬民以察,後嗣猶蒙其澤。況于年歷晻昧,行事不彰,獨有一人,抽而示之,以詒後嗣。令遷、固得持續其迹,訖于今兹,則耳孫小子,耿耿不能忘先代,然後民無攜志,國有與立,實仲尼、左丘明之賜。故《春秋》者,可以封岱宗,配無極。今異《春秋》于史,是猶異蒼頡于史籀、李斯,祇見惑也。蓋生放勳、重華之世者,不知帝力所以厚生;而策肥馬、乘堅車者,亦不識先人作苦。今中國史傳連蕝,百姓與知,以爲記事不足重輕,爲是沒丘明之勞,謂仲尼不專記錄。藉生印度、波斯之原,自知建國長久,文教浸淫,而故記不傳,無以褱大前哲,然後發憤於寶書,哀思於國命矣。余數見印度人言其舊無國史,今欲搜集爲書,求雜史短書以爲之質,亦不可得。語輒扼腕。彼今文家特未見此爾。漢世五經家既不逆覩,欲以經術干祿,故言爲漢制法。卒其官號、郡縣、刑辟之制,本之秦氏,爲漢制法者,李斯也,非孔子甚明。近世綴學之士,又推孔子制法訖于百世。法度者,與民變革,古今異宜,雖聖人安得豫制之?《易》稱開物成務,彰往察來,孔子亦言百世可知,皆明其大體耳。蓋險阻日通,階級日夷,工巧日緐,禮節日殺,鬼神日遠,刑法日寬,法契日明,此在周代可以豫知後世者也;若夫官號、爵秩、税則、軍制之緐,地域廣輪、郡縣增減之數,孔子安得豫知之?譬如觀象,日月星辰之行,雖在數百歲上,可以豫知;風雨旱潦之變,非臨時測候,不能知也。蓋變遷有常者可知,變遷無常者不可知,是故緯候之言不能傅會孔氏也。① 《春秋》言治亂雖緐,識治之原,上不如老聃、韓非,下猶不逮仲長統。故曰:"《春秋》經世,先王之志,聖人議而不辯。"《莊子·齊物論》語。經猶紀也,三十年爲一世,經世猶紀年耳。志即史志之志,世多誤解。明其臧往,不亟爲後王儀法。《左氏》有議,至于《公羊》而辯。范武子云:"《公羊》辯而裁。"持《繁露》之法以謁韓非、仲長統,必爲

---

① 此段注文初版本無。

二子笑矣。夫制法以爲漢則隘,以爲百世則夸。世欲奇偉尊嚴孔子,顧不知所以奇偉尊嚴之者。

章炳麟曰:"國之有史久遠,則亡滅之難。自秦氏以訖今茲,四夷交侵,王道中絶者數矣。然捭者不敢毁棄舊章,反正又易,藉不獲濟,而慎心時時見於行事,足以待後。故令國性不墮,民自知貴于戎狄,非《春秋》孰維綱是?《春秋》之續,其什伯于禹耶?禹不治洚水,民則溺,民盡溺,卽無苗裔,亦無與俱溺者。孔子不布《春秋》,前人往,不能語後人,後人亦無以識前。乍被侵略,則相安于輿臺之分。《詩》云:'宛其死矣,他人是愉。'此可爲流涕長潸者也。然則繼魏而後,民且世世左袵,而爲羯胡鞭撻,其憯甚於一朝之溺。《春秋》之況烝民,比之天地,亡不幬持,豈虛譽哉?何取神怪之説,不徵之辭,云爲百世制法乎?又其誣者,或言孔子以上,世湏湏無文教,故《六經》皆孔子臆作,不竟有其事也。卽如是,墨翟與孔子異流,時有姍刺,今亦上道堯、舜,稱誦《詩》、《書》,何哉?三代以往,人事未極,民不知變詐之端,故帝王或以權數罔下。若其節族箸於官府,禮俗通於烝民者,則吏職固有常矣,書契固有行矣,四民固有列矣,宮室固有等矣,械器固有度矣,歷數固有法矣,刑罰固有服矣,約劑固有文矣,學校固有師矣,歌舞固有節矣。彼以遠西質文之世相擬,遠西自希臘始有文教,其萌芽在幽、平閒,因推成周以上,中國亦樸陋如麋鹿。此類繆見,自江慎修已然。自有天地以至今日,年歷長短,本無可校,而慎修獨信彼教紀年,謂去今財五六千歲。因謂唐、虞之視開闢,亦如今日之視秦、漢。假令彼中記載,録自史官,自相傳授,猶或可信。今則録在神教之書,而或上稽他國,他國之數,豈無彼教所未聞？安知不有遠在其前者？神教之言，本多誣妄。然則管仲所謂七十二君，雖非經典所載，不視神教猶可信乎？夫文教之先後，國異世，州殊歲，不得一劑。若夫印度文教之端始自吠陀，距今亦四千年，不與希臘同流化。巴比倫、埃及補多之屬，瑣瑣天愛，不足齒錄。必欲使一劑者，大食自隋世始有文教；推此以方中國，復可云八代行事自王劭、牛弘臆爲之也。"

問者曰："孔子誠不制法，《王制》諸篇，何故與《周禮》異？"應之曰："《周禮》者，成周之典。周世冣長，事異則法度變，重以厲王板蕩，綱紀大亂，疇人子弟分散。見歷書。疇人者，世其父業，漢世謂之疇官，非專謂治歷者。《周禮》雖有凡要，其孅悉在疇人，疇人亡則不能舉其事，雖欲不變無由。故《左氏》言春秋時制，既不悉應《周官》。其後天下爭于戰國，周道益衰，禮家橫見當時之法，以爲本制。若《王度記》言'天子駕六'，則見當時六驥之制也。按孫卿言'六驥'，又言'六馬仰秣'，是當時固有駕六之法。然此事蓋起春秋之末，故《説苑・正諫》篇云：'景公正畫被髮，乘六馬，御婦人，以出正閨。'《祭法》言七祀、五祀，則見楚有國殤、司命之祭也。別有説。又以儒書所説夏、殷故事轉相傅麗，訖秦用驪子五勝，命官立度，皆往往取符應。漢初古文家如張蒼猶不能脱，況濡於口説者。漢世古文家，惟《周禮》杜、鄭、《詩》毛公，契合法制，又無神怪之説。鄭君《箋注》，則已凌雜緯候。《春秋》左氏、《易》費氏本無奇衺，而北平侯已謐五德，賈侍中亦傅會《公羊》，並宜去短取長者也。荀、鄭之《易》，則與引《十翼》以解經者大異，猶賴王弼匡正其違。《書》孔氏説已不傳，大史公、班孟堅書，時見大略，説皆平易。《五行志》中，不見古文《尚書》家災異之説，然其他無以明焉。《洪範》、《左氏》時兼天道，然就之疏通，以見當時巫史之説可也，不得以爲全經大義所在。劉子駿推《左氏》日食變怪之事,傅之五行,則後生所不當道也。大氐古文家借今文以成説者,並宜簡汰去之,以復其眞。其在今文,《易》京氏、《書》大、小夏侯、《詩》轅固、《春秋》公羊氏妖妄之説取多。《魯詩》、《韓詩》雖無其迹,然《異義》言《詩》齊、魯、韓,皆謂聖人感天而生,則亦有瑕疵者也。《詩》古文説:毛公取爲清醇,其于'履帝武敏'①,不取《釋訓》敏拇之解;于'上帝是依',則云依其子孫,斯其所以獨異。《爾雅》本有叔孫通、梁文所增,或毛公所見,尚無此説,亦未可知。而鄭君乃云:'天命玄鳥,降而生商。'是感天而生之明文,不悟《詩》非敍事之書,辭氣本多增飾,卽如鄭言,'惟嶽降神,生甫及申',亦爲感嶽而生耶?《周語》亦云,房后有爽德,丹朱馮身以儀之,生穆王。此卽醫家所云夢與鬼交者,適生穆王,當時遂有異語,豈眞謂穆王是丹朱子耶?又《墨子·明鬼下》云:《大雅》曰'文王陟降,在帝左右',若鬼神無有,則文王既死,彼豈能在帝之左右哉?毛《傳》乃易'陟降'之訓曰:'言文王升接天,下接人也。'此則在帝左右,但謂以道事天,如不離側耳。毛公之善,非獨事應《春秋》,禮應周典,其刊落神怪之言,信非三家所能企及矣。②《春秋》穀梁氏取雅馴,獨惜于禮未善。《王制》之倫,亦其次也。惟《士禮》則古、今文無大差異,今世言今文者,獨不敢説《士禮》,蓋條例精密,文皆質言,不容以夸言傅會,亦無通經致用之事,故相與置之矣。故《王制》不應《周禮》,而《繁露》、《白虎通義》之倫,復以五行相次。其始由聞見僻陋,其終染于陰陽家言而不能滌③。假令《王制》爲孔子作者,何緣復有周尺東田之文?若爲漢制法邪,爵當有王侯,何故列五等?地當南盡九眞,北極朔方,何故局促于三千里?西域已賓,而不爲置都護;匈奴可臣,而不爲建朝儀,以

---

① "《詩》……武敏",初版本作"毛公于'履帝武敏'"。
② "又《墨子·明鬼下》……企及矣。"初版本無。
③ "滌",初版本作"騁"。

此知其妄矣。《繁露》諸書，以天道極人事，又下《王制》數等，卒之令人拘牽數術，不盡物宜，營于機祥，恐將泥夫大道。"

言《六經》皆史者，賢于《春秋》制作之論，巧歷所不能計也。雖然，史之所記，大者爲《春秋》，細者爲小説。故《青史子》五十七篇，本古史官記事。賈生引其胎教之道："王后有身，則大師持銅而御户左，大宰持斗而御户右，大卜持蓍龜而御堂下，諸官各以其職御于門内。大子生而泣，則曰聲中某律，滋味上某，命云某，然後縣弧，然後卜王大子名。"是禮之別記也，而錄在"小説家"，《周考》、《周紀》、《周説》亦次焉。《周説》者，武帝時方士虞初以侍郎爲黄車使者，采閭里得之。今之方志，其族也。《周官》："誦訓，掌道方志，以詔觀事；道方慝，以詔辟忌，以知地俗。""訓方氏，掌道四方之政事，與其上下之志，誦四方之傳道而觀新物。"唐世次《隋·經籍志》者，以是爲小説根本。區以爲事，《南州異物》、《南方草木》，則辨其産，《荆楚歲時》、《洛陽伽藍》則道其俗，《陳留耆舊》、《汝南先賢》則表其人。合以爲志，《周紀》之屬以方名，故諸雜傳、地理之記，宜在小説；儀注者，又青史氏之流。今世所錄史部，宜出傅小説者衆矣。《周紀》諸書，據偏國行事，不與《國語》同錄于"春秋家"者，其事叢碎，非朝廷之務也。且古者封建，王道衰，故方伯自制其區宇，《國語》錄周以下齊、晉、楚、吳、越，皆秉方嶽之威，制儗共主，鄭故寰内諸侯，魯亦舊爲州牧，而僭禮踰等之事多矣。故國別以爲史，異于猥蕞小侯。自秦以降，以郡縣治民，守令之職，不與王者分重，獨如《華陽國志》錄公孫述、劉備、李執之流，自治一方者，宜在春秋。今所謂史部。其他方志、小説之倫，不得以《國語》比。

宋世范成大志吴郡，猶知流別。輓世章學誠、洪亮吉之徒，欲以遷、固之書相擬，既爲表、志、列傳，又且作紀，以錄王者詔書，蓋不知類。且劉綰爲《聖賢本紀》，而子產在其錄。本紀非帝者上儀，卽府縣志宜以長官列紀，何故又推次制詔？一前一却，斯所謂失據者哉。

　　世人又曰：志者，在官之書，府縣皆宜用今名。然今府縣之志，不上户部，非官書。雖爲官書，虞初奉使以采周俗，何故稱"周説"，不稱"河南説"邪？蓋方志與傳狀異事。傳狀者，記今人，其里居官位宜從今；方志者，始自商、周建國，及秦、漢分郡縣，以逮近世，二三千年之事，皆在其中，卽不可以今名限齊。《傳》曰："疆易之事，一彼一此，何常之有？"今之府縣，因古舊治，而疆域迫陿者多矣。然其士女一端可稱，雖分在他府縣，猶入錄。若范成大志吴郡，闔閭、夫差之臣及孫氏時爲吴郡人者，皆比次入其籍。闔閭、夫差所部，遠及江、淮，其地不專宋之平江，其臣佐出何鄉邑不可校，以繫吴故志之。孫氏之臣韋昭，本雲陽人，雲陽于宋不屬平江，以繫吴郡，故志之。若署爲《平江志》者，宜簡韋昭之徒使不得與，爲是斟酌古今，以吴郡爲之號，宋世府州皆虛系郡名，如平江府亦兼稱吴郡也，此本專爲封號而設，實非地制。《吴郡志》者，據古吴郡，非宋吴郡也，故其人物多出平江以外。① 然後其無旁溢也。今爲府縣志者，不旁溢則宜予今名，旁溢則宜予舊名，多愛不忍。士女之籍，從古郡縣所部，而題名專繫于今，甚無謂也。獨舊郡過寬者，名不可用。漢世豫章，包今江西之

---

① 初版本無此注。

域,而會稽籠有浙江、福建,延及江南,今爲南昌、紹興志者,宜有省耳。格以官書,謂之《周語》、《國志》之倫,其言無狀。

《秋官·小行人》:自萬民之利害而下,物爲一書,"每國辨異之",以五物"反命于王","以周知天下之故。"《管子》曰:"《春秋》者,所以記成敗也;行者,道民之利害也。"《山權數》篇。以其掌之行人,故謂之"行",猶《大史公書》稱大史公,明與《春秋》異流。世人不知其爲小説,而以紀傳之法相牽,斯已過矣。莊周曰:"飾小説以干縣令。"今之爲方志者,名曰繼誦訓,其實"干縣令"也,而多自擬以大史、天官,何其忘廉恥之分邪?儀注之書,《禮記》引《贊大行》。《雜記》。行人所書爲小説,即《贊大行》亦在小説可知。且諸跪拜、禁忌之節,閲歲而或殊尚,又不盡制度挈定。若《漢舊儀》、《官儀》所録,八坐丞郎,有交禮解交之節,郎又含雞舌香,而女侍二人執香爐從之。斯皆繁登降之節,效佞幸之儀,習爲恒俗,非禮律所制,然猶以爲儀注。斯固不隸禮經,而青史小説之流也。

明解故上

校莫審於《商頌》，故莫先於《大誓》，傳莫備於《周易》，解莫辯於《管》、《老》。正考父校商之名《頌》十二篇於周大師，以《那》爲首。《魯語》。考父爲人，三命茲益恭，故托始於《那》。其輯之亂曰："自古在昔，先民有作，温恭朝夕，執事有恪。"先聖王之傳恭，猶不敢專，稱曰自古，古曰在昔，昔曰先民。恭人以是訓國子，見刪定之意。孔子錄《詩》有四始，《雅》、《頌》各得其所，刪《尚書》爲百篇而首《堯典》，亦善校者已。其次比核文字者興，子夏讀三豕渡河，以爲己亥。劉向父子總治《七略》，入者出之，出者入之，窮其原始，極其短長，此即與正考父孔子何異？辨次衆本，定異書，理譌亂，至於殺青可寫，復與子夏同流。故校讎之業廣矣。其後官府皆有圖書，亦時編次，獨王儉近劉氏，在野有阮孝緒，頗復出入。自隋以降，書府失其守，校讎之事，職諸世儒，其閒若顔師古定五經，宋祁、曾鞏理書籍，足以審定疑文，令民不惑，斯所謂上選者。然於目錄徒能部次甲乙，略記梗槩，其去二劉之風遠矣。

近世集《四庫》，雖對治文字猶弗能，定文之材，遏而在野。一以故書正新書，依準宋槧，不敢軼其上，其一時據舊籍，以正唐宋木石之書。相提而論，據舊籍者宜爲甲；及其末流淫濫，意依《治要》、《書鈔》、《御覽》諸書以定異字。《治要》以下，其書亦在木，非無譌亂，據以爲質，此一蔽也。前世引書，或以傳注異讀改正文。經典古今文旣異，今文有齊、魯之學，古文有南、北之師，不得悉依一讀，凌襍用之，此二蔽也。段玉裁、臧庸恨之，時出匈臆，謂世所見者，悉流俗本，獨己所正爲是。其是者誠諸師所不能駁，而亦頗有錯牾。然此諸家，比於在官之守、文人之錄，可謂精博矣。若乃總略羣書之用，猶不能企。章學誠感槩欲法劉歆，弗能卒業。後生利其疏通，以多識目錄爲賢。故有略識品目，粗記次第，聞作者姓氏，知彫鏤年月，不窺其篇，而自以爲周覽者，則揤落之爲害也。

單襄公論孫周曰："吾聞之《大誓》故曰：'朕夢協朕卜，襲於休祥，戎商必克。'"《周語》。說曰："故，故事也。"韋解。往者，宋之役薛，陳之受賜，其書皆在故府。楚申公得隨兕之占於故記。故記者，藏在平府。漢亦有掌故官，其以說《詩》有故訓。然則先民言故，總擧之矣，有故事者，有故訓者。《毛詩》以外，三家亦有《魯故》、《韓故》、《齊后氏故》、《齊孫氏故》，斯故訓之流也。《書》、《春秋》者，記事之籍，是以有故事。《大誓》有故，猶《春秋》有傳。馬季長以《書傳》引《大誓》者，今悉無有，誠知所引在故，則可與理惑也。諸故事亦通言傳，大史公曰："孔子序《書傳》。"又曰："《書傳》、《禮記》自孔氏。"《孔子世家》。明孔子序《尚書》，兼錄其《傳》，故棘下生得通其文。墨翟說："武王將事泰山隧。"此蓋《書》之經也。次引《傳》曰："泰山，有道曾孫周王有事，大事旣獲，仁人尚作，以祇商夏，蠻夷醜貉。雖有周親，不若仁人。萬方有罪，維予一人。"此則《書》之傳也。所引見《兼愛中》

篇。又説以尚賢爲政之本者，"此先王之書、距年之言也。"《傳》曰："求聖君哲人，以裨輔而身。"次引《湯誓》曰："聿求元聖，與之戮力同心，以治天下。"此距年者，則《湯誓》之傳也。所引見《尚賢中》篇。其下篇引作："豎年之言曰：'睎夫聖武知人以屏輔而身。'"①其引《甘誓》爲《禹誓》，文亦增多，見《明鬼下》篇。明其在《傳》中。孟子對湯放桀、武王伐紂之問，即曰："於傳有之。"傳者，《書傳》。及諸"完廩"、"浚井"、"仇餉"之事，皆能明徵其狀，非《書傳》何所據依焉②？婁敬引《大誓》，猶有伏生所不箸者，敬猶習《書傳》，得徵其故。要之，《書傳》素多族類，自孔子時已有數種，孔安國所以無記録者，以其故傳具在，余弟子黃侃曰：《夏本紀》用《咎繇謨》語，乃變"予乘四載"爲"陸行乘車，水行乘舟，泥行乘橇，山行乘樏"，此必非孔安國所能臆説。而《河渠書》直引《夏書》曰："禹抑鴻水，十三年，過家不入門，陸行載車，水行載舟，泥行蹈毳，山行即橋，以別九州，隨山浚川，任土作貢，通九道，陂九澤，度九山。"若是孔安國傳，不得直稱《夏書》，猶《大誓》故稱《大誓》也。③ 遭巫蠱未施行，非獨《逸書》二十四篇亡佚，雖《書傳》亦蠹敝④。伏生既略記不周⑤，馬、鄭亦不見禮堂舊傳。余弟子朱希祖曰：《尚書大傳》：《書》曰"三歲考績，三考，黜陟幽明"，其訓曰："三歲而小考者，正職而行事也，九歲而大考者，黜無職而賞有功也。"云云。此所引訓，則周時舊訓也。又云："正月上日，受終于文祖，在旋機玉衡，以齊七政，旋機者何也？《傳》曰：'旋者，還也，機者，幾也，微也，其變幾微，而所

---

① "又説……《湯誓》之傳也。"一段及注，初版本無。
② 此句初版本作"皆《書傳》也。"
③ 此段注文，初版本無。
④ "蠹敝"，初版本作"朽没"。
⑤ "略記不周"，初版本作"異師"。

動者大，謂之旋機，是故旋機謂之北極。'"此所引《傳》，則周時《書傳》也。又云："《書》曰：'高宗梁闇，三年不言，何謂梁闇也？'《傳》曰：'高宗居倚廬，三年不言，百官總己以聽於冢宰而莫之違，此之謂梁闇。'"次引子張、孔子問答解釋《傳》義，則《傳》在孔子前，蓋伏生略識之，孔壁乃得其全文。西京喪亂以後，《傳》已不存，故馬、鄭說《書》不同大史公也。孔、庸、司馬遺學，歇而不傳，[①]無以愈伏生，古文字雖佚存也[②]，言故事乃人人異端。世人徒守學官條教，作傳者必欲廢故事，如以左氏爲不傳《春秋》者，不知傳固有載故事者也。此一蔽也。或以專說故事，不煩起例，此二蔽也。如直書其事，善惡自見之說。

《易》之《十翼》爲傳，尚矣。《文言》、《彖》、《象》、《繫辭》、《說卦》、《序卦》、《襍卦》之倫，體各有異。是故有通論，有駙經，有序錄，有略例，《周易》則然。序錄與列傳又往往相出入。淮南爲《離騷》傳，其實序也；大史依之，以傳屈原。劉向爲《別錄》，世或稱以《別傳》。其班次羣籍，作者或見《大史公書》，則曰"有列傳"，明已不煩爲錄也。通論之書，《禮記》則備；略例之書，《左氏》則備。駙經之書，則當句爲釋者。古之爲傳，異於章句。章句不離經而空發，傳則有異。《左氏》事多離經，《公羊》、《穀梁》二傳亦空記孔子生。夫章句始西京，以傳比廁經下，萌芽於鄭、王二師。自是爲法，便於習讀，非古之成則。世人以是疑周人舊傳，此一蔽也。《管子》諸解，蓋晚周人爲之，稍有記錄。韓非爲《解老》，其義閎遠。凡順說前人書者，皆解之類。漢世說經，務以典禮斷事，視空談誠有閒。拘文者或曰："卒哭

---

① 注文"余弟子……大史公也。"及正文"孔、庸、司馬遺學，歇而不傳"，初版本無。
② 此句初版本作"雖愈伏生，故訓則優矣"。

捨故而諱新，父不名子。孔子曰：'鯉也死，有棺而無椁。'其實未死也。"循是以推，門人旣厚葬顏回，孔子猶言："回也視予猶父。"則是顏回死復蘇也。魯定公名宋，孔子對哀公言："長居宋。"則是定公不薨也。其蔽一矣。或以經記散言，謂之典常，徵天子駕六者，傅之時乘六龍。循是以推，"載鬼一車"，則可以傅旣葬反虞之禮。軍行載社及遷廟主，亦自《易》筭之也。其蔽二矣。或以古今名號不同而疑《爾雅》，大史公曰："張騫窮河原，惡覩所謂昆侖乎？"循是以推，異國人聞有漢，亦將曰："惡覩所謂虞、夏、商、周也。"其蔽三矣。

　　察漢世所爲蔽者，今或無有。所起新例，式古訓，合句度，多騰掉漢師上，亦往往有不周。發詞例者，謂儷語同則詞性同，其可以去詰詘不調者矣。汰甚則以高文典册，下擬唐宋文牒之流。《說文繫傳·袪妄》篇云："屬對允愜，文字相避，近自陳、隋爾。"故言詞例者不可不知古今文埶。① 案，《書·呂刑》曰："何擇非人，何敬非刑，何度非及。"《墨子》說之曰："能擇人而敬刑，堯、舜、禹、湯、文、武之道可及也。"《尚賢下》篇三"非"字皆作"不"。"何擇非人"，又作"何擇否人"，以否爲不，今誤爲"言"字。《老子》曰："朝甚除，田甚蕪，倉甚虛，服文采，帶利劍，厭飲食，財貨有餘。"七語若臚舉比類，然韓非解之曰："飾巧詐則知采文，知采文之謂服文采，獄訟繁，倉廩虛，而有以淫侈爲俗，則國之傷也，若以利劍刺之，故曰帶利劍。"是謂五事皆實，而服文采、帶利劍爲喻言②，此豈詞例之

----

① 初版本無此注。
② "《老子》曰……帶利劍爲喻言"，初版本無。

常耶？嘗試議乎其將，《曲禮》曰："坐如尸，立如齊。"一言實，一言業，性不得均。《素問》曰："生而神靈，弱而能言，幼而徇齊，長而敦敏，成而登天。"《上古天真論》。三語皆一往如律，獨能言登天，均調有異，斯固言之變也。言雖同，事有不得比者。《鶡冠子》曰："天道先貴覆者，地道先貴載者，人道先貴事者，酒保先貴食者。"《天則》篇。是言酒保寧與三才之道等夷乎？《莊子》曰："聖人不謀，惡用知？不斵，惡用膠？無喪，惡用德？不貨，惡用商？"三語皆質，"斵"云"膠"云，則取譬以相成，是皆詞例所不能均。及夫《楚辭》、《離騷》之言："湯、禹儼而求合，摯、皋繇而能調。"繩之詞例，則華離而躓蹇也。① 滯於言者，覩《小雅》言"旐維旟矣"，必耦之曰："鱣維魚矣"；滯於事者，覩《秦風》言"有條有梅"，必耦之曰："有杞有棠"。是則楊彪之對曹公，陸機之序《豪士》，以日暉儷老牛，以孟嘗離門儷落葉微風者，必凌亂其人物名號，改而訓之然後快，不然則類例不充。② 此一蔽也。明虛數者，若"九天"、"九死"之輩，知其文飾無實事，此汪中《釋三九》之說，汪氏亦本於《論衡》。《論衡·儒增》篇云："孔子至不能十國，言七十國，增之也。孟嘗、信陵、平原、春申好士，不過各千餘人，言其三千，增之也。"亦信善矣。汏甚則以百姓萬國亦虛數。《楚語》曰"百姓"、"千品"、"萬官"、"億醜"。《內傳》曰："執玉帛者萬國，今存者無數十。"皆指尺名數，以相推校，宜何說焉？蓋成數者，與虛數異方。較略之名，佪說大齊，是成數也；假設之言，不可參驗，是虛

---

① "及夫……躓蹇也。"初版本無。
② "是則……類例不充。"初版本無。

數也。漢世先師不知有成數,謂不可增減一介。如說萬國者,必分畫萬區;說冠者,童子之數,以五六相乘,六七相乘,爲七十二人,是其類。今揉其柱,謂成數亦憑虛命之。此二蔽也。不增字解經者,以舊文皆自口出,增之則本語失其律度,其法不可壞矣。獨《詩》以四字成文,辭或割意,不可直以文曲相明。"抑若揚兮",傳者必曰"美色廣揚";"式微式微",訓者必曰"微乎微"。非無增字,意則因以條達,過省則文害辭。此三蔽也。

用直訓者曰:"昔吾有先正,其言明且清。"其術亦至察矣。直以自解則善,汰甚則欲改易秦、漢舊傳。舊傳存者,莫美於《毛詩》,毛公爲訓,有曲而中,有肆而隱,不專以徑易爲故。古者實句、德句、業句,實句即今所謂名詞,德句即今所謂形容詞,業句即今所謂動詞。或展轉貤易,動變無方。古詩辭气,亦有少異於今言者。失此三事,不足明毛公微意。《小雅》"錫爾純嘏",《傳》曰:"嘏,大也。"嘏爲尸授主人以福,世所悉知。《大雅》:"來嫁於周,曰嬪於京。"《傳》曰:"京,大也。"京爲京師,亦世所悉知。今以大爲訓者,推其得名之本。《商頌》:"受小球、大球,受小共、大共。"①《傳》曰:"球,玉;共,法也。"今人以《廣雅》"拱、捄"訓"法"改《傳》,問拱捄何故爲法?則不能悉。夫球者,玉磬;共者,句股之通借字。共與句股東侯對轉。磬折、句股,皆工匠制器法式。律度量衡,秉之人君,受之者合瑞而觀其同也。毛公以"球"直訓"法",令學者暗昧,推其本於玉磬,然後爲法,明矣。《魯頌》:"三壽作朋。"《傳》曰:"壽,考也。"《箋》以"三壽"爲"三

---

① "受小共、大共",初版本無。

卿"。壽不訓卿,而古以三卿爲三壽,故推其本於考。壽、考、老,一實也,以音相變。天子三公曰老,諸侯三卿曰老,大夫家臣曰室老。老者,芻臣之號,以"壽"爲"考",然後爲卿,明矣。此所謂曲而中,肆而隱。《小雅》:"其祁孔有。"《傳》曰:"祁,大也。"《箋》以"祁"爲"麌";"有壬有林",《傳》曰:"壬,大;林,君。"《箋》以"壬"爲"任",指卿大夫。世多右《箋》。按,大與大者無異。《詩》言"小大稽首","無小無大,從公于邁",皆謂小者、大者。然則"其大孔有"者①,謂"其大者孔有"也。君亦訓大,大者亦爲君。然則"有壬有林",即象言有君,無所致惑。《商頌》:"幅隕既長。"《傳》曰:"幅,廣也;隕,均也。"今人或改爲"福云既長",自以爲調達。按,"幅隕"猶言"廣員",《西山經》:"廣員百里。"《越語》:"廣運百里。"均者,《説文》云:"平徧也。"平徧則廣,舉其實曰幅隕,舉其德曰廣員、廣均。此皆名義相扶,所謂展轉訑易,動變無方者也。《小雅》:"鄂不韡韡。"《傳》曰:"鄂猶鄂鄂然,言外發也。"《箋》以"承華曰鄂"爲説,世多右《箋》。按,《高唐賦》曰"蕭何千千",《善哉行》曰"鬱何壘壘"②,此與"鄂不韡韡"同辭;古詩《鷄鳴高樹顛》曰:"頴頴何煌煌。"晉成帝末民閒訾曰:"礚礚何隆隆,駕車入梓宫。"《宋書·五行志》。③ 此與"鄂鄂不韡韡"同辭。何紛更之爲也!《大雅》:"履帝武敏。"《傳》曰:"敏,疾也。""將事齊敏。"《釋訓》曰:"敏,拇也。"世多右《釋訓》。按,《聘禮記》曰:"賓入門皇。"《論語》曰:"入公門,鞠躬如

---

① 初版本無"其"字。
② "《善哉行》曰:'鬱何壘壘'"初版本無。
③ "晉成帝……入梓宫"及注,初版本無。

也。"借曰"入公門皇",卽與"履帝武疾"同辭①。記傳散語猶可,況歌詠曲折之文邪?此所謂古詩辭气少異於今。不達《詩傳》之體,視以晚世《兼義》、《釋文》之流,奮筆以改舊貫。此四蔽也。不避重語者曰:"《傳》有'惑蠱君'、'覆露子',兩言則同義。"其説誠審。汝甚乃以微言爲家人語,或且噂沓。《老子》曰:"谷神不死。"舊以中央空谷擬無有,近是。今説者曰:"谷宜爲穀,穀者,生也。"生神不死。何其贅也!《莊子》曰:"天之穿之,日夜無降,人則顧塞其竇。"《外物》篇。"降"者,以類通假爲"函",如函谷亦作降谷,是其例。函者,孔也。《食貨志》曰:"錢圜函方。"此言天穿不可得其朕,人則反自塞之。今説者曰:"降宜爲癃,癃者閉也。"穿則不閉,宜無待鄭重言。然則務爲平易,而更違其微旨。此五蔽也。

　　屏是諸蔽,則可以揚姬、孔末命,理董前修之業矣。若夫援讖緯以明經制,隨億必以改雅訓,單文節適,膚受以求通,辭詘則挾素王,事繆則營三統,此不足與四者數。楊子曰:"靈場之威,宜夜矣乎?"言正畫則鬼物不能神也。

---

① "疾",初版本、浙本均誤,當作"敏"。

明解故下

　　《六經》皆史之方,治之則明其行事,識其時制,通其故言,是以貴古文。古文者,壁中所得,河閒所寫,張蒼所獻是已。《書》、《禮》得于孔壁,《周官》得于河閒,《左氏》獻于張蒼。亦有交相涉者,《景十三王傳》云:"獻王所得書,皆古文先秦舊書,《周官》、《尚書》、《禮》、《禮記》、《孟子》、《老子》之屬。"明河閒亦有《書》、《禮》。而《書》有在魯壁以外者,如《王莽傳》引《逸書·嘉禾》篇曰:"周公奉鬯,立于阼階,延登,贊曰:'假王莅政,勤和天下。'"《律曆志》引《畢命》、《豐刑》曰:"惟十有二年六月庚午朏,王命作策《豐刑》。"鄭注《尚書》亦云有册命霍侯之事。《鄭志》趙商問曰:"案成王《周官》,立大師、大傅、大保,兹惟三公。"《嘉禾》、《畢命》、《周官》皆不在《逸》十六篇中,是必河閒所得無疑也。《論語》古文皆孔壁所得,而河閒本亦有軼出其外者,如《論衡·正說》篇曰:《論語》"甚多,數十百篇。漢興失亡,至武帝發取孔子壁中古文,得二十一篇,齊魯二,河閒九篇、三十篇。"是河閒《古論語》多于壁中九篇也。《左氏》爲張蒼所獻,而壁中亦有之,如《論衡·案書》篇曰:"孝武皇帝時,魯共王壞孔子教授堂以爲宫,得佚《春秋》三十篇,《左氏傳》也。"斯皆三家互備之徵。後世依以稽古,其學①依準明文,不依準家法。成周之制,言應《周官經》者是,不應《周官經》者非。罩及穆王以下,六典浸移,或與舊制駁,《周禮》猶今《會典》,時有增改。穆王以後,制異《周官經》者多矣,然其爲《周禮》一也。言應《左氏》內外傳者是,不應《左氏》內外傳者非,不悉依漢世師說也。

何以言之？傳記有古、今文；今文流別有數家,如《春秋》二家,《詩》三家,《書》三家,《禮》三家,《易》七家,漢博士亦未備。一家之中,又自爲參錯。如《公羊》家分胡毋生、董仲舒二師。董氏之徒,又分嚴、顏。何休依胡毋生條例,則不取嚴、顏。嚴與顏亦相攻。張玄爲顏氏博士,諸生以其兼說嚴氏攻之,光武令還署。是其事也。古文準是。如劉、杜、鄭、賈、馬、鄭,各有異說。又古文師出今文後者,既染俗說,弗能棄捐,或身自傅會之,違其本真。如賈逵謂《左氏》同《公羊》者什有七八之類。今文傳記師說,或反與《周官》、《左氏》應,古文師說顧異。略此三事,則足以明去就之塗矣。

言"六宗"者,劉歆以爲《易》卦"六子",于典籍無所徵。伏生則曰："萬物非天不覆,非地不載,非春不生,非夏不長,非秋不收,非冬不臧,禋于六宗,此之謂也。"歐陽、夏侯,則伏生今文之徒,其言六宗,卻云：上不謂天,下不謂地,旁不謂四方,在六者之間,助陰陽變化。乃自與伏生異。馬融治古文,六宗則舍劉歆從伏生。見《續漢書·祭祀志》注引。蓋嘗驗以《大宗伯》所掌,"以玉作六器,以蒼璧禮天,以黃琮禮地,以青圭禮東方,以赤璋禮南方,以白琥禮西方,以玄璜禮北方"。六宗之祀,逮《月令》

---

① "壁中所得……其學",初版本無。

尚有天宗，知自虞至周不替，以周明虞，故馬融取伏生也。

禘者，大祭也。《春秋外傳》數以"禘郊"並舉，則圜丘爲禘，故字從帝。宗廟之祭，《周官》未有言禘祫者。《大宗伯》："以肆獻祼享先王，以饋食享先王。"後鄭以爲禘祫，先師無其文。按今人考定肆獻祼饋食爲廟祭通制，非謂禘祫，此說得之。《司尊彝》："凡四時之閒祀追享、朝享。"先鄭以爲禘祫，後鄭又不從。《春秋·文二年》："大事於大廟，躋僖公。"《公羊傳》曰："大事者何？大祫也。"《昭二年》："有事於武宫。"《左氏傳》曰："禘於武公。"學者相習，以大事爲祫，有事爲禘，久矣。然按《文二年》大事，《魯語》説之曰："夏父弗忌爲宗，烝，將躋僖公。宗有司曰：'商、周之烝也，未嘗躋湯與文、武。'"是則大事爲烝。《司勳》曰："凡有功者，祭於大烝。"大烝故謂之大事，亦謂之嘗禘。《祭統》曰："大嘗禘，升歌清廟，下管象。"是也。《左氏傳》亦曰："烝、嘗、禘於廟。"烝、嘗本時享，始殺而嘗，閉蟄而烝，事之制也。會有合祭，則烝、嘗不拘秋冬。《春秋》書"烝"、"嘗"爲"時享"，書"大事"爲"大烝"、"大嘗"；"禘"其通名，《傳》言："魯有禘樂。"是也。劉歆、賈逵以爲禘、祫一祭二名，禮無差降。然則"大烝"、"大嘗"爲別名，"大事"爲共名，"禘"爲通號，"祫"舉其事。《毛詩傳》曰："諸侯夏禘則不礿，秋祫則不嘗。"禘、祫者，互文相避。諸云"五年而再殷祭"，"三歲一祫，五歲一禘"者，今文、讖記之言，非《周官》、《左氏》所有。劉歆言："大禘則終王。"是也。又說"三年一禘"，滯於今文，爲之異說也。《春秋》獨《文二年》書"大事"；《襄十六年傳》：晉悼公卒，逾歲，晉人曰："寡君未禘祀。"明烝、嘗、禘專在喪終。"有事於武宫"，"吉禘於莊公"，徒祭一廟，非合享之班。推此，"有事於大廟"，"禘於大廟"，用致夫人",亦不得與大事比。按《春秋》書"時享",有"烝"、"嘗",無"祠"、"礿",此則魯從殷禮。夏祭稱"禘",凡非"烝"、"嘗"者並得此名。閔二年五月,"吉禘於莊公"。昭十五年二月癸酉,"有事於武宮。"五月,夏三月;二月,夏十二月也。僖八年秋七月,"禘於大廟"。宣八年夏六月辛巳,"有事於大廟"。七月,夏五月。他月皆不當烝嘗之月。宣八年六月,正當殷之禘月,故皆言"有事"①、言"禘"。"禘於大廟,得致夫人"者,五廟皆禘,則致夫人于莊公廟也。言"大廟"者,舉尊,明非如吉禘莊公,不及他廟也。《昭二十年傳》:"將禘於襄公,萬者二人。"此亦特禘一廟,然不知在何月。定八年從祀先公,《傳》曰:"冬十月,順祀先公而祈焉。辛卯,禘於僖公。"上言順祀先公,卽舉大事之禮,通言所謂禘者也。下言禘於僖公,此爲特禘一廟,與順祀爲二事。推此可知有事之與大事,必不得同爲殷祭,然大事本在喪終,而此舉于八年者,陽虎所爲,本非常典。二"有事"、二"禘",皆時享也。禘、祫之言,詾詾爭論旣二千年。若以禘、祫同爲殷祭,祫名大事,禘名有事,是爲禘小於祫,何大祭之云!故知周之廟祭,有大嘗、大烝,有秋嘗、冬烝。禘、祫者,大嘗、大烝之異語;大事者,大嘗、大烝之約言。有事、吉禘者,夏殷時享承用于魯之殊號。魯祭周公用白牡,本殷色,則春夏祭用殷名亦宜。知此,則不爲今文、讖記惑也。

廟主之說,《左氏傳》:"衛孔悝反祏於西圃。"《説文》曰:"祏,宗廟主也。"《公羊傳》亦曰:"大夫聞君之喪,攝主而往。"是古、今文皆謂大夫有主。《公羊》師說則曰:"卿大夫非有土之君,不得祫享昭穆,故無主。大夫束帛依神,士結茅爲菆。"彼見《少牢》、《特牲》二禮不明言主,故立說傅之。卽如是,二禮寧有束帛、結茅之文?以此疑主,而反自賊。《左氏》內外傳言天子諸侯廟有

---

① "有事",初版本作"大事",誤,當從浙本。

屏攝。鄭衆曰："攝，攝束茅以爲屏蔽。"是束茅爲王侯制，又非士禮，《公羊》師說自違其《傳》。《傳》本今文，乃反與古文相應也。

納妃之禮，《左氏》說："天子至尊無敵，故無親迎之禮。諸侯有故若疾病，則使上大夫迎，上卿臨之。"《公羊》說："自天子至庶人皆親迎。"案，《春秋·襄十五年》："劉夏逆王后於齊。"《左氏傳》曰："官師從單靖公逆王后於齊。卿不行，非禮也。"單靖公者卿，劉夏者官師，官師從卿逆非禮，明當遣卿往迎，三公臨之。《左氏》師說與《傳》應。《公羊傳》曰："劉夏者何？天子之大夫也。"《解詁》曰："禮迎王后，當使三公，故貶去大夫，明非禮。"何休說與《公羊》師說不相應。鄭氏據文王親迎于渭，《禮記》言親迎繼先聖後，爲天地宗廟社稷主，證天子有親迎禮。又曰："天子雖尊，其于后猶夫婦。夫婦判合，禮同一體，所謂無敵，豈施此哉？"文王本在世子位，《禮記》孔子之言自論魯國，皆非其證。若以夫婦敵體爲詞者，孫卿固云："天子無妻，告人無匹也。"《君子》篇。孫卿者，亦《左氏》後師，足以塞鄭氏之難。然何休本治《公羊》，今其言合《左氏》，不與《公羊》先師之說相容，斯鄭氏所不達也。

嬪御之數，《天官序官》有九嬪、世婦、女御，不言數。《周語》曰："内官不過九御，外官不過九品。"《魯語》曰："天子日入監九御，使絜奉禘郊之盛，而後即安。"《王度記》曰："天子一娶九女。"《白虎通義·嫁娶》篇引。《公羊》家貢禹亦云："宮女不過九人，秣馬不過八匹。"此今文師說與古文應者也。《昏義》曰："天子立三夫人、九嬪、二十七世婦、八十一御妻。"此今文家自相錯。《周禮》本古文，而後鄭反引《昏義》爲證，猶不如淳于髡、貢禹之合也。

封域之數，《大司徒》言："諸公五百里，諸侯四百里，諸伯三百里,諸子二百里,諸男百里。"《王制》本《孟子》説,言:"公、侯皆方百里,伯七十里,子、男五十里。"然《左氏》亦言:"天子之地一圻,諸侯一同。"諸侯者庌晉,則是侯方百里也。要以周初封制自異夏殷,而夏殷舊封亦不改。其葭莩支屬,無功于王室,雖受地爲列侯,猶從夏殷。功取多者,魯七百里,衛兼殷畿千里,三分其號,又過上公之等。此皆斟酌損益之制,非正法也。《左氏》記子產語,本以庌晉唐叔非魯、衛之儕,素封小國,其後曲沃武公亦以一軍爲晉侯,則如小國百里制。《王制》以爲正法,則謬也。

君臣之等,《左氏》記晉侯召王,曰:"以臣召君,不可以訓。"又記天王出居於鄭,曰:"天子無出。"故師説以爲諸侯天子藩衛純臣,《公羊》師説諸侯不純臣,鄭氏以稱賓敵主人駁《左氏》。然孫卿固曰:"天子,四海之内無客禮,告無適也。"適即敵字。《詩》曰:"普天之下,莫非王土。率土之濱,莫非王臣。"《君子》篇。夫内入諸侯亦稱賓,外出而天子猶無所敵,以是見純臣之義。《傳》曰:"宋于周爲客。"純客者獨有杞、宋,諸侯則暫。凡稱賓者,鄉大夫尚賓興其民,當其飲射則爲賓。就如鄭言,六鄉之民於鄉大夫亦不爲純民邪?且夫"天子無出",《春秋》三家所同。宰周公會諸侯,何休以爲職大尊重,當與天子參聽萬機,而下爲諸侯所會,惡不勝任。天子嫁女于諸侯,《公羊》亦云"必使同姓諸侯主之"。夫婚姻之禮,甥舅之好,猶不相爲賓主;北面之宰,南面之侯,猶不相從會盟。此皆與《左氏》應,而《公羊》師説者非其本也。

若夫法制變更,穆王以下,漸與成周異矣。周之刑二千五百,《吕刑》用夏則三千,其法蓋輕於成周。《春秋》書晉殺三郤二趙,各從其主,不以滅家書其氏,則是《秋官》屋誅之法已廢也。《覲禮》："天子不下堂而見諸侯。"夷王下堂,則覲禮遂絕。《傳》言王覲者,徒空名。晉侯朝王出入三覲者,亦猶通語,是故《春秋·僖二十八年》冬、夏,皆書"公朝于王所"。夏五月者,爲夏正三月,本朝時;冬爲夏正之秋,不言覲,明是時已無覲也。《典命》卿與大夫異爵。東周以降,卿大夫雖殊號,既爲一科,其本爲大夫者,或通言"佐"。《左氏傳》曰:"惟卿爲大夫。"又曰:"晉有趙孟以爲大夫,有伯瑕以爲佐。"《春秋》是以書"殺其大夫",未有書"殺其卿"者也。《典命》:"上公九命,侯、伯七命,子、男五命。"《大宗伯》:"五命賜則,七命賜國。"亦有異。東周制度浸變,故《左氏傳》曰:"在禮,卿不會公、侯,會伯、子、男,可也。"又曰:"鄭伯,男也。"則七命之侯上擬公,七命之伯下儕男①。《公羊傳》亦曰:"《春秋》伯、子、男一也。"此猶有所聞於舊史。董仲舒、何休之倫橫言:"《春秋》改周之文,從殷之質,合伯、子、男爲一。"文家爵五等,法五行;質家爵三等,法三光。何其鄙也!《典命》:"公之孤四命,以皮帛眂小國之君。"②東周猶有孤,晉侯請于王,以黻冕命士會將中軍,且爲大傅,黻冕卽周官之希冕。是也。雖然,卿亦上隆,故《左氏傳》載魯叔孫婼之言曰:"列國之卿,當小國之君,固周制也。"按《傳》叔孫婼但受三命,未四命也。《職方氏》、《大行人》皆說:"九州之內,方七千里。"東周四夷交侵,地稍迫削。《管子》言:"立爲六千里之侯,則大人從。"《幼官》篇。謂齊桓爲侯伯,而所制者六千里,明蠻服已棄在

---

① 初版本"儕"下有一"於"字。
② "眂",當作"視",《典命注》原文作"視小國之君"。

九州外。故荆、揚邊裔吳、楚諸國，初見《春秋》，則從夷狄書之也。《天官》、《春官》所載，婦人本與賓客事，自陽侯殺蓼侯，竊其夫人，故大饗廢夫人之禮。自是以後，君母出門則乘輜軿，下堂則從傅姆，進退則鳴玉佩，內飾則結綢繆。《漢書·張敞傳》語，此《左氏》師說。故《春秋》"夫人姜氏享齊侯於祝北"，《左氏》從"會禚書姦"之例，《穀梁》且言饗甚於會。又"公與夫人姜氏如齊"，《左氏》亦言："女有家，男有室，無相瀆也。"

有參會舊令新令者。《大行人》："諸侯之邦交，歲相問也，殷相聘也，世相朝也。"《春秋·文十一年》"曹伯來朝"，《左氏傳》曰："卽位而來見也。"《襄元年傳》："邾子來朝，禮也。""衛子叔、晉智武子來聘，禮也。凡諸侯卽位，小國朝之，大國聘焉。"《昭九年傳》曰："孟僖子如齊殷聘，禮也。"此卽如《大行人》制。又曰："明王之制，歲聘以志業，閒朝以講禮，再朝而會以示威，再會而盟以顯昭明，自古未之或失。"此則十二年之閒，八聘、四朝、再會、一盟，穆王以後則然。文、襄之霸，又定朝牧伯法，《傳》言"三歲而聘，五歲而朝"，故曹伯首尾五年朝魯，《傳》曰："禮也。諸侯五年再相朝，以修王命，古之制也。"穆王雖近，于《春秋》爲古。文、襄之命而言古制，猶曰故事云爾。

有制似鄰類其實異者，《左氏傳》曰："官有世功，則有官族。"《周官》以氏命職者衆矣。庶官得世，而執政不得世。《左氏》述晏子之言，知齊其爲陳氏①。叔向言晉事，則曰"政在家門"，而《春秋》書"趙鞅叛"，史墨論魯君失國，季氏世政，則曰"慎器與名，

---

① "陳氏"，初版本作"田氏"。

不可以假人"。此明執政不得世授。後師吳起對元年之問曰："執民柄者，不在一族。"見《説苑·建本》篇。後師張敞説之曰："公子季友有功于魯，趙衰有功于晉，大夫田完有功于齊，皆疇其庸，延及子孫。終後田氏篡齊，趙氏分晉，季氏顓魯。故仲尼作《春秋》，迹盛衰，譏世卿最甚，由此也。"然叔向復悲欒、郤、胥、原、狐、續、慶、伯降在皁隸，明大臣得以食邑傳世①。故後師吳起教楚悼王，使君之子孫三世而收爵禄。見《韓非·和氏》篇。三世當收，卽二世有禄可知。② 故《異義》引《左氏》師説："卿大夫得世禄，不得世位。父爲大夫，死，子得食其故采。"③由此也。

此皆依據明文，不純以師説爲正。襃貶之事，或有新意，猶在其外。《左氏》有五十凡例，傳所旂表，以詒後昆。漢師猶依違二家，橫爲穿鑿，斯所以待杜預之正也。杜所述典禮訓詁，多不逮漢師，其簡二傳，去異端，則識在漢師上。若乃行事之詳，不以傳聞變，故訓之異，不以一師成，忽其事狀，是口説而非傳記，則雖鼓篋之儒，載筆之史，猶冥冥也。違其本志，則守達詁而不知變，高子以《小弁》爲小人之詩，孟仲子以"不已"爲"不似"，先師之訓，可悉從邪？要之，糅雜古、今文者，不悟明文與師説異；拘牽漢學者，不知魏晉諸師猶有刊剟異言之績。故曰："知德者鮮。"豈虚語哉！世有君子，引而伸之，觸類而長之，洋洋浩浩，具存乎斯文矣。

---

① 此句初版本作"明庶官得世授"。
② "故後師……有禄可知。"初版本無。
③ 初版本此句下有"有賢才，則復升父位"一句。

論式

編竹以爲簡,有行列緄理,故曰"侖"。"侖"者,思也。《大雅》曰:"於論鼓鐘。"論官有司士之格,論囚有理官之法,莫不比方。其在文辭,《論語》而下,莊周有《齊物》,《齊物論》,舊讀皆謂齊物之論,物兼萬物、物色、事物三義。王介甫始謂齊彼物論,蓋欲以七篇題號相對,不可與道古。公孫龍有《堅白》、《白馬》,孫卿有《禮》、《樂》,呂氏有《開春》以下六篇。前世箸論在諸子,未有率爾持辯者也。九流之言,擬儀以成變化者,皆論之儕。《別錄》署《禮記》,亦有通論,不專以題名爲質①。其辭精微簡練,本之名家,與縱橫異軌。

由漢以降,賈誼有《過秦》,在儒家。東方朔設非有先生之論,朔書二十篇,則於雜家箸錄。及王襃爲《四子講德》,始別爲辭人矣。晚周之論,內發膏肓,外見文采,其語不可增損。漢世之論,自賈誼已繁穰,其次漸與辭賦同流,千言之論,略其意不過百名。楊子爲《法言》,稍有裁制,以規《論語》,然儒術已勿能擬孟子、孫卿,而復忿疾名法。或問:"公孫龍詭辭數萬以爲法,法與?"曰:"斷木爲棋,捖革爲鞠,亦皆有法焉。不合乎君子之

---

① "題名",初版本作"顯名"。

道者，君子不法也。"《吾子》篇。或曰："刑名非道邪？何自然也？"曰："何必刑名，圍棋擊劍，反目眩形，亦皆自然也。由其大者作正道，由其小者作姦道。"《問道》篇。今以楊子所云云者，上擬龍、非，則跛鼇之與騏驥也。漢世獨有石渠《議奏》，文質相稱，語無旁溢，猶可爲論宗。後漢諸子漸興，訖魏初幾百種。然其深達理要者，辨事不過《論衡》，議政不過《昌言》，方人不過《人物志》。此三家差可以攀晚周。其餘雖嫻雅，悉腐談也。自《新語》、《法言》、《申鑒》、《中論》，爲辭不同，皆以庸言爲故，豈夫可與酬酢，可與右神者乎？當魏之末世，晉之盛德，鍾會、袁準、傅玄皆有家言，時時見他書援引，視荀悅、徐幹則勝。此其故何也？老、莊、形名之學，逮魏復作，故其言不牽章句，單篇持論，亦優漢世。然則王弼《易例》、魯勝《墨序》、裴頠《崇有》，性與天道，布在文章，賈、董卑卑，於是謝不敏焉。經術已不行於王路，喪祭尚在，冠昏朝覲，猶弗能替舊常，故議禮之文亦獨至。陳壽、賀循、孫毓、范宣、范汪、蔡謨、徐野人、雷次宗者，蓋二戴、聞人所不能上。施於政事，張斐《晉律》之序，裴秀地域之圖，其辭往往陵轢二漢。由其法守，朝信道矣，工信度矣。及齊、梁猶有繼迹者，而嚴整差弗逮。

夫持論之難，不在出入風議，臧否人羣，獨持理議禮爲劇。出入風議，臧否人羣，文士所優爲也。持理議禮，非擅其學莫能至。自唐以降，綴文者在彼不在此。觀其流埶，洋洋纚纚，卽實不過數語。又其持論不本名家，外方陷敵，内則亦以自償，惟劉秩、沈旣濟、杜佑，差無盈辭。持理者，獨劉、柳論天爲勝，其餘並廣居自恣之言也。宋又愈不及唐，濟以譁讟。近世或欲上法六代，然上不窺六代學術之本，惟欲厲其末流。江統《徙戎》、陸機《辯亡》、干寶《晉紀》，以爲駿極不可上矣。自餘能事，盡於送往事居，不失俘侮。以甄名理，則僻違而無類；以議典憲，則支離而不馴。

余以爲持誦《文選》，不如取《三國志》、《晉書》、《宋書》、《弘明集》、《通典》觀之，縱不能上窺九流，猶勝於滑澤者。嘗與人書，道其利病，曰："文生于名，名生于形。形之所限者分，名之所稽者理。分理明察，謂之知文。小學既廢，則單篇孤落；玄言日微，故儷語華靡。不溥其本，以之肇末，人自以爲楊、劉，家相譽以潘、陸，何品藻之容易乎？僕以下姿，智小謀大，謂文學之業窮於天監。簡文變古，志在桑中，徐、庾承其流化。平典之風，于茲沫矣。燕、許有作，方欲上攀秦、漢。逮及韓、呂、柳、權、獨孤、皇甫諸家，劣能自振，議事確質不能如兩京，辯智宣朗不能如魏晉。晚唐變以譎詭，兩宋濟以浮夸，斯皆不足邵也。將取千年朽蠹之餘，反之正則，雖容甫、申耆，猶曰采浮華，棄忠信爾。皋文、滌生，尚有諛言，慮非修辭立誠之道。夫忽略名實，則不足以說典禮；浮辭未翦，則不足以窮遠致。言能經國，詘于籩豆有司之守；德音孔膠，不達形骸智慮之表。故篇章無計簿之用，文辯非窮理之器。彼二短者，僕自以爲絕焉，所以塊居獨處，不欲奇羣彥之數者也。如鸓者一二耆秀，皆浮華交會之材，譁世取寵之士，噓枯吹生之文，非所謂文質彬彬者也。故曰：'亡而爲有，虛而爲盈，約而爲泰，難乎有恒矣。'"以上《與人書》。

或言今世慕古人文辭者，多論其世，唐、宋不如六代，六代不如秦、漢。今謂持論以魏、晉爲法，上遺秦、漢，敢問所安？曰：夫言亦各有所當矣。秦世先有韓非、黃公之倫，持論信善，及始皇并六國，其道已隘。自爾及漢，記事韻文，後世莫與比隆，然非所及于持論也。漢初，儒者與縱橫相依，逆取則飾游談，順守則主常論；游談恣肆而無法程，常論寬緩而無攻守。道家獨主清靜，求如《韓非・解老》，已不可得。《淮南鴻烈》，又雜神仙、辭賦之言。其後經師漸與陰陽家并，而論議益多牽制矣。漢論箸者，莫如《鹽鐵》，然觀其駁議，御史大夫、丞相史言此，而文學、賢良言彼，不相剴切。有時牽引小事，攻劫無已，則論已離其宗。或有卻擊如罵，侮弄如嘲，故發言終日，而不得其所凝止。其文雖博麗哉，以持論則不中矣。董仲舒《深察名號》篇，略本孫卿，爲已條秩，然多傅以疑似之言。如言王有五科：皇科、方科、匡科、黃科、往科。君有五科：元科、原科、權科、温科、羣科。雖以聲訓，傅會過當。惜乎劉歆《七略》，其六錄于《漢志》，而《輯略》俄空焉。不然，歆之謹審權量，斯有倫有脊者也。今漢籍見存者，獨有王充，不循俗迹，恨其文體散襟，非可諷誦。其次獨有《昌言》而已。魏、晉之文，大體皆坤於漢，獨持論仿佛晚周。气體雖異，要其守己有度，伐人有序，和理在中，孚尹旁達，可以爲百世師矣。然今世能者，多言規摹晉、宋，惟汪中說《周官》、《明堂》諸篇，類似禮家，阮元已不逮。至于甄辨性道，極論空有，槩乎其未有聞焉。典禮之學，近世有餘；名理之言，近世取短。以其短者施之論辨，徒爲繳繞，無所取材。謙讓不宣，固其慎也。長者亦不能自發舒，若凌廷堪《禮經釋例》，可謂條理始終者，及爲儷辭，文體卑近，無以自宣其學。斯豈非崇信文集、異視史書之過哉！

　　然今法六代者，下視唐、宋；慕唐、宋者，亦以六代爲靡。夫李翺、韓愈，局促儒言之間，未能自遂。權德輿、呂溫及宋司馬光輩，略能推論成敗而已。歐陽修、曾鞏，好爲大言，汗漫無以應敵，斯持論取短者也。若乃蘇軾父子，則佞人之戔戔者。凡立論欲其本名家，不欲其本縱橫。儒言不勝，而取給于气矜，游獩怒特，蹂稼踐蔬。卒之數篇之中，自爲錯牾，古之人無有也。法晉、宋者，知其病徵，宜思有以相過，而專務溫藉，詞無芒刺。甲者譏乙，則曰"鄭聲"；乙者譏甲，又云"常語"。持論既莫之勝，何怪人之多言乎！夫雅而不核，近于誦數，漢人之短也；廉而不節，近于彊鉗，肆而不制，近于流蕩，清而不根，近于草野，唐、宋之過也；有其利無其病者，莫若魏、晉。然則依放典禮、辯其然非，非涉獵書記所能也。循實責虛，本隱之顯，非徒竄句游心于有無同異之間也。如王守仁《與羅欽順書》云："格物者，格其心之物，格其意之物，格其知之物。正心者，正其物之心。誠意者，誠其物之意。致知者，致其物之知。"此種但是辭句繳繞，文義實不可通。後生有效此者，則終身爲絕物矣。效唐、宋之持論者，利其齒牙；效漢之持論者，多其記誦，斯已給矣。效魏、晉之持論者，上不徒守文，下不可禦人以口，必先豫之以學。

　　文章之部行于當官者，其原各有所受：奏、疏、議、駁近論，詔、册、表、檄、彈文近詩。近論故無取紛綸之辭，近詩故好爲揚厲之語。漢世作奏，莫善乎趙充國，探籌而數，辭無枝葉。晉世杜預議攷課，劉毅議罷九品中正，范甯議土斷，孔琳之議錢幣，皆可謂綜覈事情矣。然王充于漢獨稱谷永。谷永之奏，猶似質不及文,而獨爲後世宗,終之不離平徹者近是①。《典論》云:"奏議宜雅,書論宜理。"亦得其辜較云。若夫詔書之作,自文、景猶近質,武帝以後,時稱《詩》、《書》,潤色鴻業,始爲詩之流矣。武帝册三王,上擬《尚書》。至潘勖册魏公,爲枚頤《尚書》本。晉以下代用其律,比于《崧高》、《韓奕》,徒無韻耳。漢世表以陳情,與奏議異用,若《薦禰衡》、《求自試》諸篇,文皆琛麗,煒曄可觀。蓋秦、漢間上書,如李斯《諫逐客》、鄒陽《獄中上梁孝王》已然。其後別名爲表,至今尚辭,無取陳數,亦無韻之《風》也。彈文始不可見,任昉、沈約訐人罪狀,言在法外。蓋自宋世荀伯子善彈文②,醜詞巧訐,辱及祖禰。今雖不箸,明其爲任、沈法。《詩》之惡惡,莫如《巷伯》,然猶戮及其身。今指摘及于腐骨,其疾惡甚于詩人矣。《文選》不録奏、疏、議、駁,徒有書、表、彈文之流,爲其文之箸也。檄之萌芽,在張儀檄楚相,徒述口語,不見緣飾。及陳琳、鍾會以下,專爲恣肆。顏竣檄元凶劭,其父延之覽書而知作者,亦無韻之賦也。大抵③近論者取于名,近詩者取于縱橫。其當官奮筆一也,而風流所自有殊。覽文者觀於《文選》之有無,足以知其好尚異也。

---

① "終之",初版本、浙本同,據《史記·五帝本記贊》當作"總之"。
② 初版本"善"下有"爲"字。
③ "大抵",初版本作"大氐"。

辨詩

《春官》:瞽矇①"掌九德六詩之歌"。然則詩非獨六義也,猶有九歌。其隆也,官箴占繇皆詩。故《詩序》,《庭燎》稱箴,《沔水》稱規,《鶴鳴》稱誨,《祈父》稱刺,明詩外無官箴。《辛甲》諸篇,悉在古詩三千之數矣。《詩賦略》錄《隱書》十八篇,則東方、管輅射覆之辭所出。又《成相雜辭》者,徒役送杵,其句度長短不齊,亦悉入錄。揚摧道之,有韻者皆為詩,其容至博。其殺也,孔子刪《詩》,求合《韶》、《武》,賦、比、興不可歌,因以被簡。其詳在《六詩説》。屈原、孫卿諸家,為賦多名。孫卿以《賦》、《成相》分二篇,題號已別;然《賦》篇復有《佹詩》一章,詩與賦未離也。漢惠帝命夏侯寬為樂府令,及武帝采詩夜誦,其辭大備。《七略》序賦為四家,其歌詩與之別。漢世所謂歌詩者,有聲音曲折可以弦歌,如《河南周歌聲曲折》七篇,《周謠歌詩聲曲折》七十五篇,是也。故《三侯》、《天馬》諸篇,大史公悉稱詩,蓋樂府外無稱歌詩者。自韋孟《在鄒》至《古詩十九首》以下,不知其為歌詩邪?將與賦合流同號也?要之,《七略》分詩賦者,本孔子刪詩意:不歌而誦,故謂之賦;叶於簫管,故謂之詩。其他有韻諸文,漢世

---

① "瞽矇",《周禮·春官宗伯第二》作"瞽蒙"。

未具,亦容附於賦録。古者大司樂以樂語教國子,蓋有韻之文多矣。有古爲小名而今爲大,有古爲大名而今爲小者。《周語》曰:"公卿至列士獻詩,瞽獻曲,史獻書,師箴,矇誦。"瞽、師、睄矇皆掌聲詩,即詩與箴一實也。故自《虞箴》既顯,楊雄、崔駰、胡廣爲《官箴》,气體文旨皆弗能與《虞箴》異。蓋箴規誨刺者其義,詩爲之名。後世特以箴爲一種,與詩抗衡,此以小爲大也。賦者,六義之一家。《毛詩傳》曰:"登高能賦,可以爲大夫。"登高孰謂? 謂壇堂之上,揖讓之時。賦者孰謂? 謂微言相感,歌詩必類。是故"九能"有賦無詩,明其互見。漢世賦爲四種,而詩不過一家,此又以小爲大也。誄文有韻者,古亦似附詩類。漢《北海相景君銘》"乃作誄曰",後有"亂曰",則誄亦是詩。① 銘者自名,器有題署,若士卒揚徽,死者題旌,下及楬木以記化居,落馬以示毛物,悉銘之屬。楊雄自言"作繡補、靈節、龍骨之銘詩三章",又比詩類。② 今世專以金石韻文爲銘,此以大爲小也。九歌者,與六詩同列,水、火、金、木、土、穀,謂之六府。正德、利用、厚生,謂之三事。此則山川之頌,江海之賦,皆宜在九歌。後世既以題名爲異,九歌獨在《屈賦》,爲之陪屬,此又以大爲小也。且文章流別,今世或緐於古,亦有古所恒覯、今隱没其名者。夫宫室新成則有發,見《檀弓》。喪紀祖載則有遣,《既夕禮》有"讀遣"之文。告祀鬼神則有造,見《春官·大祝》。原本山川則有説。見《毛詩傳》。斯皆古之德音,後生莫有繼作,其題號亦因不著。《文章緣起》所

---

① 初版本無此注。
② "楊雄……又比詩類。"初版本無。

列八十五種①,至於今日,亦有廢弛不舉者。夫隨事爲名,則巧歷或不能數;會其有極,則百名而一致者多矣。謂後世爲序錄者,當從《詩賦略》改題樂語,凡有韻者悉箸其中。庶幾人識原流,名無棼亂者也。

論辯之辭,綜持名理,久而愈出,不專以情文貴,後生或有陵轢古人者矣。韻語代益陵遲,今遂塗地,由其發揚意气,故感槩之士擅焉。聰明思慧,去之則彌遠。《記》稱"《詩》之失愚",以爲不愚固不能詩。夫致命遂志,與金皷之節相依,是故史傳所記,文辭陵厲,精爽不沬者,若荊軻、項羽、李陵、魏武、劉琨之倫,非奇材劍客,則命世之將帥也。由商、周以訖六代,其民自貴,感物以形於聲,餘怒未渫,雖文儒弱婦,皆能自致。至於哀窈窕,思賢材,言辭温厚,而蹈厲之气存焉。及武節既衰,馳騁者至於絶臏,猶弗能企。故中國廢興之際,樞於中唐,詩賦亦由是不競。五季以降,雖四言之銘,且拱手謝不敏,豈獨采詩可以觀政云爾。大史公曰:"兵者,聖人所以討彊暴,平亂世,夷險阻,救危殆。自含血戴角之獸,見犯則校,而況於人。懷好惡喜怒之气,喜則愛心生,怒則毒螫加,情性之理也。故六律爲萬事根本,其於兵械尤重。"自中唐以降者,死聲多矣。"長子帥師,弟子輿尸",相繼也。今或欲爲國歌②,竟弗能就。抗而不隊,則暴慢之气從之矣;苊而無守,則鄙倍之辭就之矣。③余以爲古者

---

① "八十五種",當作"八十四種"。
② 初版本"今"字下有一"人"字。
③ 初版本此句下注:"如日本人所作國歌,'千代、千代、八千代'等語,行於島國可也。此類辭氣,施諸中夏,則婦孺笑之耳。"浙本無。

禮樂未興，則因襲前代，漢《郊祀歌》有《日出入》一章，其聲熙熙，悲而不傷，詞若游仙，乃足以作將帥之气，雖《雲門》、《大卷》弗過也。以是爲國歌者，賢於自作遠矣。

語曰："在心爲志，發言爲詩。"此則吟詠情性古今所同，而聲律調度異焉。魏文侯聽今樂則不知倦，古樂則臥。故知數極而遷，雖才士弗能以爲美。《三百篇》者，四言之至也。在漢獨有韋孟，已稍淡泊。下逮魏氏①，樂府獨有《短歌》、《善哉》諸行爲激卬也。自王粲而降，②作者抗志，欲返古初，其辭安雅，而惰弛無節者衆，若束晳之《補亡詩》，視韋孟猶登天。嵇、應、潘、陸亦以楛窳，"悠悠大上，民之厥初"。"於皇時晉，受命既固"。蓋庸下無足觀。非其材劣，固四言之勢盡矣。漢世《郊祀》、《房中》之樂，有三言七言者，其辭閎麗詄蕩，不本《雅》、《頌》，而聲气若與之呼召。其風獨五言爲善。古者學詩，有《大司樂》瞽宗之化，在漢則主情性。往者《大風》之歌，《拔山》之曲，高祖、項王，未嘗習藝文也，然其言爲文儒所不能舉。蘇、李之徒，結髮爲諸吏騎士，未更諷誦，詩亦爲天下宗。及陸機、鮑照、江淹之倫，擬以爲式，終莫能至。由是言之，情性之用長，而問學之助薄也。《風》與《雅》、《頌》、賦所以異者，三義皆因緣經術，旁涉典記。故相如、子雲小學之宗，以其緒餘爲賦。《郊祀歌》者，《頌》之流也。通一經之士，不能獨知其辭，皆集會《五經》家相與共講習之。《安世房中歌》作于唐山夫人，而其辭亦爾雅。獨

---

① 初版本作"下逮魏晉"。
② "樂府……自王粲而降"，初版本無。

《風》有異,憤懣而不得舒,其辭從之,無取一通之書、數言之訓。及其流風所扇,極乎王粲、曹植、阮籍、左思、劉琨、郭璞諸家,其気可以抗浮雲,其誠可以比金石,終之上念國政,下悲小己,與十五《國風》同流。其時未有雅也。謝瞻承其末流,《張子房詩》本之,《王風》哀思,周道無章,浸淫及于大、小《雅》矣。世言江左遺彥好語玄虛,孫、許諸篇,傳者已寡,陶潛皇皇,欲變其奏,其風力終不逮。玄言之殺,語及田舍,田舍之隆,旁及山川雲物,則謝靈運為之主。然則《風》、《雅》道變,而詩又幾為賦。顏延之與謝靈運深淺有異,其歸一也。自是至於沈約、北遲,景物復窮。自梁簡文帝初為新體,牀笫之言,揚于大庭,訖陳、隋為俗。陳子昂、張九齡、李白之倫,又稍稍以建安為本。白亦下取謝氏,然終弗能遠至,是時五言之埶又盡。杜甫以下,辟旋以入七言。七言在周世,《大招》為其萌芽,漢則《柏梁》,劉向亦時為之,顧短促未能成體,而魏文帝為取工。① 唐世張之,以為新曲,自是五言遂無可觀者。然七言在陳、隋气亦宣朗,不襍傳記名物之言。唐世浸變舊貫,其埶則不可久。哀思主文者,獨杜甫為可與。韓愈、孟郊蓋《急就章》之別辭②,元稹、白居易則日者瞽師之誦也。自爾千年,七言之數以萬,其可諷誦者幾何?重以近體昌狂,篇句填委,凌襍史傳,不本情性。蓋詩賦者,所以頌善醜之德,洩哀樂之情也。故温雅以廣文,興諭以盡意。晚世賦頌,苟為饒辯屈蹇之辭,競陳誣罔不然之事,《潛夫》引以為

---

① "顧短促……為取工。"初版本作"然短促未能成體"。
② 初版本此句作"韓愈、孟郊則《急就章》之變也"。

譏。見《潛夫論・務本》篇。① 詩又與議奏異狀，無取數典，②鍾嶸所以起例，雖杜甫愧之矣③。訖於宋世，小説、襍傳、禪家、方技之言，莫不徵引。夫以孫、許高言莊氏④，雜以三世之辭，猶云《風》《騷》體盡，況乎辭無友紀，彌以加厲者哉！宋世詩埶已盡，故其吟詠情性，多在燕樂。今詞又失其聲律，而詩尨奇愈甚。考徵之士，覯一器，説一事，則紀之五言，陳數首尾，比于馬醫歌括。及曾國藩自以爲功，誦法江西諸家，矜其奇詭，天下鶩逐。古詩多詰詘不可誦，近體乃與杯珓讖辭相等。江湖之士，艷而稱之，以爲至美。蓋自《商頌》以來，歌詩失紀，未有如今日者也。《詩品》云："經國文符，應資博古；撰德駁奏，宜窮往烈；至乎吟詠情性，亦何貴於用事。顔延之喜用古事，彌見拘束，於時化之，故大明、泰始中，文章殆同書鈔。爾來作者，浸以成俗，遂句無虛語，語無虛字，拘攣補衲，蠧文已甚。"又云："任昉博物，動輒用事，所以詩不得奇。"尋此諸論，實詩人之藥石。但顔、任諸公，足詒書鈔之誚，方今作者，豈直書鈔而已？比之歌括、杯珓，夫豈失倫。⑤ 物極則變，今宜取近體一切斷之。唐以後詩，但以參考史事存之可也，其語則不足誦。古詩斷自簡文以上，唐有陳、張、李、杜之徒，稍稍刪取其要，足以繼《風》《雅》，盡正變。夫觀王粲之《從軍》，而後知杜甫卑闒也；觀潘岳之《悼亡》，而後知元稹凡俗也；觀郭璞之《游仙》，而後知李賀詭誕也；觀《廬江府吏》、《鴈門大守》叙事諸篇，而後知白居易鄙倍也；淡而不厭者陶潛，

---

① "蓋詩賦者……以爲譏。"及注文，初版本無。
② 此句初版本作"蓋詩者與議奏異狀，無取數典之言"。
③ 初版本作"雖杜甫猶有愧。"
④ "夫以"，初版本作"昔"。
⑤ 初版本無此注。

則王維可廢也；矜而不寔者謝靈運，則韓愈可絕也。要之，本情性，限辭語，則詩盛；遠情性，意雜書，則詩衰。

《七略》次賦爲四家：一曰屈原賦，二曰陸賈賦，三曰孫卿賦，四曰雜賦。屈原言情，孫卿效物，陸賈賦不可見，其屬有朱建、嚴助、朱買臣諸家，蓋縱橫之變也。楊雄賦本擬相如，《七略》相如賦與屈原同次，班生以楊雄賦隸陸賈下，蓋誤也。然言賦者，多本屈原。漢世自賈生《惜誓》上接《楚辭》，《鵩鳥》亦方物《卜居》。而相如《大人賦》自《遠游》流變，枚乘又以《大招》、《招魂》散爲《七發》。其後漢武帝《悼李夫人》、班婕妤《自悼》，外及淮南、東方朔、劉向之倫，未有出屈、宋、唐、景外者也。孫卿五賦，寫物效情，《蠶》、《箴》諸篇，與屈原《橘頌》異狀。其後《鸚鵡》、《焦鷯》時有方物，及宋世《雪》、《月》、《舞鶴》、《赭白馬》諸賦放焉。《洞簫》、《長笛》、《琴》、《笙》之屬，宜法孫卿，其辭義咸不類。徐幹有《玄蝯》、《漏卮》、《圓扇》、《橘賦》諸篇，雜書徵引，時見一端，然勿能得全賦。大氐孫卿之體微矣。陸賈不可得從迹。雖然，縱橫者，賦之本。古者誦《詩》三百，足以專對，七國之際，行人胥附，折衝于尊俎間。其説恢張譎宇，紬繹無窮，解散賦體，易人心志。魚豢稱："魯連、鄒陽之徒，援譬引類，以解締結。"誠"文辯之雋也。"武帝以後，宗室削弱，藩臣無邦交之禮。縱橫既黜，然後退爲賦家，時有解散。故用之符命，即有《封禪》、《典引》；用之自述，而《荅客》、《解嘲》興。文辭之縣，賦之末流爾也。雜賦有《隱書》者，傳曰："談言微中，亦可以解紛。"與縱橫稍出入。淳于髡《諫長夜飲》一篇，純爲賦體，優孟諸家顧少耳。東方朔與郭舍人爲隱，依以譎諫，世傳《靈棋經》誠僞書，然其後漸流爲占繇矣。管輅、郭璞爲人占皆有韻，斯亦賦之流也。自屈、宋以至鮑、謝，賦道既極。至於江淹、沈約，稍近凡俗。庾信之作，去古踰遠，世多慕《小園》、《哀江南》輩，若以上擬《登樓》、《閒居》、《秋興》、《蕪城》之儕，其靡已甚。賦之亡蓋先于詩。繼隋而後，李白賦《明堂》，杜甫賦《三大禮》，誠欲爲楊雄臺隸，猶幾弗及，世無作者，二家亦足以殿。自是賦遂泯絕。近世徒有張惠言，區區修補《黃山》諸賦，雖未至，庶幾李、杜之倫，承千年之絕業，欲以一朝復之，固難能也。然自詩賦道分，漢世爲賦者多無詩，自枚乘外，賈誼、相如、楊雄諸公，不見樂府五言。其道與故訓相儷，故小學亡而賦不作。

漢世樂府，《七略》錄爲歌詩，上自郊祀，下訖里巷歈趣，皆見罔羅。其外有《短簫鐃歌》，李延年復依西域《摩訶兜勒》之曲，以造新聲二十八解。魏、晉之間，但歌《白紵》諸曲，猶有繼者，聲有曲折，故"妃呼豨"、"幾令吾"之屬，閒雜聲气。《鐸舞》、《歌聖人制禮樂篇》其有散聲益明。其辭載《宋書‧樂志》，云："昔皇文武邪，彌爾舍善，誰吾時吾，行許帝道，銜來治路萬邪，治路萬邪，赫赫，意黃運道吾，治路萬邪，善道明邪金邪，善道，明邪金邪帝邪，近帝武武邪邪，聖皇八音、偶邪尊來，聖皇八音、及來義邪同邪，烏及來義邪，善草供國吾，咄等邪烏，近帝邪武邪，近帝武邪武邪，應節合用，武邪尊邪，應節合用，酒期義邪同邪，酒期義邪，善草供國吾，咄等邪烏，近帝邪武邪，近帝武武邪邪，下音足木，上爲鼓義邪，應衆義邪，樂邪邪延否，已邪烏已禮祥，咄等邪烏，素女有絕其聖烏烏武邪。"此"邪"、"烏"、"吾"等字，皆是散聲。《巾舞歌公莫篇》則以"吾"字、"嬰"字、"何"字作散聲。蓋古歌曲被管弦者皆一字一聲，未有如今疊字者也，故不得不假散聲以宣其气。宋人燕樂亦無疊字而有散聲，張炎《詞源》所載"哩"、"囉"等字是也。今南方里巷小弄皆然，不失古法。至大曲則皆疊字，古所謂鄭聲矣。① 尋《晉語》載惠公改葬共世子，臭達於外，國人誦之曰："猗兮懷兮，各聚爾有以待所歸兮。猗兮違兮，心之哀兮。""猗"、"懷"、"猗"、"違"，皆曲折詠歎之詞，舊讀以爲有實義者，非也。樂府可歌，故其辭若自口出。後人雖欲摹擬，既失其音，皮之不存，毛將焉傅矣。然古人即辭題署，而後人虛擬其名，何世蔑有？《破斧》、《候人》、《燕燕于飛》諸篇，皆虞、夏舊曲也。見《吕氏春秋·音初》篇。周之詩人因其言以成己意。且周世里巷歌謠，本有《折楊》、《皇華》，文見《莊子》。《皇華》即《小雅》之篇，而里巷襲其語；《折楊》以後，李延年《二十八解》復有云《折楊柳》者，此皆轉相因襲者也。世言樂府聲律既亡，後嗣不宜復作。此則今日俗詞，寧合宋人宮律？然猶緜延勿替，何哉？樂府或時無韻，是猶《周頌》諸篇不應常節，蓋其逗留曲折，非韻所持，固詩之特異也。若乃古今異音，部類離合，代有遷變。文士不達其意，喜改今韻以就方言。詞之末流，有甚於反舌者②。而世或言樂府興於巷陌，方國殊致，何必正音。不悟樂府雖變，其爲夏音則同，未有泯亂大略者也。沙陀契丹③，金元以降，多雜塞外方音，唐世所未殽亂④，而皆獵其部次。夫載祀相隔，不踰畮稔⑤，聲韻乃遠離其本，明自他族挾之以變，非自變也。按《切韻》本考合南北正音，不失倫紀，《唐韻》因之，而《韻英》、《考

---

① "《鐸舞》……益明。"及注文，初版本無。
② "反舌"，初版本作"鄭聲"。
③ 此句初版本無。
④ "唐世"，初版本作"宋世"。
⑤ "畮稔"，初版本作"七世"。

聲》見于慧琳所引者，多與之異，如富、婦等字，讀入魚部，此乃秦音通轉，非爲譌誤。宋世官韻，猶未大變舊制，蓋猶會合南北之音也，其詞已漸有離合。至《樂府指迷》、《詞林韻釋》，書皆出于宋世，而部署譎觚，全無友紀，殆不似人類之言，則宋世汴京方音已大變于古昔矣。① 孫卿云："使夷俗邪音不敢亂雅，大師之事。"夫詞與南北曲者，通俗之用，樂府則已古矣。蒙古異音，夏侯寬、杜夔諸公，豈能知其節邪？或曰："李延年已采西域之音，以爲武樂，隋世亦有西涼、龜兹、天竺、康國、疏勒、安國諸部，今之詞自龜兹樂來，何以見夷音不可用也？"②應之曰：四夷之樂，用于朝會祭祀、燕饗，自《周官・鞮鞻》、《韎韎氏》見其崙。《小雅》曰："以雅以南。"《傳》曰："東夷之樂曰昧，南夷之樂曰南，西夷之樂曰朱離，北夷之樂曰禁，以爲籥舞。""朱離"，《後漢書・班固傳》作"兜離"。《白虎通義》省言"兜"。周時"朱"音如"兜"，"兜離"，則所謂"摩訶兜勒"者。西域即用梵語，"摩訶"譯言"大"，"兜勒"、"兜離"，譯言"聲音高朗"。其音本作"觕蘿刂"，"蘿"字彈舌，"觕蘿"爲形容語。若作名詞，即是"觕勒刂"，但周、漢無麻部音，故書作"兜勒"、"兜離"耳。"離"字古本音"蘿"，《詩傳》作"朱離"，音亦如"兜蘿"③。明自張騫以上，鞮鞻氏已用其聲歌，然獨王者施之，陳於門外，不及侯國。漢世變爲新聲，是乃因其節奏，而文字調均從中國，猶以假給邊將，不及郡縣。隋世龜兹樂盛行閭閈，文帝尚云："無復正聲，不祥之大。"今之燕樂，即此胡戎歌也。其辭變夷從漢，亦與李延年同法。故自唐世已有短詞與官韻，未相出入。④

---

① 初版本無此注。
② "何以見"，初版本作"何見"。
③ 初版本句尾有"也"字。
④ 初版本作"故自唐及北宋，詞與官韻未相出入。"

此則名從主人,物從中國,古之制也。今縱不能復雅樂,猶宜存其節制。詞已失其律度,南北曲復曼衍不可究論,然叶音宜以官韻爲準。樂府者,取近古初,楚漢之聲存于江左,而隋唐謂之《清商》,隋文以爲華夏正聲。今江南、荆蜀諸造弄其緒也,比于燕樂,尚清緩有士君子風。① 宜就古二十二部②,稍稍爲之分合,以存漢、魏、兩晉江左遺聲。③ 于是有知律者,爲之調其弦匏笙簧而已矣。

諸四言韻語者,皆詩之流,而今多患解弛。箴之爲體,備於楊雄諸家,其語長短不齊,陸機所謂"頓挫清壯"者,有常則矣。自餘四言,世多宗法李斯,閒三句以爲韻,其埶易工。如其辭旨,宜本之情性,參之故訓,稽之典禮,去其縟采,泯其華飾,無或糅雜故事,以亂章句。先民有言:"既雕既琢,復歸於樸。"此之謂也。近世曾國藩獨慕《漢書·敘傳》。四言之用,自漢世已衰,《敘傳》雖非其至,自《雅》、《頌》以下,獨有李斯、韋孟、楊雄、班固四家,復欲陵轢其上,固以難矣。韓愈稍欲理其廢絕,辭已壯麗,博而不約,鮮溫潤之音,學之雖至,猶病傀怪,不至乃玃玃如豺狼聲。詎非正以《雅》、《頌》,其可爲典刑耶?若夫碑版之辭,蟬嫣不絕,體以四言,末則不韻,此自漢碑已導其原,韓愈尚優爲之。然唐人多意造辭,近人或以爲戒。余以爲造辭非始唐人,自屈原以逮南朝,誰則不造辭者?古者多見子夏、李斯之篇,故其文章都雅,造之自我,皆合典言。後世字書既已乖離,

---

① "楚漢之聲……有士君子風。"初版本無。
② "宜",初版本無。
③ "江左",初版本無。

而好破碎妄作,其名不經,雅俗之士所由以造辭爲戒也。若其明達雅故,善赴曲期,雖造辭則何害?不然,因緣緒言,巧作刻削。呼仲尼以"龍蹲",庠高祖以"隆準",指兄弟以"孔懷",稱在位以"曾是",此雖原本經緯,非言而有物者矣。

正齋送

葬不欲厚，祭不欲瀆。靡財于一奠者此謂賊，竭思於祝號者此謂誣。諸爲歸人纂述者，亦齋送之事也。不得其職，甚乎以璠璵斂矣。古者弔有傷辭，諡有誄，祭有頌，其餘皆禱祝之辭，非箸竹帛者也。《上曲禮》①："知生者弔，知死者傷。"《正義》曰："弔辭口致命，傷辭書之於版。"《既夕禮》："知死者贈，知生者賻。書贈於方，若九，若七，若五。"諸在版者，皆百名以下，其字有定。贈之多者，不過九行；傷辭多者，不過百字。上世作者，雖若滅若没哉，觀魏武帝過橋玄墓，不忘疇昔，爲辭告奠，其文約省，哀戚爲已隆矣。斯蓋古之令軌爲法於今者乎？

誄者，誄其行迹而爲之諡。《記·曾子問》②曰："賤不誄貴，幼不誄長。天子稱天以誄之。"《周官·大史》："遣之日讀誄。"《文章流别傳》曰："詩頌箴銘之篇，皆在往古成文，可放依而作。惟誄無定制，故作者多異焉。見於典籍者，《左傳》有魯哀公爲孔子誄。"《文心雕龍》及《御覽》五百九十六引。《列女傳》述魯展禽妻誄夫事。古者諸侯相誄，猶謂之失，況以燕昵自誄其夫，似後生

---

① 《上曲禮》，即《曲禮上》。
② 《記·曾子問》，即《禮記·曾子問》。

所託也。《詩傳》曰："喪紀能誄，可以爲大夫。"大夫不當有誄人事，蓋稱君命爲之辭。《周禮・春官》："御史掌贊書。"後鄭以爲佐作詔令。按：《後漢書・周榮傳》：尚書陳忠上疏薦榮子興曰："尚書出納帝命，爲王喉舌。臣等既愚闇，而諸郎多文俗吏，鮮有雅材。每爲詔文，宣示内外，轉相求請。或以不能，而專己自由，辭多鄙固。"是則周漢王言亦由假手，惟漢初高祖、孝文，或親自作詔耳。誄亦視此。

訖於新氏，楊雄不在史官而誄元后。後漢大司馬吴漢薨，杜篤以獄囚上誄。由是賤有誄貴者矣。宗廟之樂，天子有頌，以其成功，告於神明。自下蓋謂之祠，春祭曰祠，品物少，多文辭也。大祝六辭，一曰祠。舊讀以爲辭令，蓋未諦。若夫攻說之文，對於神祇，非用之人鬼者也。凡此三族，後世稍分爲十餘種，而或施諸刻石。文敝者宜返質，謂當刊剟殊名，言從其本。自傷辭出者，後有弔文。賈誼《弔屈原》，相如《弔二世》，録在賦篇。其特爲文辭，而迹可見於今者，若禰衡《弔張衡》、陸機《弔魏武帝》，斯皆異時致閔，不當棺柩之前，與舊禮言弔者異。惟束晳弔衛巨山、蕭孟恩二首，斯得職耳。

今之祭文，蓋古傷辭也。喪禮奠而不祭，故《既夕禮》曰："若奠，受羊如受馬，兄弟賵奠可也，所知則賵而不奠。"今在殯宮而命以祭，言則不度。《文章緣起》曰："後漢車騎郎杜篤始作《祭延鍾文》。"不知其吉祭耶，抑喪奠也？神固不歆非類，雖在吉祭，於古未有異姓爲主者。士禮既崩，近世或有功德在民，祭於州邑。及夫往世特達之士，比干、夷齊、魯連、鄭康成之倫，廟祀猶在，有特豚魚菽之祭，爲之祭文可也。其旁出者有哀辭，《文章流別傳》曰："崔瑗、蘇順、馬融等爲之，率施於童殤夭折，不以壽終者。"《御覽》五百九十六引。蓋死而不弔者三：畏、厭、溺。長殤以下，與鮮死者同列，不可致弔，於是爲之哀辭。禮以義起，是故馬仲都以元舅車騎將軍之重，從駕溺死，明帝命班固於馬上三十步爲哀辭。同上引。蓋君臣慎禮，不以貴寵越也。今人以哀辭施諸壽終，斯所謂失倫者。衛巨山爲楚王瑋矯詔所誅，方之舊典，宜哀辭。而束皙自郡赴喪，爲文以弔，亦少褒矣。其餘輓歌之流，當古虞殯，徒役相和，若舂杵者有歌焉，不在士友。有傷辭，則弔文、輓歌可以省。

自誄出者，後有行狀。誄之爲言，纍其行迹而爲之謚。故《文心雕龍》曰："序事如傳，辭靡律調，誄之才也。"此則後人行狀，實當斯體。唐世行狀，以上考功，固爲議謚作也。然以誄無恆制，多制華辭，爲方人之言。《聖賢群輔錄》列二十四狀，皆與序事有異。且作狀者既爲先賢，即與讀誄議謚異用。《文章緣起》曰："漢丞相倉曹、傅榦，始作《楊元伯行狀》。"舊作"傅胡榦"，誤。蓋漢末文士，事不師古，以意題別其名。其時別傳又作，漢司空李郃有《家書》，見《續漢書·祭祀志注》引。荀氏亦有《家傳》，斯並諜牒之細。其越代作傳者又異是，若《管輅別傳》，作於弟辰，斯行狀之方也。知行狀爲誄者，則行狀可以省。今人議謚，上不因誄，下不緣行狀，誄與行狀皆空爲之。欲辨章是非、記其伐閱者，獨宜爲別傳。誄、行狀所以議謚，謚有美惡，而誄、行狀皆諛，不稱其職。別傳作於故舊，其佞猶多，在他人斯適矣。

自頌出者，後有畫象贊，所謂形容者也。《文章緣起》曰："司馬相如始爲《荆軻贊》。"聞之舊訓，贊者，佐也，《士冠禮》、《士昏禮》注。助也。《天官·大宰》注。孔子贊《易》，《禮》有《贊大行》，班固《漢書》贊及《食貨》、《郊祀》、《溝洫》諸《志》，非獨紀傳，然則贊者，佐助其文，非襃美之謂也。言辭不盡，更爲增廣，在賦稱重，在六藝、諸子稱贊。《荆軻贊》今不可見，而《七略》雜家有《荆軻論》五篇，司馬相如所次。論有不足，輔之以贊，自佐其論，非以佐軻。諸爲畫象贊者，佐其圖畫，非佐其人。世人昧于字訓，以贊爲襃美之名。畫象有頌，自楊雄頌趙充國始。斯則形容物類，名實相應。贊之用不專於畫象，在畫象者，乃適與頌同職，其同異之故宜定。

若夫銘刻之用，要在符契。孔琳之有言："官莫大於皇帝，爵莫尊於公侯。而傳國之璽，列代遞用；襲封之印，奕世相傳。"此其取朴略者已。《周禮》："大約劑書於宗彝，小約劑書於丹圖。"宗彝有銘，聖人之操左契。其在下士，王襃僮約亦決券書之，非以揚功德也。諸有服器，物勒工名以致其誠，非以事鬼神也。上自槃盂，下逮几杖，皆有辭以自飭，非以祝壽考也。鐘鼎庸器，告於神明，周之尸臣，衛之孔悝，莫敢僭頌名，而叔世立石自頌變。秦始皇大山諸刻，猶不稱碑。其後死人之里，鬼神之宅，刻碑者浸衆。碑表、神道、石闕，其始皆在寢廟，後貤于墓。宮庭有碑，以此識景。廟則從之，又麗牲焉。《記·檀弓》曰："公室視豐碑，三家視桓楹。"桓楹故謂之表，及其在墓，碑者所以下棺，表卽無有。漢世乃增建之。石闕者，《周官》所謂"象魏"。梁陸倕爲《石闕銘》，正在兩觀。然自舜墓已爲石郭，故《楚語》曰①："楚靈王築臺於章華之上，闕爲石郭，陂漢以象帝

---

① "《楚語》"，當作"《吳語》"。

舜，象九疑之窆也。"神道者，《説文》云："場，祭神道也。"《釋宫》曰："廟中路謂之唐。"唐即場字。索祭祝于祊，自祊而入，故其路謂之神道。漢有《嵩山大室神道石闕銘》，與《説文》言"場"相應。《周禮》天神地祇不祭于屋下，大室立廟，亦不應禮。此但證廟有神道耳。其後墓道象之。孟子曰："孔子殁，子貢築室於場。"則墓有神道矣①。自漢以降，碑、表二名轉相亂，及今無有知神道爲廟制者。墓前神道始見《漢·李廣傳》，及晉神道猶在碑前爲二石柱，《水經·陰溝水注》：渦水南有譙定王窆。窆前有碑，碑南二百許步，有兩石柱，高丈餘，石牓云："晉故使持節散騎常侍都督揚州江州諸軍事安東大將軍譙定王河内温司馬公墓之神道。"是神道與碑爲二。而晚世槩稱爲神道碑。② 守文不綜其實，因以盲瞽。

觀漢世刻石，稱銘者記其物，稱頌者道其辭，斯則刻石皆頌也。周制天子始有頌，記言善頌善禱，謂善形容，非真作頌。漢則下逮庶官，名號從是弛矣。昔魯有《駉頌》，自季孫行父請周，而史克作之。漢楊雄爲《趙充國頌》，猶奉天子命也。《文章緣起》曰："漢惠帝始爲四皓碑。"猶帝者賜之也。今以匹士專作頌辭，與賤者誄貴等。雖然，自朱穆、蔡邕私立謚號，荀爽聞而非之。張璠以爲謚者上之所贈，非下之所造，朱、蔡各以衰世臧否不立，故私議之。準是，則立碑固不可訓。後漢士庶，專務朋游，故吏私人，黨附舊主；鴟梟之惡，喻以鳳皇；斗筲之材，比於伊、管。稱譽過情，有亂觀聽。晉武帝以石獸碑表私褒長僞，下詔禁之，犯者雖會赦皆當毁壞。見《宋書·禮志》。③ 延及宋世，裴松

---

① "墓"，初版本作"廟"。
② "墓前神道……爲神道碑。"初版本無。
③ "晉武帝……當毁壞。"及注文，初版本無。

之以良史陪屬，申議禁斷①，誠懼其妨正也。《唐律》："諸在官長吏，實無政迹，輒立碑者，徒一年；若遣人妄稱己善，申請於上者，杖一百；有臧重者坐臧論，受遣者各減一等。"然猶許死者立碑，爲之等制。夫生人立碑則亂政，死者立碑則亂史。生人遣人有臧，爲死者遣人獨無臧邪？漢世碑文，本頌之別，雖有陳序，則考績揚搉之辭，不增其事，文勝質，故不爲史官所取，無害于方策。唐世漸失其度，其後浸淫變爲序事，與別傳同方。別傳幸有他人所作，辭有進退，不壹於襃揚。碑即自子孫興金乞貸，其言不得不美，既述其事，虛張功狀，覘之若真，終於貞僞掍殽，爲史秕稗，可無斷乎！漢之立碑，或爲處士名德，民所鄉往；今乃壹爲尸位之夫，乞米以爲傳，昔人所郵。今雖不爲史官，乞米猶易，顧炎武所以惡言"義取"者也。

又自胡元以降，金石略例，代有增損。既崇時制，時制不適，又以前世爲準。典度雜糅，未知所鄉。今舉其要者數事：三公稱"公"，九卿稱"卿"，此漢制也。晉世無爵者謚稱子。《唐六典》：大常博士曰："凡王公以上擬謚，皆迹其功德而爲之襃貶，無爵稱子。"則知王及五等舉爵，三公稱公。唐世如陸贄、韓愈皆未至三公，亦無爵邑，若舉其謚，當云宣子、文子耳。而當時已云宣公、文公，此不應法。②今世既無三公，乃以三品以上篹乏③，自下即稱曰"君"。漢世賜爵，自列侯至五大夫輩，通得言"君"。高帝詔曰："七大夫公乘以上皆

---

① "申"，初版本作"陳"。
② "晉世……三公稱公。"及注文，初版本無。
③ "篹乏"，初版本、浙本均誤，應作"簭乏"。《左傳·昭十一年》："僖子使助簭氏之簭。"杜預注："簭，副倅也。"《廣雅疏證》："副倅，即充備之意。"

高爵也,爵或人君,上所尊禮。"是其證。又案:秦制二十級爵,惟兩漢踵行之,三國以還更不襲用。而晉武帝即位詔云:"賜民爵五級。"宋武帝、明帝、齊高帝、陳武帝即位詔皆云:"賜民爵二級。"若非具文,則是承襲漢制,以其輕賤,故史志不載邪。① 買爵既易,宜無有不君者。昔人稱君,非專用于碑誄,自作書疏亦以稱焉。索靖《月儀》十八章首尾皆署"君白";沈約《捨身願疏》首署"優婆塞沈君敬白十方三世諸佛";徐陵《與王僧辯書》首尾皆署"孤子徐君頓首",《與章司空昭達書》首署"君白",末署"徐君呈",《荅諸求官人書》末署"徐君白",《荅族人梁東海大守書》末署"君問"。若云尊者與卑,則不應施于諸佛及大尉、司空也;若云門下迻書避其主諱,則索靖《月儀》相承以爲靖手書也。意當時列侯卿尹皆自稱君,猶大史公之自署耳。索、沈皆侯,索至後將軍,沈至尚書令,徐後亦至尚書僕射建昌縣侯。惟與僧辯書時階位尚卑,豈後人追改乎? 又宋王僧達《祭顏光祿文》,稱"王君以山羞野酌敬祭顏君之靈",齊劉善明欲以沙門僧巖應舉三書譬曉,末皆署"劉君白荅",似非後人追加,以僧達封寧陵侯,善明封新塗伯耳。《顏氏家訓·風操》篇云:"昔者王侯自稱孤、寡、不穀。自茲以降,皆稱名。江南輕重,各有謂號,具諸書儀。北人多稱名者,乃古之遺風。"省此則稱君者,當依爵論。而江左、晉、宋之五等侯,秩在開國子、男下。陳承梁制,湯沐食侯第七品,鄉亭侯第八品,並視千石,關中、關外侯第九品,視六百石,則亦財比漢之五大夫也,品秩相擬,當時守令,自可稱君。近世則五等之貴班踰執政,非其比矣。② 方今封爵至吝,下執事而君稱之,斯何禮也? 若循時制,文官五品以上稱"大夫",六品以下稱"郎";武官二品以上稱"將軍",三品以下稱"都尉",五品以下稱"騎尉",八品以下稱"校尉"。題曰"某官某大夫"、"某官某郎"、"某官某將軍",自下準此,如是

---

① 初版本無此注。
② 初版本無此注。

亦給矣。今題封贈于上,書"某公"、"某君"于下,"大夫"、"將軍"而言"公","郎"、"校尉"而言"君",按,《安陸昭王碑文》稱"公"者,時實贈司徒;《竟陵文宣王行狀》稱"蕭公"者,時實爲大傅,非今人所可藉口。稱名相駮,其詭一也。漢世大守所居稱"府",因以號"府君"。自漢世祖、宋武帝以稱其祖,不追王,故舉其下者尊之。今士庶並題其父曰"府君"。身無半通青綸之命,而有連城剖符之號,其詭二也。周制:"天子曰'崩',諸侯曰'薨',大夫曰'卒',士曰'不禄',庶人曰'死'。"赴於他國,雖君猶稱"不禄";赴於君,雖大夫、士謂之"死"。唐制二品以上稱"薨",五品以上稱"卒",自六品達於庶人稱"死"。見《唐書·百官志》"禮部郎中員外郎"下。① 今度制既無明文,劝于官通言"身故"②。若從時制,當書"故",不得書"卒",書"卒"即背于今。大學士、督撫諸官,或則書"薨"。唐制二品言"薨"有明文③,其輔臣大吏④,多有封爵,書"薨"可也。今無爵,則不得比諸侯,非諸侯書"薨"又背于古,其詭三也。

且刻石皆銘也。自漢訖今,或前爲記敘,後繫以銘,記敘已刻石,非銘云何?名實不辨,而瑣瑣以言式例,其諸比于"放飯流歠,問無齒決"者歟⑤。《詩傳》曰"作器能銘","可以爲大夫"者。有其器,斯銘之;無其器,斯不銘矣。今世葬無窆石,廟不麗牲,而空立石爲碑,名實既爽,則碑可以廢。余念爲一人述事者,固有別傳。爲神廟興作識其年歲者,刻石作記可也。昔元魏修野王孔子廟,劉明等以爲"宣尼大聖,非碑頌所稱,宜立

---

① "唐制……稱'死'。"及注文,初版本無。
② 此句初版本作"劝于官則曰'身故'"。
③ 此句初版本作"唐宋之世"。
④ "其",初版本無。
⑤ "其諸比于",初版本作"古者謂之"。"歟",初版本作"也"。

記"。其文曰:"仲尼傷道不行,欲北從趙鞅,聞殺鳴鐸,遂旋車而反。及其後也,晉人思之,于大行嶺南爲之立廟,蓋往時回轅處也。"見《水經·沁水注》。此則記之與頌,在石有殊。漢世亦嘗作《周公禮殿記》,今立廟者宜以爲法。其有山谷之士,獨行之賢,不見記録,而芳烈在民,立祠堂以昭來許,宜序其行事而已。若夫封墓以爲表識,臧志以防發掘,此猶隨山栞木,用記地望,本非文辭所施。世言孔子題季札墓,其情僞不可知。就今所摹寫者,財有題署,固無記述之文。墓志始作自項伯《水經·洹水注》:"元嘉六年,安陽大水,破墳得一塼,刻云:'項氏伯無子,七女造椁。'"及王莽大司徒甄邯①,見《南史·何承天傳》。邯志有題署②,無文辭。及張氏《穿中記》,傅玄爲《江夏大守任君墓誌銘》③,文稍縟矣。按《南齊書·禮志》云:"墓銘不出禮典。近宋元嘉中,顔延之作《王球石志》,素族無碑策,故以紀德。自爾以來,王公以下,咸共遵用。儲妃之重,禮殊恒列。既有哀策,謂不須石志。"是則石志緐辭以代碑表耳。若復兩作,是乃辭費。④ 後生作者,梧酒之愛,自謂久要;百年之化,悲其夭枉。于情爲失衷,于事爲失順。淫溢不節,權厝亦爲之志。宋《張推兒墓志》云:"元徽元年十月甲辰十七日庚申,權假窆岁於西鄉。"則此事起于南朝。⑤ 作志之情,本以陵谷變遷,慮及久遠。權厝者,數年之事,當躬自發掘之,于是作志,又違其本情矣。若斯之倫,悉當約省盈辭,裁奪虛作。墨翟、楊王孫之事,雖不可作,要之,慎終追遠,貴其樸質者也。

---

① "墓志……甄邯",初版本作"墓志始作,自王莽大司徒甄邯",無注文。
② "邯志",初版本作"亦"。
③ 初版本無此句。
④ 初版本無此注。
⑤ 初版本無此注。

下卷　諸子學九篇

原學

世之言學，有儀刑他國者，有因仍舊貫得之者。細徵乎一人，其鉅徵乎邦域。荷蘭人善行水，日本人善候地震：因也。山東多平原大壇，故騶魯善頌禮；關中四塞便騎射，故秦隴多兵家；海上蜃气象城闕樓櫓，怳萃變眩，故九州、五勝怪迂之變在齊稷下：因也，地齊使然。周室壞，鄭國亂，死人多而生人少，故列子一推分命，歸於厭世，"御風而行"，以近神仙。族姓定，階位成，貴人之子，以武健陵其下，故釋迦令桑門去氏，比于四水入海而鹹淡無別。希臘之末，甘食好樂，而俗淫洒，故史多揭家務爲艱苦，作自裁論，冀脫離塵垢，死而宴樂其魂魄。此其政俗致之矣。雖一人亦有舊貫，《傳》曰："良弓之子，必學爲箕；良冶之子，必學爲裘。"故浮屠之論人也，鍛者鼓囊以吹爐炭，則教之調气；浣衣者刮摩垢薉，而諭之觀腐骨。各從其習，使易就成，猶引繭以爲絲也。然其材性發舒，亦往往有長短。短者，執舊不能發牙角；長者，以曩之一得今之十。是故九流皆出王官，及其發舒，王官所不能與。官人守要，而九流究宣其義，是以滋長。短者，即循循無所進取。

通達之國，中國、印度、希臘，皆能自恢彉者也。其餘因舊而益短拙，故走他國以求儀刑。儀刑之與之爲進，羅甸、日耳曼是矣；儀刑之不能與之爲進，大食、日本是矣；儀刑之猶半不成，吐蕃、東胡是矣。夫爲學者，非徒博識成法，挾前人所故有也。有所自得，古先正之所覬蟄，賢聖所以發憤忘食，員輿之上，諸老先生所不能理，往釋其惑，若端拜而議，是之謂學。亡自得者，足以爲師保，不與之顯學之名。視中國、印度、日本，則可知已。日本者，故無文字，襍取晉世隸書、章草爲之，又稍省爲假名。言與文繆，無文而言學，已惡矣。今庶藝皆刻畫遠西，什得三四。然博士終身爲寫官，更五六歲，其方盡，復往轉販。一事一義，無匈中之造，徒習口説而傳師業者，王充擬之，猶郵人之過書，門者之傳教。《論衡•定賢》篇。古今書教工拙誠有異，郵與閽皆不與也。中國、印度自理其業，今雖衰，猶自恢彉，其高下可識矣。貸金尊于市，不如己之有蒼璧、小璣，況自有九曲珠足以照夜！厥夸毗者，惟彊大是信，苟言方略可也，何與于學？夫儀刑他國者，惟不能自恢彉，故老死不出譯胥鈔撮。能自恢彉，其不亟于儀刑，性也，然世所以侮易宗國者。

諸子之書，不陳器數，非校官之業、有司之守，不可按條牒而知。徒思猶無補益，要以身所涉歷中失利害之端，回顧則是矣。諸少年旣不更世變，長老又浮夸少慮，方策雖具，不能與人事比合。夫言兵莫如《孫子》，經國莫如《齊物論》，皆五六千言耳。事未至，固無以爲候，雖至，非素練其情，涉歷要害者，其效猶未易知也。是以文久而滅，節奏久而絶。案《孫子》十三篇，今日本治戎者，皆歎爲至精，由其習于兵也。《莊子•齊物論》，則未有知爲人事之樞者，由其理趣華深，未易比切，而橫議之士、夸者之流，又心忌其害己，是以卒無知者。余向者誦其文辭，理其訓詁，求其義旨，亦且二十餘歲矣，卒如浮海不得祈禳。涉歷世變，乃始譧然理解，知其剴切物情。《老子》五千言亦與是類，文義差明，不知者多以清談忽之，或以權術擯之。有嚴復者，立說差異，而多附以功利之說。此徒以斯賓塞輩論議相校耳，亦非由涉歷人事而得之也。卽有陳器數者，今則愈古。謂歷史、典章、訓詁、音韻之屬。故書有諟録平議以察，今之良書，無諟録平議，不足以察，而游食交會者又邑之。游食交會，學術之帷蓋也，外足以飾，内足以蔽人，使後生徎徎無所擇。以是旁求顯學，期于四裔。四裔誠可效，然不足一切穎畫以自輕鄙。何者？飴、致、酒、酪，其味不同，而皆可于口。今中國之不可委心遠西，猶遠西之不可委心中國也。

校術誠有詘，要之短長足以相覆。今是天籟之論，遠西執理之學弗能爲也；遺世之行，遠西務外之德弗能爲也；十二律之管，吹之，擣衣、舂米皆效情，遠西履弦之技弗能爲也；神輸之鍼、灼艾之治，於足治頭，於背治匈，遠西刲割之醫弗能爲也；氏族之諜、紀年之書，世無失名，歲無失事，遠西闊略之史弗能爲也。不定一尊，故笑上帝；不邇封建，故輕貴族；不獎兼并，故棄代議；不誣烝民，故重滅國；不恣獸行，故別男女；政教之言，愈于彼又遠。下及百工將作，築橋者壘石以爲空闊，旁無支柱，而千年不壞；織綺者應聲以出章采，奇文異變，因感而作，猶自然之成形，陰陽之無窮；傅子說馬鈞作綾機，其巧如此。然今織師往往能之。割烹者斟酌百物以爲和味，堅者使毻，淖者使清，洦者使腴，令菜茹之甘美於芻豢；次有圍棋、柔道，其巧疑神；孰與木杠之窳、織成之拙、牛觝之嚇、象戲之鄙、角抵之鈍？又有言文歌詩，彼是不能相貿者矣。

夫贍于己者，無輕效人。若有文木，不以青赤彫鏤，惟散木爲施鏤。以是知儀刑者散，因任者文也。然世人大共儦棄，以不類遠西爲恥。余以不類方更爲榮，非恥之分也。《老子》曰："天下皆謂我道大，似不肖。夫惟大，故似不肖。若肖，久矣其細也夫！"此中國、日本之校已。

原儒

儒有三科,關達、類、私之名。達名爲儒:儒者,術士也。《說文》。大史公《儒林列傳》曰"秦之季世阬術士",而世謂之"阬儒"。司馬相如言:"列僊之儒,居山澤閒,形容甚臞。"《漢書·司馬相如傳》語,《史記》"儒"作"傳",誤。趙大子悝亦語莊子曰:"夫子必儒服而見王,事必大逆。"《莊子·說劍》篇。此雖道家方士言儒也。《鹽鐵論》曰:"齊宣王襃儒尊學,孟軻、淳于髡之徒受上大夫之禄,不任職而論國事。蓋齊稷下先生千有餘人,湣王矜功不休,諸儒諫不從,各分散。慎到、捷子亡去,田駢如薛,而孫卿適楚。"《論儒》。王充《儒增》、《道虛》、《談天》、《說日》、《是應》舉儒書所稱者,有魯般刻鳶;由基中楊;李廣射寢石,矢没羽;荆軻以匕首摘秦王,中銅柱入尺;女媧銷石;共工觸柱;觟䚦治獄;屈軼指佞;黄帝騎龍;淮南王犬吠天上,鷄鳴雲中;日中有三足烏,月中有兔蟾蜍。是諸名籍,道、墨、刑法、陰陽、神仙之倫,旁有雜家所記,列傳所録,一謂之儒,明其皆公族。

儒之名蓋出於需。需者,雲上于天,而儒亦知天文,識旱潦。何以明之?鳥知天將雨者曰"鷸",《說文》。舞旱暵者以爲衣冠,《釋鳥》:"翠,鷸。"是鷸即翠。《地官·舞師》:"教皇舞,帥而舞旱暵之事。"《春官·樂師》有皇舞。故書"皇"皆作"䍿"。鄭司農云:"䍿舞者,以羽覆冒頭上,衣飾翡翠之羽。"尋旱暵求雨而服翡翠者,以翠爲知雨之鳥故。鷸冠者,亦曰術氏冠,《漢·五行志注》引《禮圖》。又曰圜冠。莊周言:"儒者冠圜冠者知天時,履句履者知地形,緩佩玦者事至而斷。"《田子方》篇文,《五行志注》引《逸周書》文同《莊子》,圜字作"鷸"。《續漢書·輿服志》云:"鷸冠前圜。"明靈星舞子,吁嗟以求雨者謂之儒,故曾晳之狂而志舞雩,原憲之狷而服華冠,華冠,亦名建華冠。《晉書·輿服志》以爲卽鷸冠。華、皇亦一聲之轉。皆以忿世爲巫,辟易放志於鬼道。陽狂爲巫,古所恒有,曾、原二生之志,豈以靈保自命哉?董仲舒不喻斯旨,而崇飾土龍,乞效蝦蟆,燔骴薦脯,以事求雨,其愚亦甚。古之儒知天文占候,謂其多技,故號徧施於九能,諸有術者悉晐之矣。

類名爲儒:儒者,知禮、樂、射、御、書、數。《天官》曰:"儒,以道得民。"説曰:"儒,諸侯保氏,有六藝以教民者。"《地官》曰:"聯師儒。"説曰:"師儒,鄉里教以道藝者。"此則躬備德行爲師,效其材藝爲儒。養由基射白蝯,應矢而下;尹儒學御三年,受秋駕。《吕氏》曰:"皆六藝之人也。"《吕氏春秋·博志》篇。明二子皆儒者,儒者則足以爲楨榦矣。

私名爲儒:《七略》曰:"儒家者流,蓋出於司徒之官,助人君順陰陽、明教化者也。游文于六經之中,留意於仁義之際,祖述堯、舜,憲章文、武,宗師仲尼,以重其言,于道爲取高。"周之衰,保氏失其守,史籀之書、商高之算、蠭門之射、范氏之御,皆不自儒者傳。故孔子曰:"吾猶及史之闕文也,有馬者借人乘之,今亡矣夫。"蓋名、契亂,執轡調御之術,亦浸不正。自詭鄙事,言"君子不多能",爲當世名士顯人隱諱。及《儒行》稱十五儒,《七略》疏《晏子》①以下五十二家,皆粗明德行政教之趣而已,未及六藝也。其科于《周官》爲師,儒絕而師假攝其名。然自孟子、孫卿,多自擬以天子三公,智效一官,德徵一國,則劣矣。而末流亦彌以譁世取寵。及酈生、陸賈、平原君之徒,餔歠不廉,德行亦敗,乃不如刀筆吏。

是三科者,皆不見《五經》家。往者,商瞿、伏勝、穀梁赤、公羊高、浮北伯、高堂生諸老,《七略》格之,名不登於儒籍。若《孫卿書敘録》云:"韓非號韓子,又浮北伯,皆受業爲名儒。"此則韓非、浮北並得名儒之號,乃達名矣。《鹽鐵論·毀學》篇云:"包北子修道白屋之下,樂其志。"或亦非專治經者。儒者游文,而《五經》家專致,《五經》家骨鯁守節過儒者,其辯智弗如。傳經之士,古文家吴起、李克、虞卿、孫卿而外,知名于七國者寡。儒家則孟子、孫卿、魯連、甯越,皆有顯聞。蓋《五經》家不務游説,其才亦未逮也。至漢,則《五經》家復以其術取寵,本末兼隕。然古文家獨異是。古文家務求是,儒家務致用,亦各有適。兼之者,李克、孫卿數子而已。《五經》家兩無所當,顧欲兩據其長,《春秋》斷獄之言,遂爲厲于天下。此其所以爲異。自大史公始以儒林題齊、魯諸生,徒以潤色孔氏遺業,又尚習禮樂弦歌之音,鄉飲大射,事不違藝,故比而次之。及漢有董仲舒、夏侯始昌、京房、翼奉之流,多推五勝,又占天官風角,與鶡冠同流,草竊三科之閒,往往相亂。晚有古文家出,實事求是,徵於文不徵於獻,諸在口説,雖游、夏猶黜之。斯蓋史官支流,與儒家益絕矣。

冒之達名,道、墨、名、法、陰陽、小説、詩賦、經方、本艸、著

---

① "晏子",浙本作"宴子",今從初版本改。

黿、形法,此皆術士,何遽不言儒?局之類名,蹴鞠、弋道近射,歷諲近數,調律近樂,猶虎門之儒所事也。若以類名之儒言,趙爽、劉徽、祖暅之明算,杜夔、阮咸、萬寶常之知樂,悉古之真儒矣。今獨以傳經爲儒,以私名則異,以達名、類名則偏。要之題號由古今異,儒猶道矣。儒之名於古通爲術士,於今專爲師氏之守。道之名於古通爲德行道藝,於今專爲老聃之徒。道家之名,不以題諸方技者,嫌與老氏挹也。傳經者復稱儒,即與私名之儒殽亂。《論衡·書解》篇曰:"箸作者爲文儒,説經者爲世儒。世儒易爲。文儒之業,卓絶不循。彼虚説,此實篇。"案,所謂文儒者,九流、六藝、大史之屬;所謂世儒者,即今文家。以此爲別,似可就部。然世儒之稱,又非可加諸劉歆、許慎也。孔子曰:"今世命儒亡常,以儒相詬病。"謂自師氏之守以外,皆宜去儒名便,非獨經師也。以三科悉稱儒,名實不足以相檢,則儒常相伐。故有理情性,陳王道,而不麗保氏,身不跨馬,射不穿札;即與駁者,則以呰窳詬之,以多藝匡之。是以類名宰私名也。有審方圓,正書名,而不經品庶,不念烝民疾疚,即與駁者,則以他技詬之,以致遠匡之。是以私名宰類名也。有綜九流,齎萬物,而不一孔父,不甓甍爲仁義;即與駁者,則以左道詬之,以尊師匡之,是以私名宰達名也。今令術士、藝人閎眇之學,皆棄捐儒名,避師氏賢者路,名喻則争自息。不然,儒家稱師,藝人稱儒,其餘各名其家,汎言曰學者;旁及詩賦,而汎言曰文學,文學名見《韓子》,蓋亦七國時汎稱也。亦可以無相鏖矣。禮、樂世變易,射、御於今麤粗,無參連、白矢、交衢、和鸞之技,獨書、數仍世益精博。凡爲學者,未有能捨是者也。三科雖殊,要之以書、數爲本。

原道上

孔父受業於徵藏史①,韓非傳其書。儒家、道家、法家,異也,有其同。莊周述儒、墨、名、法之變,已與老聃分流,盡道家也,有其異。是樊然者,"我乃知之矣"。老聃據人事嬗變,議不踰方。莊周者,旁羅死生之變、神明之運,是以鉅細有校。儒、法者流,削小老氏以爲省,終之,其殊在量,非在質也。然自伊尹、大公有撥亂之材,未嘗不以道家言爲急。《漢·藝文志·道家》有《伊尹》五十一篇,《大公》二百三十七篇。迹其行事,以閒諜欺詐取人,異於儒、法,今可見者,猶在《逸周書》。故周公詆齊國之政,而仲尼不稱伊、吕。《管子》者,祖述大公,謂之小器,有由也。《管子》八十六篇亦在道家。

老聃爲周徵藏史,多識故事,約《金版》、《六弢》之旨,箸五千言以極其情,則伊、吕亡所用,亡所用故歸於樸。若墨翟守城矣,巧過於公輸般,故能壞其攻具矣。談者多以老聃爲任權數,其流爲范蠡、張良。今以莊周《胠篋》、《馬蹄》相角,深黜聖知,爲其助大盜,豈遽與老聃異哉!老聃所以言術,將以撣前王之隱慝,取之玉版,布之短書,使人人戶知其術則術敗。會前世簡

---

① "徵臧史",初版本作"徵藏史"。"藏"字均從浙本作"臧"。後不復注。

畢重滯,力不行遠,故二三姦人得因自利。及今世有赫蹏雕鏤之技,其書徧行,雖權數亦幾無施矣。老聃稱:"古之善爲道者,非以明民,將以愚之。民之難治,以其智多。"愚之何道哉?以其明之,所以愚之。今是駔儈則欺罔人,然不敢欺罔其類,交知其術也,故耿介甚。以是知去民之詐,在使民戶知詐。故曰:"以智治國國之賊,不以智治國國之福,知此兩者亦稽式。"何謂稽式?謂人有發姦擿伏之具矣。粵無鏄,燕無函,秦無盧,胡無弓車,夫人而能之,則工巧廢矣。"常知稽式,是謂玄德。玄德深遠,而與物反。"伊尹、大公、管仲雖知道,其道,盜也。得盜之情以網捕者,莫若老聃。故老聃反於王伯之輔,同於莊周。嬗及儒家,痟矣。若其開物成務,以前民用,玄家弗能知,儒者楊雄之徒亦莫識也。知此者韓非冣賢。凡周秦解故之書,今多亡佚,諸子尤寡。《老子》獨有《解老》、《喻老》二篇。後有説《老子》者,宜據《韓非》爲大傳,而疏通證明之,其賢於王輔嗣遠矣。《韓非》他篇亦多言術,由其所習不純,然《解老》、《喻老》未嘗襍以異説,蓋其所得深矣。非之言曰:"先物行、先理動之謂前識。前識者,無緣而妄意度也。""以詹何之察①,苦心傷神,而後與五尺之愚童子同功。""故曰:'前識者,道之華也,而愚之首也。'"《喻老》②。夫不事前識,則卜筮廢,圖讖斷,建除、堪輿、相人之道黜矣。巫守既絶,智術穿鑿,亦因以廢,其事盡於徵表。此爲道藝之根,政令之原。是故私智不效則問人,問人不效則求圖書,圖書不效則以身按驗。故曰"絶聖

---

① "詹何",《韓非子·解老第二十》作"詹子"。
② "《喻老》",當作"《解老》"。引文見《韓非子·解老第二十》。

棄智"者，事有未來，物有未覩，不以小慧隱度也。"絕學無憂"者，方策足以識梗槩。古今異、方國異、詳略異，則方策不獨任也。"不上賢使民不爭"者，以事觀功，將率必出於介胄，宰相必起于州部；不貴豪傑，不以流譽用人也。按，不上賢之說，歷世守此者寡。漢世選吏多出掾史，猶合斯義。及魏晉閒而專徇虛名矣。其後停年格興，弊亦差少。選曹之官，卽古司士，所不得廢也。觀遠西立憲之政，至于朋黨爭權，樹標揭鼓，以求選任。處大官者，悉以苞苴酒食得之。然後知老子、韓非所規深遠矣。顧炎武、黃宗羲皆自謂明習法制，而多揚破格用人之美，攻選曹拘牽之失。夫烏知法！

名其爲簡，緐則如牛毛，夫緐故足以爲簡矣，劇故足以爲整暇矣。莊周因之以號《齊物》。齊物者，吹萬不同，使其自己。官天下者，以是爲北斗招搖。不慕往古，不師異域，清問下民，以制其中。故相地以衰征，因俗以定契自此始。韓非又重申束之曰："凡物之有形者，易裁割也。何以論之？有形則有短長，有短長則有小大，有小大則有方圓，有方圓則有堅脆，有堅脆則有輕重，有輕重則有黑白。短長、小大、方圓、堅脆、輕重、黑白之謂理①，理定而物易割。故議於大庭而後言則立，權議之士知之矣。故欲成方圓而隨其規榘，則萬物之功形矣。萬物莫不有規榘。議言之士，計會規榘也。聖人盡隨於萬物之規榘，故曰：'不敢爲天下先。'"《解老》。推此以觀，其用至孅悉也。

玄家或佚蕩爲簡，猶高山之與深淵、黑漆之與白堊也。玄家之爲老，息廢事服，吟嘯以忘治亂。韓非論之曰："隨時以舉

---

① "黑白"，初版本作"白黑"。

事,因資而立功,用萬物之能,而獲利其上,故曰:'不爲而成。'"《喻老》。明不爲在于任官,非曠務也。又曰:"法令滋章,盜賊多有。"玄家以爲老聃無所事法。韓非論之曰:"一人之作,日亡半日,十日亡五人功。萬人之作,日亡半日,十日亡五萬人功矣。然則數變業者,其人彌衆,其虧彌大。"《解老》。明官府徵令,不可亟易,非廢法也。綜是數者,其要在廢私智,絕縣媒。不身質疑事,而因衆以參伍。非出史官周于國聞者,誰與領此?然故去古之宥,成今之別,其名當,其辭辯,小家珍說無所容其迂。諸以僞抵讕者,無所閱其姦欺。老聃之言,則可以保傅人天矣。大匠不斲,大庖不豆,故《春秋》、寶書之文,任之孔、左。斷神事而公孟言無鬼,尚裁制而公孫論堅白,貴期驗而王充作《論衡》,明齊物而儒、名、法不道天志。按,儒家、法家皆出于道,道則非出于儒也。韓愈疑田子方爲莊子師。按,《莊子》所稱鉅人明哲,非獨一田子方。其題篇者,又有則陽、徐無鬼輩,將悉是莊子師邪?俗儒又云:"《莊子》述《天下》篇,首列《六經》,明其尊仰儒術。"《六經》者,周之史籍,道、墨亦誦習之,豈專儒家之業?

　　老子之道,任于漢文。而大史公《儒林列傳》言孝文帝本好刑名之言,是老氏固與名、法相倚也。然孝文假借便佞,令鄧通鑄錢布天下①,既詩刑名之術;信任爰盎,淮南之獄,不自責躬,而遷怒縣傳不發封者,枉殺不辜,戾法已甚,豈老氏所以涖政哉!若其責歲計于平、勃;聽處當于釋之;賈生雖賢,非歷試則

---

① 初版本"布"下有"滿"字。

不任以卿相；亞夫雖傑，非勞軍則不屬以吳、楚；斯中老氏之繩尺矣。① 蓋公、汲黯以清净不擾爲治，特其一尚。世人云："漢治本于黄老。"然未足盡什一也。諸葛治蜀，庶有冥符。夫其開誠心，布公道，盡忠益時者，雖讎必賞；犯法怠慢者，雖親必罰；服罪輸情者，雖重必釋；游辭巧飾者，雖輕必戮。庶事精練，物理其本，循名責實，虚僞不齒。聲教遺言，經事綜物，文采不艷，而過于丁寧周至。公誠之心，形于文墨，老氏所經，蓋盡于此。諸葛之缺，猶在上賢。劉巴方略未箸，而云："運籌帷幄，吾不如子初遠矣。"馬謖言過其實，優于兵謀，非能親泣行陳者也，而違衆用之，以取覆敗。蓋漢末人士，務在崇獎虚名，諸葛亦未能自外爾。漢世學者，數言救僿以忠，終其所尚，乃在正朔、服色、徽識之間。不悟禮爲忠信之薄，外炫儀容，適與忠反。不有諸葛，誰知其所底哉？杜預爲黜陟課，云："使名不越功而獨美，功不後名而獨隱。"亦有不上賢遺意。韓延壽治郡，謝安柄國，並得老氏緒言。而延壽以奢僭致戮，謝安不綜名實，皆非其至。其在下者，談、遷父子其箸也。道家出於史官，故史官亦貴道家。然大史持論，過在上賢，不察功實。李廣數敗而見稱，鼂錯立效而被黜，多與道家背馳，要其貴忠任質則是也。黃生以湯武弑君，此不明《莊子》意者。七國齊、晉之主，多由强臣盜位，故莊生言之則爲抗。漢世天位已定，君能恣行，故黃生言之則爲諂。要與伊、吕殊旨，則猶老氏意也。楊王孫之流，徒有一節，未足多尚。晉世嵇康，憤世之流，近於莊氏；李充亦稱老子，而好刑名之學，深抑虚浮之士；阮裕謂人不

---

① "若其貴歲……繩尺矣。"初版本無。

須廣學，應以禮讓爲先，皆往往得其微旨。葛洪雖抵拒老、莊，然持論必與前識、上賢相反。故其言曰："叔向之母、申氏之子，非不一得，然不能常也。陶唐稽古而失任，姬公欽明而謬授，尼父遠得崇替於未兆，近失澹臺於形骸，延州審清濁於千載之外，而蔽奇士於咫尺之內。知人之難，如此其甚。郭泰所論，皆爲此人過上聖乎！但其所得者，顯而易識；其失者，人不能紀。"《抱樸子·清鑒》篇。是亦可謂崇實者矣。

若夫扇虛言以流聞望，借玄辭以文膏粱，適與老子尚樸之義相戾。然則晉之亂肇，遠起漢末。林宗、子將，實惟國蠹。禍始于前王，而釁彰于叔季。若屬上賢之戒，知前識之非，浮民夸士，何由至哉？《中論·考偽》篇曰："今之爲名者，巧人之雄、儇夫之傑，然中才之徒咸拜手而贊之，揚聲以和之，被死而後論其遺烈，被害而猶恨己不逮。"《譴交》篇曰："世之衰也，取士不由於鄉黨，考行不本於伐閱，多助者爲賢才，寡助者爲不肖。序爵聽無證之論，班禄采方國之훤，民見其如此者，知富貴可以從衆爲也，知名譽可以虛譁獲也。乃離其父兄，去其邑里，不修道義，不治德行，講偶時之説，結比周之黨，汲汲皇皇，無日以處。更相歎揚，迭爲表裏，檮杌生華，憔悴布衣，以欺人主、惑宰相、竊選舉、盜榮寵者，不可勝數。桓、靈之世，其甚者也。自公卿、大夫、州牧、郡守，王事不恤，賓客爲務。冠蓋填門，儒服塞道，饑不暇餐，倦不獲已，殷殷沄沄，俾夜作晝。下及小司，列城墨綬，莫不相商以得人，自矜以下士。星言夙駕，送往迎來，亭傳常滿。吏卒傳問，炬火夜行，闇寺不閉。把臂捥腕，扣矢[①]矢誓，

---

① "扣矢"，據原文當作"扣天"。

推託恩好,不較輕重。文書委於官曹,繫囚積於囹圄,而不皇省也。詳察其爲,非欲憂國恤民,謀道講德也。徒營己治私,求埶逐利而已。有策名於朝,而稱門生於富貴之家者,比屋有之。爲之師而無以教,弟子亦不受業。或奉貨行賂,以自固結,求志屬託,規圖仕進,然擲目指掌,高談大語。若此之類,言之獨可羞,而行之者不知恥。"是則林宗、子將之倫,所務可知。儒士爲之,誠不足異,而魏氏中世,道家猝起,不矯其失,彌益增華。莊生所云:上誠好知,"使民接迹諸侯之境,結軌千里之外","矯言僞行,以求富貴"者,宵乎如不聞也。^① 王粹嘗圖莊周於室,欲令嵇含爲贊。含援筆爲弔文曰:"帝塈王弘遠,華池豐屋,廣延賢彥,圖莊生垂綸之象,記先達辭聘之事。畫真人於刻桷之室,載退士於進趣之堂,可謂託非其所,可弔不可贊也。"《晉書·嵇含傳》。斯足以揚摧誠僞,平章白黑矣。

---

① "《中論·考僞》篇……宵乎如不聞也。"初版本無。

原道中

老聃不尚賢,墨家以尚賢爲極,何其言之反也! 循名異,審分同矣。老之言賢者,謂名譽、談説、才气也;墨之言賢者,謂材力、技能、功伐也。不尚名譽,故無朋黨;不尊談説,故無游士;不貴才气,故無驟官。然則材力、技能、功伐舉矣。

墨者曰:"以德就列,以官服事,以勞殿賞。"《尚賢上》篇。世之言賢,侈大而不可斠試。朝市之地,蕞井之間,揚微題褚,以衒其名氏。選者尚曰"任衆",衆之所與,不繇質情,徒一二人眩之也。會在戰國,姦人又因緣外交,自暴其聲,以輿馬、瑞節之間,而得淫名者衆。既不校練,功楛未可知。就有楨材,其能又不與官適。夫茹黃之駿,而不可以負重;橐佗之彊,而不可以從獵。不檢其材,猥以賢徧授之官,違分職之道,則管仲、樂毅交困。是故古之能官人者,不由令名,問其師學,試之以其事。事就則有勞,不就則無勞,舉措之分以此。故韓非曰:"視鍛錫而察青黃,區冶不能以必劍;水擊鵠鴈,陸斷駒馬,則臧獲不疑鈍利。發齒吻形容,伯樂不能以必馬;授車就駕,而觀其末塗,則臧獲不疑駑良。觀容服,聽辭言,仲尼不能以必士;試之官職,課其功伐,則庸人不疑於愚智。"《顯學》篇。此夫所謂不尚賢者也。尚賢者,非舍功實而用人;不尚賢者,非投鉤而用人。其所謂賢不同，故其名異。不徵其所謂而徵其名，猶以鼠爲璞矣。慎子蔽於埶，故曰："夫塊不失道，無用賢聖。"《莊子·天下》篇。汲黯蔽于世卿，故慎用人如積薪，使後來者居上。誠若二子言，則是名宗大族世爲政也夫！老聃曰："三十輻共一轂，當其無有車之用。挻埴以爲器，當其無有器之用。鑿戶牖以爲室，當其無有室之用。故有之以爲利，無之以爲用。"今處中者已無能矣，其左右又益罷，是重尪也。重尪者，安賴有君吏。明其所以任使者，皆股肱畢强，技術輻湊，明刑辟而治官職者也，則此言不尚賢者，非慎、汲之所守也。

君之不能，埶所跋矣。何者？辯自己成，藝自己出，器自己造之謂能，待輩羣而成者非能①。往古黔首，僻陋侗愚，小慧之士，得前民造作。是故庖犧作結繩，神農嘗百藥，黄帝制衣裳，少康爲秫酒，皆以其能登用爲長。後世官器既備，凡學道立方者，必有微妙之辯。巧夠之技，非絶人事苦心焦形以就，則不至。人君者，在黄屋羽葆之中，有料民聽事之勞矣。心不兩役，欲與疇人百工比巧，猶不得，況其至眊察者！君之能，盡乎南面之術矣。其道簡易，不名一器，下不比于瓦缶，上又不足當玉卮。又其成事皆待衆人，故雖庎地萬里，破敵鉅億，分之卽一人斬一級矣。大施鉤梯，鑿山通道，分之卽一人治一坡矣。其事至微淺，而籌策者猶在將吏。故夫處大官載神器者，佁人之功，則剽劫之類也。

己無半技，則奄尹之倫也。然不竟廢黜者，非謂天命所屬，

---

① 初版本"待"下無"輩"字。

與其祖宗之功足以垂遠也。《老子》固曰："無之以爲用。"君人者既不覺悟，以是自庶侈，謂名實皆在己。爲民主者，又彌自憙，是故《齊物》之論作，而達尊之位成。一國之中，有力不辯官府，而俗以之功，民以之慧，國以之華者，其行高世，其學鉅子，其蓺大匠，其辭瑰稱，有其一者，權藉雖薄也，其尊當比人主而已矣①！凡學術分科至博，而治官者多出于習政令。漢嘗黜九流，獨任吏，次卽賢良、文學。賢良、文學既褊陋，而吏識王度，通故事，又有八體之技，能窺古始，自優于賢良、文學也。今卽習政令取易，其他皆刳心。習易者擅其威，習難者承流以仰欷唾。不平，是故名家有去尊。見《原名》篇。凡在官者名曰"僕役"，僕役則服囚徒之服，當其在官，不與齊民齒。

---

① "比"，初版本作"擬"。

原道下

人君者，剽劫之類，奄尹之倫。老聃明君術，是同於剽劫、奄尹也？曰：異是。道者，内以尊生，外以極人事，筦析之以盡學術，非獨君守矣。故韓非曰："道者，萬物之所然，萬理之所稽也。理者，成物之文；道者，萬物之所以成。""物有理不可以相薄"，"而道盡稽萬物之理，故不得不化；不得不化，故無常操。無常操，是以死生气稟焉，萬智斟酌焉，萬事廢興焉。天得之以高，地得之以臧，維斗得之以成其威，日月得之以恒其光，五常得之以常其位，列星得之以端其行，四時得之以御其變气，軒轅得之以擅四方，赤松得之與天地統，聖人得之以成文章。道與堯、舜俱智，與接輿俱狂，與桀、紂俱滅，與湯、武俱昌。"譬諸歙水，"溺者多歙之即死，渴者適歙之即生"。譬若劍戟，"愚人以行忿則禍生，聖人以誅暴則福成。故得之以死，得之以生，得之以敗，得之以成"。《解老》。此其言道，猶浮屠之言如邪。譯皆作"真如"，然本但一如字。有差别此謂理，無差别此謂道。死生、成敗皆道也，雖得之猶無所得，《齊物》之論，由此作矣。韓非雖《解老》，然佗篇娖娖以臨政爲齊，反於政必黜，故有《六反》之訓、《五蠹》之詆。夫曰"斬敵者受賞，而高慈惠之行；拔城者受爵禄，而信廉愛之説；堅甲厲兵以備難，而美薦紳之飾；富國以農,距敵恃卒,而貴文學之士;廢敬上畏法之民,而養游俠私劍之屬。舉行如此,治強不可得也。"《五蠹》。

然不悟政之所行與俗之所貴,道固相乏。所賞者當在彼,所貴者當在此。今無慈惠廉愛,則民爲虎狼也;無文學,則士爲牛馬也。有虎狼之民、牛馬之士,國雖治,政雖理,其民不人。世之有人也,固先於國。且建國以爲人乎?將人者爲國之虛名役也?韓非有見於國,無見於人;有見於羣,無見於孑。政之弊,以衆暴寡,誅嚴穴之士。法之弊,以愚割智。"無書簡之文,以法爲教;無先王之語,以吏爲師。"《五蠹》。今是"有形之類,大必起於小;行久之物,族必起於少。"《喻老》。韓非之所知也。衆所不類,其終足以立烝民;蓬艾之閒,有陶鑄堯、舜者,故衆暴寡非也。其有回邐亂常、與衆不適者,法令所不能治,治之益甚。民以情僞相攻,卽自敗。故《老子》曰:"常有司殺者殺。夫代司殺者殺,是謂代大匠斲。"韓非雖賢,猶不悟。且韓非言大體,固曰:"不引繩之外,不推繩之内;不急法之外,不緩法之内矣。"《大體》。明行法不足具得姦邪?貞廉之行可賤邪?"不逆天理,不傷情性。"《大體》。人之求智慧辯察者,情性也。文學之業可絶邪?"榮辱之責,在於己,不在於人。"《大體》。匹夫之行可抑邪?

莊周明老聃意,而和之以《齊物》。推萬類之異情,以爲無正味、正色,以其相伐,使並行而不害。其道在分異政俗,無令干位。故曰"得其環中,以應無窮"者,各適其欲以流解說,各修其行以爲工宰,各致其心以效微妙而已矣。政之所具,不過經令;法之所禁,不過姦害。能說諸心,能研諸慮,以成天下之亹亹者,非政之所與也。采藥以爲食,鑿山以爲宮,身無室家農圃之役,升斗之税,不上於王府,雖不臣天子,不耦羣衆,非法之所禁,版法格令,不得剟一字也。操奇説者能非之,不以非之剟其法,不以尊法罪其非。君臣上下六親之際,雅俗所守,治眇論者所駁也。守之者不爲變,駁之者無所刑。國有羣職,王公以出治,師以式民,儒以通古今、會文理,百工以審曲面埶,立均出度。其權異,其尊不異。地有九州,賦不齊上下,音不齊清濁,用不齊器械,居不齊宫室,其樞同,其取予不同,皆無使相干也。夫是之謂大清明,夫是之謂"天下之至柔,馳騁天下之至堅"。法家者,削小老氏以爲省,能令其國稱娖,而不能與之爲人。黨得莊生緒言,以自飭省,賞罰不厭一,好惡不厭岐。一者以爲羣衆,岐者以優匹士。因道全法,則君子樂而大姦止。

其後獨王弼能推莊生意,爲《易略例》,明一以《彖》,曰:"自統而尋之,物雖衆,則知可以執一御也。由本以觀之,義雖博,則知可以一名舉也。處旋機以觀大運,則天地之動未足怪也;據會要以觀方來,則六合輻湊未足多也。故舉封之名[①],義有主矣;觀其《彖》辭,則思過半矣。夫古今雖殊,軍國異容,中之爲用,故未可遠也。品制萬變,宗主存焉"《明彖》。明岐以《爻》,曰:"情僞之動,非數之所求也。故合散屈伸,與體相乖。形躁好静,質柔愛剛,體與情反,質與願違。巧歷不能定其算數,聖明不能爲之典要,法制所不能齊,度量所不能均也。""召雲者龍,命吕者律。二女相違,而剛柔合體。隆坻永歎[②],遠壑必盈。

---

① "舉封",初版本、浙本均誤,當作"舉卦"。
② "坻",《明爻通變》作"墀"。

投戈散地，則六親不能相保；同舟而濟，則胡越何患乎異心？故苟識其情，不憂乖違①；苟明其趣，不煩強武。"《明爻通變》。推而極之，大象準諸此，寧獨人事之云云哉！道若無岐，宇宙至今如摶炭，大地至今如孰乳已。

---

① "違"，《明爻通變》作"遠"。

原名

《七略》記：“名家者流，出於禮官。古者名位不同，禮亦異數。”孫卿爲《正名》篇，道：“後王之成名：刑名從商，爵名從周，文名從《禮》。散名之加於萬物者，則從諸夏之成俗曲期。”卽禮官所守者，名之一耑，所謂爵名也。莊周曰：“《春秋》以道名分。”《天下》篇。蓋頗有刑、爵、文，其散名猶不辯。五石、六鶂之盡其辭，已摧略矣。且古之名家，考伐閱，程爵位。至於尹文，作爲華山之冠，表上下平。《莊子·天下》篇及注。而惠施之學去尊。《呂氏春秋·愛類》篇：“匡章謂惠子曰：‘公之學去尊，今又王齊王，何其到也！’”此猶老、莊之爲道，與伊尹、大公相塞。誠守若言，則名號替，徽識絕，朝儀不作，緜蕝不布。民所以察書契者，獨有萬物之散名而已。曲學以徇世，欲王齊王以壽黔首之命，免民之死，是施自方其命，豈不悖哉！自呂氏患刑當作"形"。名異充，聲實異謂，旣以若術別賢不肖矣。《呂氏春秋·正名》篇。其次劉劭次《人物志》，姚信述《士緯》，魏文帝箸《士操》，盧毓論《九州人士》，皆見《隋書·經籍志·名家》。皆本文王官人之術，又幾反於爵名。案，《魏志·鄧艾傳注》引荀綽《冀州記》曰：“爰俞清貞貴素，辯於論議，采公孫龍之辭，以談微理。”是魏晉閒自有散名之學，而世不傳。蓋所趣在品題人物，不嗜正名辯物之術也。

然自州建中正，而世謂之姦府，浸以見薄。刑名有鄧析，傳之李悝，以作《具律》。杜預又革爲《晉名例》，其言曰："法者，蓋繩墨之**斷例**，非窮理盡性之書也。故文約而例直，聽直而禁簡。例直易見，禁簡難犯。易見則人知所避，難犯則幾於刑厝。厝刑之本，在於簡直，故必審名分。審名分者，必忍小理。古之刑書，銘之鐘鼎，鑄之金石，所以遠塞異端，使無淫巧。今所注皆網羅法意，格之以名分，使用之者執名例以審趣舍。伸繩墨之直，去析薪之理。"《晉書·杜預傳》。其條六百二十，其字二萬七千六百五十七，而可以左右百姓，下民稱便。惟其審刑名，按，秦代法律，惟《晉律》爲平恕，今竟亡佚，亦民之無祿也。盡而不汙，過爵名遠矣。然皆名之一隅，不爲綱紀。《老子》曰："名可名，非常名。"名者，莊周以爲化聲，孫卿亦云"名無固宜"，故無常也，然"約定俗成"則不易。可以期命萬物者，惟散名爲要，其他乃與法制推移。自惠施、公孫龍，名家之傑，務在求勝，其言不能無放紛，尹文尤短。察之儒、墨，墨有《經》上、下，儒有孫卿《正名》，皆不爲造次辯論，務窮其柢。魯勝有言，取辯乎一物，而原極天下之汙隆，名之至也。墨翟、孫卿近之矣。

凡領錄散名者，論名之所以成，與其所以存長者，與所以爲辯者也。名之成，始於受，中於想，終於思。領納之謂受，受非愛憎不箸；取像之謂想，想非呼召不徵；造作之謂思，思非動變不形。本《成唯識論》所說。名言者，自取像生。故孫卿曰："緣天官。凡同類同情者，其天官之意物也同，故比方之疑似而通。是所以共其約名以相期也。"以上《正名》篇文。此謂想隨於受，名役於想矣。又曰："心有徵知。徵知，則緣耳而知聲可也，緣目而知形可也。然而徵知必將待天官之當簿其類然後可也。"《正名》篇文。接於五官曰受,受者謂之當簿。傳於心曰想,想者謂之徵知。一接焉一傳焉曰緣,凡緣有四。識以所對之境爲所緣緣,五識與意識迭相扶助,互稱爲增上緣。凡境像、名言、義理,方在意識,而能引續不斷,是有意根。故前識于後識爲等無閒緣。一切心物之因,名曰阿賴耶識,爲因緣。增上緣者,謂之緣耳知聲,緣目知形,此名之所以成也。名雖成,藏於胸中,久而不渝,浮屠謂之法。色、聲、香、味、觸,皆感受者也。感受之境已逝,其相猶在,謂之法。《墨經》曰:"知而不以五路,說在久。"《說》曰:智者"若瘧病之之於瘧也。上'之'字訓'者'。智以目見,而目以火見,而火不見,惟以五路知。句。久,讀。不當以目見。句。若以火。"《經下》及《經說下》。此謂瘧不自知,病瘧者知之;火不自見,用火者見之。是受想之始也,受想不能無五路。及其形謝,識籠其象,而思能造作,見無待於天官,天官之用,亦若火矣。

五路者,若浮屠所謂九緣:一曰空緣,二曰明緣,三曰根緣,四曰境緣,五曰作意緣,六曰分別依,七曰染淨依,八曰根本依,九曰種子依。自作意而下,諸夏之學者不亟辯,汎號曰智。目之見,必有空、明、根、境與智。耳不資明,鼻、舌、身不資空,獨目爲具五路。既見物已,雖越百旬,其像在,於是取之,謂之獨影。獨影者,知聲不緣耳,知形不緣目,故曰不當。不當者,不直也,是故賴名。曩令所受者逝,其想亦逝,即無所仰於名矣。此名之所以存也。泰始之名,有私名足也。思以綜之,名益多。故《墨經》曰:"名:達、類、私。"《經上》。孫卿曰:"萬物雖衆,有時而欲徧舉之,故謂之物。物也者,大共名也。""有時而欲徧舉之，故謂之鳥獸。鳥獸也者，大別名也。"《正名》。若則騏、驪、騮、驪爲私，馬爲類，畜爲達，獸爲別，物爲共也。有時而欲攝舉之，叢馬曰駰，叢人曰師，叢木曰林，叢繩曰網，浮屠以爲衆法聚集言論。《瑜伽師地論》十六說，下同。孫卿曰："單足以喻則單；單不足以喻則兼。"《正名》。人、馬、木、繩，單矣；師、駰、林、網，兼矣。有時而欲辨異，舉之：以藥爲丸，其名異，自和合起；如雀卵、茹蘆、烏賊，合以爲丸，其藥各殊，其丸是一。以瓶爲敗瓦，其名異，自碎壞起；以穀爲便利，其名異，自轉變起；以金帶鉤爲指環，俄以指環爲金帶鉤，其名異，自加功起。浮屠以爲非常言論。孫卿曰："物有同狀而異所者，雖可合，謂之二實。有異狀而同所者，謂之化。有化而無別，謂之一實。"《正名》。此名之所以長也。諸同類同情者，謂之衆同分。其受想同，其思同，是以有辯。辯所依隱有三：《墨經》曰："知：聞、說、親、名、實、合、爲。"說曰："知：傳受之，聞也。方不㢓，卽障字。說也。身觀焉，親也。所以謂，名也。所謂，實也。名實偶，合也。志行，爲也。"《經上》及《經說上》。親者，因明以爲現量。說者，因明以爲比量。聞者，因明以爲聲量。案，傳受爲聞，故曰聲量。往古之事，則徵史傳；異域之狀，則察地志。皆非身所親歷，亦無術可以比知，其勢不能無待傳受。然印度諸宗，所甄獨在名理，故聲量唯收聖教，亦名爲聖教量。諸宗哲學，旣非一軌，各持其聖教量以爲辯，則違立敵共許之律。故自陳那以後，獨用現量、比量，而聖教量遂廢。若夫史傳地志，天下所公，則不得獨廢也。要之，聖教量者，特聲量之一耑。

赤白者，所謂顯色也。方圓者，所謂形色也。宮徵者，所謂聲也。薰殕者，所謂香也。甘苦者，所謂味也。堅、柔、燥、溼、輕、重者，所謂觸也。遇而可知，歷而可識，雖聖狂弗能易也，以爲名種，以身觀爲極。阻于方域，蔽于昏冥，縣于今昔，非可以究省也，而以其所省者，善隱度其未所省者。是故身有五官，官簿之而不諦審，則檢之以率。從高山下望芻上，木猞猞若箸；日中視日，財比三寸盂，且莫乃如徑尺銅槃，校以句股重差，近得其真也。官簿之而不徧，則齊之以例。"故審堂下之陰，而知日月之行、陰陽之變；見瓶水之冰，而知天下之寒、魚鼈之臧也。嘗一味肉，而知一鑊之味、一鼎之調。"官簿之而不具，則儀之以物。故見角帷牆之峕，察其有牛，飄風墮夠塵庭中，知其里有釀酒者。其形雖隔，其性行不可隔，以方不障爲極。有言蒼頡、隸首者，我以此其有也，彼以此其無也。蒼頡、隸首之形不可見，又無峕兆足以擬有無，雖發芻得其骶骨，人盡有骨，何遽爲蒼頡、隸首？親與說皆窮，徵之史官故記，以傳受之爲極。今辯者所持，說爾，違親與聞，其辯亦不立。違於親者，因明謂之見量相違。違於聞者，因明謂之世閒相違。如言冰熱、火寒，此見量相違者也。如未至天山，而言天山無有，此世閒相違者也。此所以爲辯者也。

　　辯說之道，先見其怡①，次明其柢，取譬相成，物故可形，因明所謂宗、因、喻也。印度之辯，初宗，次因，次喻。兼喻體、喻依。大秦之辯，初喻體，近人譯爲大前提。次因，近人譯爲小前提。次宗。其爲三支比量一矣。《墨經》以因爲故，其立量次第，初因，次喻體，次宗，悉異印度、大秦。如印度量：聲是無常，所作性故，凡所作者，皆是無常，喻如瓶。如大秦量：凡所作者，皆無常，聲是所作，故聲無常。如

---

①　初版本此句作"先是其怡"。

《墨子》量：聲是所作，凡所作者皆無常，故聲無常。《經》曰："故，所得而後成也。"《説》曰："故：小故，有之不必然，無之必不然，體也，若有耑。大故，有之必無然，案，'無'是羨文。若見之成見也。"夫分于兼之謂體，無序而取前之謂耑。特舉爲體，分二爲節之謂見。皆見《經上》及《經説上》。本云："見：體、盡。"《説》曰："見：時者，體也。二者，盡也。"案，"時"讀爲"特"，"盡"讀爲"節"。《管子·弟子職》曰："聖之高下，乃承厥火。"以"聖"爲"爐"，與此以"盡"爲"節"同例。特舉之則爲一體，分二之則爲數節。今設爲量曰：聲是所作，因。凡所作者皆無常，喻體。故聲無常。宗。初以因，因局，故謂之小故。猶今人譯爲小前提者。無序而取前，故擬之以耑。次以喻體，喻體通，故謂之大故。猶今人譯爲大前提者。此"凡所作"，體也；彼"聲所作"，節也。故擬以"見之成見"。上見謂體，下見謂節。因不與宗相剴切，故曰"有之不必然"。無因者，宗必不立，故曰"無之必不然"。喻體次因，以相要束，其宗必成，故曰"有之必然"。驗《墨子》之爲量，固有喻體無喻依矣。何者？萬物無慮有同品，而奇觚者或無同品，以無同品則無喻。《墨經》曰："不可偏去而二，説在見與俱、一與二、廣與脩。"《經下》。"脩"，舊誤"循"。諸有形者，廣必有脩，脩亦必有廣矣。云"線有長無廣"者，形學之亂。謂《幾何原本》，此語彌兒嘗駁之。

《墨子》知其不偏去，傀也。固有有脩無廣者矣！騁而往，不彭亨而及；招摇無盡，不以鍼鋒鳥翮之寬據方分，此之謂時。今欲成時之有脩無廣也，即無同品。雖然，若是者豈直無喻依，固無喻體。如云："凡有直往無旁及者，必有脩無廣。時是直往無旁及者，故時有脩無廣。"然除時以外，更無有直往無旁及者。心量生滅，亦有旁延之境。乃至君統世系，不計旁及之處則可，不得謂無旁及。故初句喻體，即不可說。喻依者，以檢喻體而制其欵言。因足以攝喻依，謂之同品定有性；負其喻依者，必無以因爲也，謂之異品徧無性。並取《因明論》説。大秦與墨子者，其量皆先喻體後宗。先喻體者，無所容喻依，斯其短于因明。立量者，常則也。有時不可用三支，若《墨經》之駁仁內義外曰："仁，愛也；義，利也。愛、利，此也。所愛、所利，彼也。愛、利不相爲外、內；所愛、利亦不相爲外、內。其爲'仁，內也；義、外也'，舉愛則所利也①，是狂舉也。若左目出，右目入。"《經説下》。此以三支則不可説也。破人者，有違宗，有同彼，有勝彼，《大毘婆沙論》二十七所説。亦無所用三支。何謂違宗？彼以物有如種極微也，如種極微，今稱原子。而忌言人有菴摩羅識，因言無相者無有。此即近世唯物論説。無相，謂色、聲、香、味、觸皆不可得，非徒無形、無色而已。詰之曰："如種極微有相不？"則解矣。何謂同彼？彼以異域之政可法也，古之政不可法，因言時異俗異，胡可得而法？詰之曰："地異俗異，可得法不？"則解矣。何謂勝彼？彼以世多寃言也，謂言皆妄。詰之曰："是言妄不？"則解矣。《墨經》曰："以言爲盡悖。悖，説在其舊誤倒。言。"《經下》。此謂勝彼破也。

爲説者曰："三支不足以原物。"故曰："漆淖、水淖，合兩淖則爲蹇，溼之則爲乾。金柔、錫柔，合兩柔則爲剛，燔之則爲淖。或溼而乾，或燔而淖，類固不必可推知也。"凡以説者，不若以親。案，近世主經驗之論理學家多持此説。自智者觀之，親亦有紕。

---

① "則"，初版本作"與"。

行旅草次之間,得被髮魋頭而魃服者,此親也。信目之諦,疑目之眩,將在説矣。眩人召圜案,圜案自垣一方來。卽種瓜瓠,蔭未移,其實子母鉤帶。千人見之,且剖食之。親以目、以口則信,説以心意則不信。遠視黃山,气皆青;俛察海波,其白皆爲蒼。易位視之而變。今之親者,非昔之親者。《墨經》曰:"法同則觀其同","法異則觀其宜"。《經上》。親有同異,將以説觀其宜,是使親詘于説也。原物之質,聞不若説,説不若親。今有聞火浣布者,目所未覩,體所未御,以説又無類,因謂無火浣布,則人莫不然,謂之蔽錮。《墨經》曰:"知其所以不知,'以'字當爲羑文。説在以名取。"《經下》。此乃使親、説交詘于聞也。凡原物者,以聞、説、親相參伍。參伍不失,故辯説之術奏。未其參伍,固無所用辯説。且辯説者,假以明物,誠督以律令則敗。夫主期驗者任親,亟親之而言成典,持以爲桀,桀者曰:"盡,莫不然也。""必,不已也。"《墨經上》。而世未有盡驗其然者,則必之説廢。今言火盡熱,非能徧拊天下之火也。拊一方之火,而因言凡火盡熱,此爲踰其所親之域。雖以術得熱之成火,所得火猶不徧,以是言凡火盡熱,誖。《墨經》通之曰:"無窮不害兼,説在盈否知。""不知其數而知其盡也,説在明者。"《經下》。則此言盡然不可知,比量成而試之,信多合者,則比量不惑也。若是,言凡火盡熱者,以爲宗則不誖,以爲喻體猶誖。宗者,所以測未來,故雖言凡火盡熱無害。喻體者,據已往之成效言之。已往未嘗徧驗天下之火,則言凡火盡熱,爲踰其所驗之境。言必有明日者,以昨往有今,以絫昨往盡有今,擬儀之也。物固有斷,則昨或不斷,而今或斷。言必有明日者,是猶言人必有子姓。以説不比,以親卽無徵,是故主期驗者,越其期驗。《墨經》說"推類之難",曰:"此然是必然,則俱爲糜。""糜"讀爲"靡"。《經下》及《經說下》。此莊周所以操《齊物》夫!

明見

九流皆言道。道者，彼也；能道者，此也。白蘆門書謂之陀爾奢那[梵字]，此則言見，自宋始言道學，理學、心學，皆分別之名。今又通言哲學矣。道學者，局于一家。哲學者，名不雅故，搢紳先生難言之。孫卿曰："慎子有見於後，無見於先；老子有見於詘，無見於信；墨子有見於齊，無見於畸；宋子有見於少，無見於多。"《天論》。故予之名曰見者，是葱嶺以南之典言也。見無符驗，知一而不通類，謂之蔽。釋氏所謂倒見、見取。誠有所見，無所凝滯，謂之智。釋氏所謂正見、見諦。自縱橫、陰陽以外，始徵臧史，至齊稷下，晚及韓子，莫不思湊單微，斟酌飽滿。天道恢恢，所見固殊焉。旨遠而辭文，言有倫而思循紀，皆本其因，不以武斷。今之所準，以浮屠爲天樞，往往可比合。然自雒、閩諸師，比物儒書，傅之大乘，卒其所擬儀者，如可知，如不可知；如可象，如不可象。世又愈衰，文儒皆巧詆之曰："是固不可以合。"夫終日之言，必有聖之法；百發之中，必有羿、逢蒙之巧。自馬鳴、無箸皆人也，而九流亦人也，以人言道，何故不可合？有盈蝕而已矣。夫其儉者，印度諸文學，始有地、水、火、風諸師，希臘放焉。希臘自閩利史明萬物皆成於水。中夏初箸書者卽《管子》，《管子》亦云：水者，"萬物之本原，諸生之宗室。""集於天地，臧於萬物，產於金石，集於諸生，故曰水神。"《水地》。夫其簡者，莫不曰：道不可卷握視聽，不可有，不可言也。浮屠雖至精，其言何擇？儵且簡者卽有同，博約淖微之論，寧一切異耶？要舉封界，言心莫眇於孫卿，言因莫遠於莊周，言物莫微於惠施。《列子》所言，亦往往有合。然其書疑漢末人依附劉向《敍錄》爲之，故今不舉。

　　孫卿曰："人生而不知，知而有志。志也者，臧也；然而有所謂虛，不以已臧害所將受，謂之虛。心生而有知，知而有異。異也者，同時兼知之。同時兼知之，兩也。然而有所謂一，不以夫一害此一，謂之壹。心臥則夢，偷則自行，使之則謀，故心未嘗不動也。然而有所謂靜，不以夢劇亂知謂之靜。"《解蔽》。臧者，瑜伽師所謂阿羅耶識。此從真諦譯。真諦又譯阿梨耶，玄奘則譯阿賴耶。今審其音，以阿羅耶爲正。本作，玄奘譯義爲臧識，校其名相，亦可言處，亦可言臧，當此土區宇之義。如山名希甕羅耶，希摩爲雪，阿羅耶爲處，合之爲希甕羅耶，譯言雪處，亦得譯爲雪臧。又凡人所居室，竝以阿羅耶名。謂其能臧、所臧、執臧。持諸種，故爲能臧矣。受諸熏，故爲所臧矣。任諸根，故爲執臧矣。若圜府然，鑄子母之錢以逮民，民入税，復以其錢效之圜府。圜府握百貨輕重，使無得越，故謂之臧。能臧、所臧，書之所謂志也。志，卽記志之志。而臧識者無覆，《成唯識論》。無覆故不以已臧害所將受。異者，瑜伽師所謂異熟。異熟有三，孫卿之言，當異類而熟也。以臧識持諸種，引以生果，名異熟識，而六識名異熟生。異類而熟，官有五根，物有五塵，故知而有異。凡人之知，必有五徧行境，謂之觸、作意、受、想、思。解見《原名》。五徧行者，與阿羅耶識相應。當其觸受，色、聲、香、味、觸可以同時兼知也。驗之燕游飲食者，持觴以手、歊之口、臭之鼻，外接技樂歌兒，物其儀容，聞其奏誦，則耳、目兼役之。五者輻湊以至於前，五官同時當簿其物。雖異受，大領錄之者意識也。內即依于阿羅耶識，不忿期會，與之俱轉，故曰："不以夫一害此一。"《瑜伽師地論》五十一云："云何建立阿賴耶識與轉識等俱轉轉相？謂阿賴耶識，或於一時唯與一種轉識俱轉，所謂末那。何以故？由此末那，我見、慢等恒共相應思量、行相，若有心位，若無心位，常與阿賴耶識一時俱轉，緣阿賴耶識以爲境界。執我起慢、思量、行相或於一時與二俱轉，謂末那及意識。或於一時與三俱轉，謂五識身隨一轉時。或於一時與四俱轉，謂五識身隨二轉時。或時乃至與七俱轉，謂五識身和合轉時，如諸心所法。雖諸心所法，性無有差別，然相異故。於一身中一時俱轉，互不相違，如是阿賴耶識與俱轉識於一身中一時俱轉，當知更互，亦不相違。又如於一瀑流，有多波浪，一時而轉，互不相違。又如於一清净鏡面，有多影像，一時而轉，互不相違。如是於一阿賴耶識有多轉識一時俱轉，當知更互，亦不相違。又如一眼識，於一時間，於一事境，唯取一類無異色相，或於一時頓取非一種種色相。如眼識於衆色如是，耳識於衆聲、鼻識於衆香、舌識於衆味亦爾。又如身識，或於一時頓取非一種種觸相。如是分别意識於一時間或取一境相，或取非一種種境相，當知道理亦不相違。"按，五徧行境，要至想位，方有時期先後，同時不得容兩想矣。觸、作意受，同時得容種種諸覺，非特阿羅耶識爲然，即在意識亦爾。今世言心理學者，於此多不能解。不悟五徧行境，前三如面，意識與五識偕行，後二如綫，獨任意識。故前三有同時俱覺，後二無同時俱覺。今人旣不知有阿羅耶識，又不知有五識，獨以意識擅識之名。無五識身而意識可以同時俱覺，宜其困於辭説矣。

莊周亦云："心無天游，則六鑿相攘。"《外物》。游者，旌旗之流。流雖多，一屬於縿，謂之天游。指縿以擬阿羅耶，指流以擬六識。無阿羅耶，則六根、六識相紛拏，斯執臧之説已。凡意之起,有定中獨頭意識者,有散位獨頭意識者,有夢中獨頭意識者,有明了意識者,有亂意識者。獨頭意識,謂不與五識俱轉。明了意識、亂意識,卽與五識俱轉。夢中獨頭意識,書之所謂夢也。散位獨頭意識,書之所謂謀與自行也。心也者,"出令而無所受令",故有自禁、自使、自奪、自取、自行、自止。《解蔽》。當其自使,則有所慮畫會計,謂之謀。偷而不自使,又不自禁,如縱緩之在林者,動躁不息,處則思佚蕩,手足蝡蝡無所制,謂之自行。按,此卽近人所謂盲動、直動。然而阿羅耶識善了別。《成唯識論》。意識有以夢劇亂,是則無亂。按,荀子言心,兼阿羅耶、意識,此則其未析處。彼以阿羅耶識爲依,足以知道。馬鳴有言:"心眞如相,示大乘體。心生滅相,示大乘自體、相、用。"《大乘起信論》。此之謂也。故曰:"未得道而求道者,謂之虛、壹而靜。作之,則將須道者之虛,虛則入;將事道者之壹,壹則盡;將思道者之靜,靜則察。"《解蔽》。舊有誤,從《讀書雜志》校。作之者,彼意識也。意識有枝、有傾、有貳,不恒虛、壹、靜。能虛、壹、靜,若則足以體道。按,"道者"卽"道",猶之言道體耳。《雜志》以"道者"爲"道人",非是。孫卿又曰:"心也者,道之工宰也。道也者,治之經理也。"《正名》。其能知八識者矣。生之所以然者謂之性。性之和所生,精合感應,不事而自然,謂之生。此句"性"字、"生"字舊誤倒。"性之好惡、喜怒、哀樂謂之情。情然而心爲之擇,謂之慮。心慮而能爲之動,謂之僞。慮積焉,能習焉,而後成,謂之僞。"《正名》。心者,兼阿羅耶與意識。性者爲末那,末那有覆。《成唯識論》。執我以起慢,謂之惡之本。故曰:"性惡而心非惡。"非惡故爲道工宰。生之所以然者謂之性,斷性則無生。卽釋氏所謂斷四煩惱也。不然,则有禮義、法度化性而起偽者,使我見伏,弗能使我見斷。按,孫卿言,性指生之所以然者,故謂之惡。世人言性無善無惡者,即以心體爲性。由其所指之性有異,故立說有殊,其實非有異也。言性善者則反矣。持世之言徵諸此,陳義則高,經事則庳。此亦孫卿之所短也。

莊周說萬物之聚散,始于黜帝,中于緣生,卒于斷時。黜帝者先徵諸物,故曰:"言之所盡,知之所止,極物而已。覩道之人,不隨其所廢,不原其所起,此議之所止。""季真之莫爲,接子之或使。""在物一曲,夫胡爲於大方!"《則陽》。莫爲者,萬物皆自生。或使者,本諸造物。萬物,物也,造物者,非物邪?執指尺之者,無指尺則無驗,是狂舉也。造物者,物耶?且復有造之者,如是則無窮。故言:"有帝者兩不立。""烏不日黔而黑,鵠不日浴而白。"無因之論。按,印度無因論師亦言孔雀種種纈目,光明可愛,皆自然生。所以黜帝也。推而極之,"無物不然,無物不可"。"萬物皆種也,以不同形相禪,始卒若環,莫得其倫。"《寓言》。則萬物皆遞化矣。此卽達爾文生物進化之說,亦近數論細身輪轉之說。"生也死之徒,死也生之始。"《知北游》。則萬物皆輪轉矣。此卽輪回之說,白蘿門、莊子、柏剌圖皆同,非獨釋氏也。然則權說以黜帝也,未能過物。故設有待之對。仲尼曰:萬物"有待也而死,有待也而生。吾一受其成形,而不化以待盡。"《田子方》。景之諭罔兩曰:"吾有待而然者耶?吾所待又有待而然者耶?吾待蛇蚹蜩翼耶?"《齊物論》。彼其有待,浮屠謂之十二緣生。緣生始無明,卒之生死。然無明復由生時覆障,從是尋責始生。以後異熟責前異熟,異熟之初不可盡,所待亦與爲不可盡,待可疑也。故曰:"莫知其所終,若之何其無命也?莫知其所始,若之何其有命也?"《寓言》。

若然,始者果不可知,卽萬論若兔角、牛翼矣。是故爲設泰初。"泰初有無,無有無名。一之所起,有一而未形。物得以生,謂之德。未形者有分,且然無閒,謂之命。留動而生物,物生成理,謂之形。形體保神,各有儀則,謂之性。性修反德,德至同於初。同乃虛,虛乃大。合喙鳴,喙鳴合,與天地爲合。其合緡緡,若愚若昏,是謂玄德,同乎大順。"《天地》。則此言德者如也,雖物亦如也。如不自生,于如而有無明。自視若兩,是故有所得而生矣,浮屠謂之共無明。有所得,是故有分,浮屠謂之不共無明。有分爲物,是故有理,浮屠謂之界,亦曰種子,依阿羅耶,若惡叉聚。本《成唯識論》。地、水、火、風、空、時、方、我,皆界也。然則有德、有分,未有時也。物成生理則有時。案,始有相,相又有名,謂之喙鳴。"名者,聲之音均詘曲。"《成唯識論》。以是命相。若終古無名者,卽道無由以入。本其有名,故與天地合。浮屠志之曰:"若知一切法,雖說無有能說可說,雖念亦無能念可念,是名隨順。"《大乘起信論》。而莊周亦謂之"大順"。性修反德,德至同於初,謂之"合喙鳴"。覺者之言,與不覺者之言,非有異也。浮屠有言:"希有陀羅尼者,過諸文字,言不能入,心不能量。……所以者何?此法平等,無高無下,無入無出,無一文字從外而入,無一文字從內而出,無一文字駐此法中,亦無文字共相見者。"《大般若經》五百七十二。故曰"其合緡緡,若愚若昏,是謂玄德,同乎大順"矣。

雖假設泰初者,亦隨順言説已。彼物不生,彼理不成,烏得有泰初?夫未成乎心,無是非。《齊物論》。未成乎心,亦不得有今故。故曰:天籟者,"吹萬不同,而使其自己"。"且莫得此,其所由以生"。《齊物論》。知旦莫之所生,起於人心分理,至矣,不可以加矣。爲説者曰:"有一、有德、有命、有物、有形,皆因與果也。有因果者,必有第次。時若未生,何由以施因果?"浮屠小乘通之曰:"諸法於世轉時,由位有異,非體有異。如運一籌,置一位名一,置十位名十,置百位名百。雖歷位有異,而籌體無異。如是諸法,經三世位,雖得三名,而體無別,以依作用,立三世別。"《大毘婆沙論》七十七。此謂以作用故有時,非以時故有作。猶不決,大乘通之曰:"因與果者,如稱兩頭,氐卬時等。"《成唯識論》。今物在衡一岢,一岢重故俛,俛故彼一岢仰。以此俛故彼仰,俛者爲因,仰者爲果,然俛仰非異時,故雖無時而有因果,謂之恒轉。恒者不斷,轉者不常。夫世人亂於喑醷之物、彊陽之气,不知其反。聖人者,兼愛之,故兼覺之。雖然,宇之所際,宙之所極,"有窮則可盡,無窮則不可盡。有窮、無窮未可知,則可盡、不可盡未可知"。"而必人之可盡愛也,誖"。《墨子》釋之,以爲無窮不害兼。《經説》上、下。其義不究,故設"未有天地"之問。由第一義計之,無古無今,無始無終,三世者,非實有也。由世俗計之,古猶今也。時不盡,故"聖人之愛人終無已者,亦乃取於是者也"。《知北游》。浮屠所謂"攝化衆生","盡於未來"。《大乘起信論》。雖然,莊周方内之聖哲也。因任自然,惟恒民是適,不務超越,不求離繫。故曰:"若人之形,萬化而未始有盡,樂不勝計。"《知北游》。雖足以庰神仙、輕生死,若流轉無極何?此亦莊周之所短也。

惠施臚物之意,莊周曰:"其道舛駁,其言也不中。"又毀其徒,謂之"飾人之心,易人之意,能勝人之口,不能服人之心"。觀其所述,惠施持十事,辯者與惠施相應,持二十一事。《天下》。辯者之言,獨有飛鳥、鏃矢、尺捶之辯,察明當人意。目不見,指不至,輪不蹍地,亦幾矣。其他多失倫。夫辯說者,務以求真,不以亂俗也。故曰"狗無色",可;云"白狗黑",則不可。名者,所以召實,非以名爲實也。故曰"析狗至於極微,則無狗",可;云"狗非犬",則不可。觀惠施十事,蓋異於辯者矣。本事有十,約之則四,四又爲三。

一事:"至大無外,謂之大一;至小無内,謂之小一。"又曰:"無厚不可積也,其大千里。"此故爲自牾,以見趣也。大未有不可庌,小未有不可分。雖無利器致之,校以算術可知也。諸在形者,至小爲點,白蘿門書謂之頻度ह。引點以爲線,謂之邴佉ह。比線以爲面,謂之娑摩角那ह。絫面以爲體,謂之瀚伽ह。點者非自然生,猶面之積已,故因而小之。點復爲體,謂之小一可也。點復可析,絫下而點無盡,以爲無内,非也。因而鉅之,體復爲點,謂之大一可也。體復可倍,絫上而體無盡,以爲無外,非也。今夫言極微者,順世、勝論以爲無方分。無方分者,謂之因量極微。極微箸見爲子微,以爲有方分。有方分者,謂之果色極微。前者今通言原子,後者今通言分子。果色極微,書之所謂小一也。因量極微,書之所謂無厚也。浮屠難之曰:"誠無方分,日光照柱,何故一崮有蔭?"承光發影,必有方分明矣。有方分者,則有上下四極,是爲六際。一不爲六,六不爲一,以六爲一,不可。約《瑜伽師地論》、《佛性論》、《成唯識論》說。惠施固知之,言無厚不可積,又稱其大千里。不可積者,尚無杪忽,安得千里哉！要以算術析之，無至小之倪，故尺度無所起。於無度立有度，是度爲幻。度爲幻，卽至大與至小無擇，而千里與無厚亦無擇。白蘆門書道瓢末𦱒之空，與特蘆驃𦲲之實相受。瓢末，今此爲空閒、真空，特蘆驃，今此爲實。瓢末分刌節度不可量，故特蘆驃分刌節度亦不可量。若畫工爲圖矣，分閒布白，襍采調之，使無高下者而有高下，使無窒突者視之窒突。故曰"天與地卑，卑，借爲比。山與澤平"，是分齊廢也。"我知天下之中央，燕之北、越之南是也"，是方位廢也。"南方無窮而有窮"，是有際、無際一也。"連環可解"，是有分、無分均也。

二事："日方中、方睨，物方生、方死。"諸言時者，有過去、見在、未來。過去已滅，未來未生，其無易知；而見在亦不可駐。時之短者，莫如羯沙那。舊譯刹那，按，文本作𨤍，舊譯簡爾。而羯沙那非不可析。雖析之，孰無留止，方念是時，則已爲彼時也。析之不可盡，而言有時，則是于無期立有期也。孰無留止，而言是時，則彼是無別也。故雖方中、方睨、方生、方死，可。諸有割制一期，命之以今者，以一羯沙那言今，可，以一歲言今，猶可。方夏言今歲，不遺春秋；方禺中言今日，不遺旦莫。去者、來者，皆今也。禺中適越，鋪時而至。從人定言之，命以一期，則爲今日適越矣。分以數期，則爲昔至越矣。以是見時者唯人所命，非有實也。按，"今日適越而昔來"，《齊物論》作"今日適越而昔至"，是"來"訓"至"也。

三事："大同而與小同異，此之謂小同異；萬物畢同畢異，此之謂大同異。"物固無畢同者，亦未有畢異者。浮屠之言曰：從一青計之，以是青爲自相，以凡青爲共相，青同也。以凡青爲自相，以赤、白、黃、紫爲共相，顯色同也。以顯色爲自相，以聲、香、味、觸爲共相，色聚同也。色聚之色，謂諸有對者，皆名爲色。以色聚爲自相，以受、想、行、識爲共相，法同也。本《成唯識論述記》説。無畢同，故有自相；無畢異，故有共相。大同而與小同異，此物之所有；萬物畢同畢異，此物之所無。皆大同也，故天地一體。一體故氾愛萬物也。惠施之言，無時、無方、無形、無礙，萬物幾幾皆如矣。椎擣異論，使齏粉破碎，己亦不立。唯識之論不出，而曰"萬物無有"哉，人且以爲無歸宿。故天命、五德之論，斬而復孽。己雖正，人以爲奇侅。《騶子》、《南公》雖僻違，人顧謂之眇道。按，騶衍深疾公孫龍之論。蓋陰陽家與名家相忌也。延及漢世，是非錯鰲矣。漢世經師，率兼陰陽，名家之傳遂絶。此亦惠施之所短也。

尚考諸家之見，旁皇周浹，足以望先覺，與宋世鞅掌之言異矣。然不能企無生，而依違不定之聚者，爲其多愛，不忍天地之美。雖自任犀利，桀然見道真，躊躇滿志則未也。印度雖草昧世，《烎渴吠陀》主有神，已言其有無明，不自識知，從欲以分萬類矣。案，印度舊教本有神，而與猶大①、阿羅比耶言有神者絶異。彼以造物歸美于神，此以造物歸過于神。故吠檀多家得起汎神之説，異夫二教之詒曲也。其後明哲閒生，至于浮屠，雖精疏殊會，其以人世幻化一也。中夏唯有老子明"天地不仁，以萬物爲芻狗"，猶非惡聲。按，《老子》本言"失德而後仁"，是不仁非惡名也。高者獨有隨化，不議化之非，固稍庫下。莊周所録，惟卜梁倚爲大士。周數稱南郭子綦，言"吾喪我"，則是入空無邊處定也。《大毘婆沙論》八十四云："法爾初解脱色地，名空無邊處。依等流故，説此定名空無邊處，謂瑜伽師從

---

① 初版本"猶"下脱"大"字。

此定出，必起相似空想現前。曾聞苾芻出此定已，便舉兩手，捫摸虛空。有見問言：'汝何所覓？'苾芻答曰：'我覓自身。'彼言：'汝身卽在牀上，如何餘處更覓自身？'"此卽"吾喪我"之說。其師女偊自言無聖人才，有才者獨卜梁倚。守而告之，參日外天下，七日外物，九日外生。"已外生矣，而後能朝徹。朝徹，而後能見獨。見獨，而後能無古今。無古今，而後能入於不死不生。"《大宗師》。此其在遠行地哉。案，外天下至于外生，則生空觀成矣。朝徹，見獨，至于無古今，則前後際斷，法空觀成矣。凡二乘皆有生空觀，無法空觀。大乘有法空觀者，非至七地，猶未能證無生。此旣成法空觀，又入於不死不生，故知爲七地爾。又彼下云："其爲物無不將也，無不迎也，無不毀也，無不成也，其名爲攖寧。攖寧者，攖而後成者也。"所謂物者，謂如來藏。隨順法性，故無不將迎。一切染法不相應，故無不毀。究竟顯實，故無不成。依本覺有不覺，依不覺有始覺，故攖而後成。晉、宋古德，意以莊周傳般若①，誠多不諦。隋、唐諸賢，必謂莊氏所言，悉與大小乘異，亦爲不稱。如其所述卜梁倚事，雖欲立異，何可得邪②！子綦旣不逮，莊周亦無以自達，惜夫！然七國名世之流，其言揮綽，下本之形魄，其上至于無象，卒未有言气者。言气多本之陰陽、神仙、醫經之說，非儒、道、名、法所有。道家書可見者，今尚有《列子》，而《天瑞》編有"大素"等名，又云"《易》變爲一，一變爲七，七變爲九"，皆近《易緯》之說。晚周道家，必不爲此沾滯之論也，故疑《列子》本書已亡，今本乃漢末人所僞作。又，《淮南》亦依託道家，尤多言气，此所以異於晚周。《淮南‧鴻烈》，兼說《莊子》，《文選‧入華子岡詩注》引淮南王《莊子略要》曰："江海之士，山谷之人，輕天下，細萬物而獨往者也。"司馬彪曰："獨往，任自然，不復顧世也。"按，據《經典釋文》，司馬彪所注《莊子》五十二篇，

---

① "傳"，初版本作"傅"。
② "邪"，初版本作"耶"。

視郭象多十九篇,乃《七略》之舊。蓋《淮南》爲《莊子略要》,卽爲《襍篇》之一,故彪得注之也。今其書已不傳。自漢任陰陽之術,治《易》者與之糅,中閒黄巾祭酒之書,浸以成典。訖于宋世,儒者之書盈篋,而言不能舍理、气,適得土苴焉!

辨性上

萬物皆無自性。自性者，不可變壞之謂。情界之物無不可壞，器界之物無不可變，此謂萬物無自性也。① 黃爐、大海、爟火、飄風，則心之蔭影也。公孫尼子曰："心者，衆智之要。物皆求於心。"《意林》及《御覽》三百七十六引。其言有中。無形而見有形，志與形相有則爲生。生者於此，生之體於彼，説緣生者，假設以爲性。而儒者言性有五家：無善無不善，是告子也；善，是孟子也；惡，是孫卿也；善、惡混，是楊子也；善、惡以人異，殊上中下，是漆雕開、世碩、公孫尼、王充也。此即韓愈三品之説所本。五家皆有是，而身不自明其故，又不明人之故，務相斬伐。調之者又兩可。獨有控名責實，臨觀其上，以析其辭之所謂，然後兩解。人有八識，其宗曰如來藏。以如來藏無所對，奄忽不自知，視若胡、越，則眩有萬物。物各有其分職，是之謂阿羅耶。阿羅耶者，臧萬有，既分卽以起末那。末那者，此言意根。意根常執阿羅耶以爲我。二者若束蘆，相依以立，我愛、我慢由之起。意根之動，謂之意識。物至而知接，謂之眼、耳、鼻、舌、身、識。彼六識者，或施或受，復歸於阿羅耶。臧萬有者，謂之初種。六識之所歸者，謂之受熏之種。諸言性者，或

---

① 初版本無此注。

以阿羅耶當之,或以受熏之種當之,或以意根當之。

公孫龍曰:"謂彼而彼,不唯乎彼,則彼謂不行;謂此而此,不唯乎此,則此謂不行。"《名實論》。由是相伐。孫卿曰:"生之所以然者謂之性。"夫意根斷,則阿羅耶不自執以我,復如來臧之本,若是卽不死不生。生之所以然者,是意根也。孟子雖不言,固弗能異。意根當我愛、我慢。有我愛,故貪無厭;有我慢,故求必勝於人。貪卽沮善,求必勝於人,是審惡也。孫卿曰:"從人之性,順人之情,必出於争奪,合於犯分亂理,而歸於暴。"斯之謂惡。我見者,知人人皆有我。知之,故推我愛以愛他人,雖非始志哉,亦不待師法教化。孟子曰:"今人乍見孺子將入井,皆有怵惕惻隱之心。"是審善也。極我慢者,恥我不自勝,於我而分主客,以主我角客我。我本無自性,故得如是。按,《瑜伽師地論》十二云:"勝有五種:一、形奪卑下,故名爲勝。謂如有一以己勝[①]上工巧事形奪他人,置下劣位。二、制伏贏劣,故名爲勝。謂如有一以己強力摧諸劣者。三、能隱蔽他,故名爲勝。謂瓶、盆等,能有覆障;或諸藥草、呪術、神通,有所隱蔽。四、厭壞所緣,故名爲勝。謂厭壞境界,捨諸煩惱。五、自在迴轉,故名爲勝。謂世君王,隨所欲爲,處分臣僕。"按,第一、二、五種勝,皆以我慢慢人。第四種勝,是以我慢自克,厭壞所緣者。五識以五塵爲所緣,意識以一切名相爲所緣,意根則以我爲所緣。自以勝人,亦不自勝也。勝之,則勝人之心解,孫卿謂之禮義"義"卽今"儀"字。辭讓,是無惡也。夫推之極之皆後起,弗可謂性。然而因性以爲是,不離其樸。是故愛之量短而似金椎,慢之量缺而似金玦,鎔之引之,

---

[①] "勝",初版本作"朕",當從浙本。

不異金而可以爲環。孟子以爲能盡其才，斯之謂善。大共二家皆以意根爲性。意根一實也，愛、慢悉備，然其用之異形，一以爲善，一以爲惡，皆躓也。我愛、我慢，可以爲善，可以爲惡。故唯識頌謂意根爲無記，二家則分言之。悲孺子者，閲人而皆是，能自勝者，率土而不聞，則孟、孫不相過。孟子以不善非才之罪，孫卿以性無善距孟子，又以治惡比於蒸矯鞼厲，悉蔽於一隅矣。方苞舉元凶劭、柳璨臨刑時語，以證人性本善。此不足證也。善與知善有異，人果受學，雖有惡性，亦知善、惡之分。劭固好讀史傳，而璨且箸《析微》以正《史通》，爲時所稱，寧當不明人倫之義？忠孝之教，卽當其弑父負國之時，已自知凶頑無比，覆載不容矣，無待臨刑也。知而爲之，不足證其性善，但足證其智明耳。《論衡·本性》篇云：“陸賈曰：‘天地生人也，以禮義之性。人能察己所以受命則順，順之爲道。’夫貪者能言廉，亂者能言治，盜跖非人之竊，莊蹻刺人之濫，明能察己，口能論賢，性惡不爲，何益于善？陸賈之言，未能得實。”此則方説早爲昔人所破。①

　　告子亦言生之謂性。夫生之所以然者謂之性，是意根也。卽生以爲性，是阿羅耶識也。阿羅耶者，未始執我，未始執生。不執我，則我愛、我慢無所起，故曰：無善、無不善也。雖牛、犬與人者，愚智有異，則種子之隱顯殊耳，彼阿羅耶何以異？以匏瓜受水，實自匏瓜也，雖其受酒漿，非非匏瓜也。孟子不悟己之言性與告子之言性者異實，以盛气與之訟。告子亦無以自明，知其實，不能舉其名，故辭爲之詘矣！楊子以阿羅耶識受熏之種爲性。夫我愛、我慢者，此意根之所有。動而有所愛、有所慢，謂之意識。意識與意根應。愛、慢之見，熏其阿羅耶，阿羅

---

① “《論衡·本性》篇……爲昔人所破。”初版本無。

耶卽受臧其種。更迭死生，而種不焦敝。前有之種，爲後有之增性，故曰：善、惡混也。夫"指窮於爲薪"，而火"不知其盡"。形气轉續，變化相嬗，故有忽然爲人，忽然，猶言暫爾，非謂無因而至也。亦有化爲異物。輪轉之説，莊生、賈誼已知之矣。楊子不悟阿羅耶恒轉，徒以此生有善、惡混。所以混者何故，又不能自知也。漆雕諸家，亦以受熏之種爲性。我愛、我慢，其在意根，分齊均也。而意識用之有偏勝，故受熏之種有强、弱，復得後有，卽仁者、鄙者殊矣。雖然，人之生，未有一用愛者，亦未有一用慢者。慢者不過欲盡制萬物，物皆盡，則慢無所施，故雖慢，猶不欲盪滅萬物也。愛者不過，能近取譬。人搤我咽，猶奮以解之，故雖愛，猶不欲人之加我也。有偏勝則從所勝以爲言，故曰：有上、中、下也。夫塵埃拚覆，則昏不見泰山；建絳帛萬崨以圍尺素，則白者若赤。物固有相奪者，然其質不可奪。漆雕之徒不悟，而偏執其一至，以爲無餘，亦過也。

問曰："善、惡之類衆矣，今獨以誠愛人爲審善，我慢爲審惡，何也？"荅曰："審、諦、真，一實也，與僞反。僞善有數：利人者欲以納交要譽，一也；欲以生天，二也；欲以就賢聖，三也；欲以盡義，四也。盡義之說有二：出乎心所不能已者爲真，以爲道德當然而爲之者爲僞。此指後説。此皆有爲。"韓非之《解老》曰："義者，謂其宜也。宜而爲之，故曰：'上義爲之而有以爲也。'"夫三僞固下矣，雖以盡義，猶選擇爲之，計度而起，不任運而起，故曰僞。誠愛人者無所。韓非之《解老》曰："仁者，謂其中心欣然愛人也。其喜人之有福，而惡人之有禍。生心之所不能已，非求其報。不求報，則異於前三僞；心所不能已，則異於後一僞。故曰：'上仁爲之而無以爲也。'"無以爲者,任運而起,不計度而起,故謂之審。

德意志人有簫賓霍爾者,蓋知其峟兆矣。知有僞善,顧不知有僞惡,其極且以惡不可治。夫有爲而爲善,謂之僞善;若則有爲而爲惡者,亦將謂之僞惡矣。今人何故爲盜賊姦邪?是饑寒迫之也。何故爲淫亂?是無所施寫迫之也。何故爲殘殺?是以人之墮我聲譽、權實迫之也。雖既足而爲是者,以其志猶不足。志不足,故復自迫。此其爲惡,皆有以爲者,是故予之僞惡之名。僞者,謂心與行非同事。雖心行皆非善,而意業與方便異,故曰僞。然而一往勝人之心,不爲聲譽、權實起也。常人之弈棋者,趣以卒日,不求簙進,又非以求善弈名也。當其舉棋,攻劫、放捨,則務於求勝。常人之談説者,非欲以口舌得官,及以就辯士之名也。其所談説,又内無繫於己,外不與於學術政教也。説而詘必辯,辯而不勝必爭。人有猝然橫逆我者,妄言罵詈,非有豪毛之痛也,又非以是喪聲譽、權實。當其受詈,則忿心隨之,此爲一往勝人之心,無以爲而爲之,故予之審惡之名。審善惡者,浮屠以爲用性作業;僞善惡者,浮屠以爲用欲作業。見《大智度論》八十八。以審善惡徧施於僞善惡,以僞善惡持載審善惡,更爲增上緣,則善、惡愈長,而亦或以相消。精之、醇之,審善、審惡,單微一往而不兩者,於世且以爲無記。是故父子相保,言者不當一匡之仁。局道相斫,見者不擬略人之惡。及爲羣衆,其分又彌異。大上使民無主客尊卑,"以聏合驩,以調海内"。其次善爲國者,舒民之慢,無奪民之愛。舒慢,故尊君之義日去,其尊嚴國體亦愈甚;無奪愛,故不苛人之隱曲也。且國者本以慢生,故武健勝兵者爲右,而常陵轢弱小。殺敵致果,易之則爲戮。故審惡且爲善，而審善又且爲惡。諸自有國以後者，其言善、惡，非善、惡之數也。凡善、惡之名，因人而起者，分之則有真善惡、僞善惡。因國而起者，其善非善，其惡非惡，或且相背馳矣。有對於其國之所行，可稱爲善、爲惡者，則取人爲單位，他不復計。夫僞善惡易去，而審善惡不易去。人之相望，在其施僞善；羣之苟安，待其去僞惡。彼審惡者，非善所能變也。善，兼審善、僞善言之。審善或與審惡相調，令審惡不易現行，如朋友相親，則伏我慢也。僞善亦或與審惡相調，令審惡不易現行，如懼有死亡之禍，則不敢犯分陵人也。然審惡亦或能對治僞惡，如自貴其身，則不肯苟取臧私也。審善亦或能現起僞惡，如貧者養親，則盜鄰家之埶麥也。要之，以審善伏審惡，其根不可拔。以審惡對治僞惡，以審善現起僞惡，則其流變無窮矣。然而僞惡可以僞善去之，僞之與僞，其埶足以相滅。今夫以影蔽形，形不亡；以形蔽形，形猶若不亡；以影蔽影，則影自亡。如息樹下者，以有樹影，故無人影，非人影爲樹影所障，乃其時實無人影也。僞與真不相盡，雖兩真猶不相盡，而僞與僞相盡。且僞善者，謂其志與行不相應。行之習，能變其所志以應於行，又可以爲審善。何者？以人性固可以愛利人。不習則不好，習焉而志或好之。若始學者，志以求衣食，習則自變其志以求真諦。以人性固意知真諦，此由我見所推而成。故得其嗜昧者，槁項食淡攻苦而不衰。是故持世之言，以僞善羑道人，雖浮屠猶不廢。簫賓霍爾不悟，以爲惡不可治，善不可勉以就，斯過矣。善惡實無自性，故由僞善亦可以致審善。簫賓霍爾未悟斯義，遂局于自然之說。

惡之難治者，獨有我慢。雖爲臺隸，擎跽曲拳，以下長者，固暫詘耳。一旦衣裘壯麗，則奮矜如故。人有恒言，以爲善佞諛人者,亦善陵人。亦有量人窮通,調度高下者,爲之而有以爲,猶僞惡也。爲之而無以爲,橫計勝劣,以施毁譽,今遠西多有此病。對于强者、富者、貴者,則譽不容口;對于弱者、貧者、賤者,則一切下視之。而己非必有求于所譽者也,其强、其富、其貴,或過于所譽者,故曰"爲之而無以爲。"卽其惡與慢準,惟慢爲能勝慢。何者?能勝萬物,而不能勝我,猶孟賁舉九鼎,不自拔其身,力士恥之。彼憂苦者我也,淫涵者我也,懈惰者我也,矜夸者我也,傲睨者我也,而我弗能挫衄之,則慢未充。是故以我慢還滅我慢,謂之上禮。韓非之《解老》曰:"衆人之爲禮,以尊他人,故時勸時衰。君子爲禮,以尊其身,故神之爲上禮①。上禮神而衆人貳,上禮者,不以尊卑、貴賤異禮也。不可爲國,故衆人貳。故不能相應。""衆人雖貳,聖人之復恭敬盡手足之禮也不衰,故曰:'攘臂而仍之。'"上禮與諂何異哉?假令平人相遇,無强弱、貧富、貴賤之校者,跪拜以送之,頌說以譽之,芬香以獻之,鞠躬翼戴,比于臣僕,雖似諂,則謂之長德也。諂者計勝劣,上禮者無勝劣之計。故正執而行謂之諂,正節而行謂之上禮。《韓子·解老》說上禮與禮異。凡君臣之禮,亦諂之類也。故曰"禮者,忠信之薄,而亂之首"也。上禮則異是。上禮者固以自爲。唯孔子亦曰"克己復禮",浮屠有忍辱,皆自勝也。持戒精進,亦由自勝生。持戒以勝淫涵,精進以勝懈惰。禪定亦由自勝生,以勝憂苦。卒言其極,非得生空觀慢不滅。善之不可滅者,獨有誠愛人,雖食肉之獸不絕也。獷而充之,又近僞善矣。知萬物爲

---

① "君子爲禮,以尊其身。故神之爲上禮",《韓非子·解老》作"君子之爲禮,以爲其身,以爲其身,故神之爲上禮"。

一體，其充生於不能已者，善之至也。至于無生，而善復滅矣。

問者曰："世之高士，'不降其志，不辱其身。'齊有餓人者，聞'嗟來'則不食；魯有臧堅者，刑人弔之，以扑技其創死。此爲以我慢伏我愛，未審善也。而前修以爲卓行，今宜何論？"應之曰："高士者，亡貴其慢，貴其寡情欲。諸有我見者，即有我所有法，身亦我所有法也。攝受于身者，卒之攝受于我。以愛我故愛我所有，淫聲色，滒滋味，有之不肯去，無之而求給，則賊人所愛。慢又助之，歆色者且欲妻宓妃，歆聲者欲使白虎鼓瑟、蒼龍吹篪，雖不可得，猶有欲求也。幾可以得之者，無挹損人，可得哉？治以工宰，工宰又愈賊人。如因政府又起賦稅諸法，其流無已。彼高士者，以我慢伏我愛。我慢量少，伏我愛之量多，短長相覆，是故謂之卓行。大上有許由、務光之讓王，其次不臣天子，不友諸侯，内則勝貪，外之使人知工宰爲世賊禍，足以儀法。其德辟惡，其業足以辟增上惡緣。世之言卓行，不惟審善，雖辟惡亦與焉。故阿魏非香也，臭之不可于鼻，用足以辟諸腐臭，故準之香。自由、光而下者，雖有少慢，其辟惡固優矣。精潔如由、光，又無慢者，非阿魏之比，而犀角之比。犀角食之無益人，不得與上藥數，以其辟毒，則準之上藥。是故諸辟惡者，不爲審善，以伏審惡，則字之曰：準善。餓人、臧堅，視由、光已末矣。其慢猶少，其伏我愛猶多，誠未清净，若白練有小點者。世無大士，則高士爲其甲。若夫不忍貨財、妃匹之亡，而自狸以爲快者，其愛我所有法甚。其愛我亦愈甚，不遂故自賊，猶以酲醉解憂也，故世亦莫之貴。"

問者曰："意根有我愛，易知也。何故復有我慢？"應之曰：

"當其有阿羅耶識,卽有意根矣,故曰束蘆。意根者,生之所以然。有生不能無方分。方分者,不交相涉。以此方分格彼方分,此我慢所以成,非獨生物也。蓬顆、野馬,常自以己之方分,距異物使不前,一玉屑、一芥子而不相受。假令無我慢者,則是無厚。無生者不自立,有生者無以爲生,故我慢與我愛交相倚也。若寶劍之有文鐃矣,如浮脂不可脫,如連珠不可掇。以爲一邪?抗下異節。以爲二邪?其榮滿側。及其用之,我慢足與他人競,我愛足與他人和,其趣則異。是何也?自執有我,從是以執他人有我。慢之性使諸我相距,愛之性使諸我相調。調與距雖異,其趣則然。昔者項王意烏叱咤,千人俱廢。然見人慈愛嫗嫗,人有疾痛,爲之涕泣和藥。今有大俠,遇盜于塗,角力者殺之,乞命者卽矜而活之。師子至暴也,一鹿之肉,給其日食有餘,然獨意殺象者,以其力之多。見人蒲伏其前,則經過不搏。麒麟爲仁矣,不殺蟲蛾,遇師子卽引足踶跂,令辟易數十丈死。是故愛、慢異流而同其柢,然而愛不足以勝慢矣。惟慢勝慢,故上禮不以爲情貌,以自攻拔其身。此與孫卿矯飾之説不同。極我慢以治我慢,非由矯也。亦與康德所謂絕對之命令不同。彼謂知善,故施此命令。此謂由我慢之念而極之,猶壯士求自舉其身。夫以我勝我,猶有我慢之見也。彼大士者,見我之相勝,以知我之本無。若本有我,則我不爲二。我不爲二,則無以我勝我之理。益爲上禮,使慢與慢相盡,則審惡足以解,浮屠喻之以夢渡河。謂如夢中見有大河橫距行徑,卽奮躍求越過,正奮躍時,其夢卽寤。實無有河,亦無有奮躍事,然非奮躍,則夢亦不能寤。然則孟子、孫卿言性也,而冣上者言無我性。親證其無我性,卽審善審惡猶幻化,而況其偏乎!"

辨性下

孔子曰："生而知之者，上也。""惟上智與下愚不移。"此亦計阿羅耶中受熏之種也。熏之者意識，其本卽在意根。人心者，如大海，兩白虹嬰之，我見、我癡是也；兩白蛟嬰之，我愛、我慢是也。彼四德者，悉依隱意根。由我見，人有好眞之性；亦以我愛爲增上緣，惟我見則無情好。眞略分五：一曰實，二曰如，三曰成，四曰常，五曰明了。主觀之念，適當客觀；客觀之境，適當主觀，謂之如。好奇、好巧，皆好如也。懷舊之念，由好如及好適中、好同和合所生；意舊想復現者，由好如①、好明了和合而成。由我愛，人有好適之性；適分爲四：一曰生，二曰安（安復分八：一、亭隱，二、飽，三、潤，四、煖，五、清涼，六、動，七、逸，八、通利。好速之念，由好動、好通利孳乳），三曰美（美復分七：一、净，二、麗，三、韻，四、旨，五、芳，六、柔，七、法處所攝美），四曰同（此卽合羣之念所起，好善之念，亦由此孳乳）。由我慢，人有好勝之性。好名之念，由好勝及好適中、法處所攝美和合所成。如上三事，攝人生所好盡。昔希臘學者分眞、善、美三事，爲人情所同好。此實短拙，故今分別如此，其詳別見。此諸位者，或互爲助伴，亦互相折伏，由此人情好尚，種種不定。責善惡者于愛慢，責智愚者于見癡。我見者與我癡俱生。何謂我癡？根本無明則是。以無明不自識如來臧，執

---

① 初版本作"由好和"，當從浙本。

阿羅耶以為我。執此謂之見，不識彼謂之癡。二者一根，若修廣同體而異其相。意識用之，由見即為智，由癡即為愚。智與愚者，非晝夜之校，而苣燭、熅火之校。癡與見不相離，故愚與智亦不相離。上智無癡，必無我見也，非生而具之。下愚者，世所無有。諸有生者，未有冥頑如瓦礫者矣。<small>浮屠言一闡提者，亦謂其性最惡，非謂其性最愚。</small>

嘗試以都耶計之。世方謂文教之國其人智，蜑生之島其人愚。彼則習也，非性。就計所習，文教國固多智。以其智起愚，又愚於蜑生之人。何者？世之恆言，知相、知名者為智，獨知相者謂之愚。蜑生之人，五識于五塵猶是也。以不具名，故意識鮮通於法。然諸有文教者，則執名以起愚，彼蜑生者猶捨是。

一曰：徵神教。蜑生者事牛、耿電，以虺、易為靈蛇；而文教者或事上帝。由慢計之，事上帝則優，事牛、虺、耿電則劣；自見計之，上帝不可驗，而牛、虺、耿電可驗。其言有神靈，皆過也。一事可驗，一事不可驗，則蜑生者猶少智。何以明之？今有二人，一謂牛角能言，一謂馬角能言，其過則等。牛角雖不能言，固有牛角，其過一；馬角者，非直不能言，又無馬角，其過二。故以馬角為能言者，視以牛角為能言者，其愚以倍。

二曰：徵學術。蜑生者之察萬物，得其相，無由得其體。雖得之，不橫以無體為體。有文教者得其體矣，大上有唯識論，其次有唯物論。識者以自證而知，物者以觸受而知，皆有現量，故可就成也。凡非自證及直覺感覺所得者，皆是意識織妄所成。故不能真知唯識者，寧持唯物。唯物亦有高下二種：高者如吼模，但許感覺所得，不許論其因果，此即唯識家之現量也。其次雖許因果，尚少織妄。而世人不了唯識，有謂任意妄稱，雖無亦可謂之有者。近日本有筧克彥①，以此成其法理之學，重紕貤繆，不知其將何底也。計唯物者，雖不圓成實性，猶據依他起性。取下有唯理論師，以無體之名爲實，獨據徧計所執性，以爲固然。無體之名，浮屠謂之"不相應行"。非心非物，故曰"不相應行"。《成唯識》有不相應行二十四種。康德所説十二範疇，亦皆不相應行也。意識用之以貫萬物，猶依空以置器，而空不實有。海羯爾以有無成爲萬物本，笛佉爾以數名爲實體，此皆無體之名。莊周曰："名者，實之賓。"《逍遙游》。尹文曰："有形者必有名，有名者未必有形。"《大道上》。今以有名無形者爲實，此蜋生者所不執也。浮屠言真如者，《成唯識論》云："真如即是唯識實性。以識之實性不可言狀，故强名之曰如。若執識外别有真如者，即與計有無爲實物者同過。"又，此土學者，或立道，或立大極，或立天理。要之，非指物即指心，或爲綜計心物之代語，故亦無害。若謂心物外别有道及大極、天理者，即是妄説。

三曰：徵法論。蜋生者獨以酋長爲神，國皆酋長產也。雖粗有文教者，猶以君爲國家。文教益盛，謂君長、人民、土地皆非國，而國有其本體。由愛計之，獨主君則民病，以國爲主，而民少紓。夫論物者，宜棄捐善惡、利害之見，和精端容，實事以效是。然則病民與否，非其所宜計也。由見計之，君猶實有，而國家非實有。即鉤校其誠者，國固無繫君，顧一國人之總業耳。凡事有總業者，有别業者。别業者，以一人之力就之，農耕、裨販是也。總業者，集數人之力就之，家乎，市乎，鄉曲乎，取大則

---

① 初版本"筧克彥"上有"妄人"二字。

爲國。是故農、賈非實有也,實之謂人,業之謂農、賈。不了此義,故名家有殺盜非殺人之説,是以業爲實也。家、市、鄉曲亦然,有土、有器、有法。土者人所依,器與法者人所制,故主之者曰人。今曰"國家有自體,非君長、人民、土地",若則曰"市非錢布、化居、人民、廛舍也,而自有市之體",其可乎？近世法家,妄立財團法人、社團法人之名,此皆妄爲增語。雖然,名之曰"法人",則本非實人也。比與果實名人何以異？家、市、鄉曲之與國,或以字養,或以貿遷,或以保任,或以布政用師,其業不同,校其實即同。所以殊名者,以業起,不以實起。不辨實、業之分,以業爲體,猶舍心與形軀而言人有熒魂。或曰:國者有作用,故謂之有。是不然。以君長假國爲號然後作,非國自能作。若巫師假鬼以爲號,然後有祠堂榮襀,而巫師亦得糈,彼鬼者能自作乎？以國家有作用,而鬼亦有作用。因是以國家爲實有,是鬼亦實有邪①？或曰:凡人默自證,知我爲是國人也,以自證故謂國有。是不然。知爲是國人者,非自證也。人自證有識者,不待告教。自知爲是國人者,待告教然後辨,以其習聞之,遂有勝解,勝解,謂決定不可轉移之念。而想滑易,則若自證。譬若人之有姓者,亦默自知之也,然不告教則不知。以國爲實有者,彼姓亦實有邪②？此又螟生者所不執也。

　　四曰:徵位號。螟生者,無君臣吏民之號,有之亦亡重輕。有文教者,其位號滋多。今人言名者,或以名有虛實異。聲譽

---

① "邪",初版本作"耶"。
② "邪",初版本作"耶"。

之謂虛名，官位之謂實名。夫名則盡虛也，顧以爲有實者，得官位足以飽煖、且役使人，得聲譽不足以飽煖、役使人。此其業之異矣，于實則奚異？名且言實，則是以影爲形也。今之法家皆曰：君位實有也。某甲南面者，則表彰之。卽如是，弒某甲則不爲大逆，與殺凡民均。是何也？則不能弒其君位也，然法律又異等。言法之理，與定法之條相反，豈不誖哉！且位者，萬物盡有之，亡獨人君。以位爲實，卽以肥羜食客，是充犧位也。犧位實有，而羜表彰之。不知客所欲啖者，其羜邪？妄其欲啖犧位邪。從是以觀，以甲饗乙，甲非主，乙非客，主位、客位皆實有，而甲、乙表彰之。凡夫婦、奴主皆準是。從是以推無生諸行：水之在壑，則渠位實有，而清水、濁水表彰之。火之在竈，則爨位實有，而桑柘之火、棗杏之火表彰之。然則名實交紐，爲戲謔之論矣。此又蝡生者所不執也。

五曰：徵禮俗。蝡生者祭，則就墓，無主祐之儀；覲，則謁君，無畫像之容；戰，則相識，無徽識之辨，皆就其體。頗有文教，立之主設之像矣，又有旌旗矣。主像者所以繫心，不以君親竟在是也；旌旗者所以分部曲，不以軍府竟在是也。其轉執者，或置其君之畫像於橫舍，莫夜火發，其師既跣足出，返復翼奉其君之像，若救其君之身者，竟以燔死。有兩國相爭者，狀貌素異，雖拔其旗，弗能假以掩襲。然同伍死則不相救，軍旗失則踐積屍、冒彈丸以救之，若救其軍府。此又蝡生者所不執也。

六曰：徵書契。蝡生者或無文字，有之曰：足以記姓名、簿籍而已。有文教者，以文字足以識語言，故曰："名者，聖人之符。"《群書治要》引《申子》。其轉執者，或諱其君親之名，或刻楮印布以爲金幣。夫以名爲君親之實，則是書君親之名裂之，即支解君親也。刻符可以爲幣，則是斷幷閭以爲輪，揭巴蕉以爲旗，杖白茅以爲劍，亦可以爲軍實也。紙幣者，名之爲幣，其實符券也。以一幣一券，更相往復，本無所害。而今世作紙幣者，必倍其實幣之數，此則徒以欺罔其民。久之習爲故常，竟以空券爲幣矣。① 今是擲五木者，有盧、有雉。盧不可獎以執留，雉不可烹以實鼎。即有用之者，人且以爲大戇。今獨以諱君親、用紙幣爲恒事，則何也？夫國有成俗，語言不可移，故文字不可移。然而文字不以爲實，以文爲實，此又螟生者所不執也。

　　由是言之，見與癡固相依。其見愈長，故其癡亦愈長，而自以爲智者，誠終身不靈哉！問者曰："人若無見，即如灰土矣。今見愈長而癡亦從以長，是終無正見之期也。"應之曰："人之見自我見始，以見我故謂生物皆有我，亦謂無生者有我。我即自體。由是求真，故問學思慮應之起。其以爲有我者，庠其實，不庠其德、業。故有一石焉，拊之即得堅，視之即得白。堅與白，其德也。而終不曰'堅白'，必與之石之名者，其念局于有實也。故諸有相可取者，取相不足，必務求其體。從是有學術，而其智日益馳騁。從是不知止，又不知返，其愚亦日益馳騁。何者？名起于想。所想有貞、僞。以想如自證、觸受之量爲貞，以想不如自證、觸受之量爲僞。名之如量者，有若堅白；其不如量者，有若石。又遠曰'此石彼石'，又遠曰'石聚'，又遠則從其聚以爲之號。明和合之爲僞，假以通利慮憲，即無害，所以必假僞名以助

---

① 初版本無此注。

思慮者,以既在迷中,不由故道,則不得返。嘗聞聲論師波膩尼之言矣,諸名言自體爲什甸吒㗚,什甸吒者①,應于青爲青,應于赤爲赤,應于然爲然,應于否爲否。彼特以自心相分爲主,而不執所呼者有體,斯可也。然則名言之部,分實、德、業,使不相越,以實、德、業爲衆同分。衆同分者,謂人所同然。實、德、業三,凡人思慧,皆能別之,故曰'衆同分'。約定俗成,故不可陵亂。假以實、德、業論萬物,而實不可爲德、業,德、業亦不可爲實。譬如建旗,假設朱雀、螣蛇、北斗、招搖之象,而不可以相貿。知其假設而隨順之,爲正見;不知其假設而堅持之,謂之倒見。誠斯析之,以至無倫。堅、白可成,石猶不可成。何者?實不自表,待名以爲表。德者無假于名,故視之而得白,捫之而得堅,雖瘖者猶得其相。至于石,非名不起也。執有體,故有石之名,且假以省繁辭。是何故?以有堅、白者不唯石。如是堅,如是白,其分齊不與佗堅、白等。道其分齊,則百言不可盡。故命以石之名者,亦以止辭費。知之,雖言石,固無害;不知者執以爲體。自心以外,萬物固無眞,騖以求眞,必與其癡相應;故求眞亦彌以獲妄。雖然,唯物之論,于世俗取無妄矣,執增語以爲實而妄益踊。是故老聃有言曰:'始制有名。名之既有,夫亦將知止。'"

---

① "者",初版本無。

附録

古今音損益説[*]

　　近世平議古音之士，惟四説爲奇恒。顧炎武曰："古無麻部。"段玉裁曰："古無去聲。"王念孫曰："古音盍部、緝部有入聲，無平、上、去；至部、月部有去、入，無平、上。"錢大昕曰："古音字紐，有端、透、定，無知、徹、澄；有幫、滂、竝、明，無非、敷、奉、微。"其言至淖微閎約矣，非閉門思之十年，弗能憭也。麻部之聲，西北自隴右出，漢末中原亦然。《釋名》曰："車，古者曰車聲如居，言行所以居人也。今曰車，車，舍也，行者所處若舍也。"又曰："庫，舍也，物所在之舍也。故齊、魯謂庫曰舍也。"今俗字有厙，卽庫字，讀如舍也。此爲青、徐已有麻部，江南尤衆，則音雅雅如白項鳥。中國以外，匈奴、西域、印度諸國，慮無不有麻部者。聲氣湊微，發如機括，雖古之中原，何以外是？其無麻部者，諸聲張口噓之，惟麻部爲極侈。記言口容止，父母有疾，笑不至矧。此則平居笑有至矧。語則常止，不大開也。若作麻部音者，輔車動摇，齮牙若虎，墮其容矣。故約制其音，使有歌、

---

[*] 原載《國故論衡》清宣統二年（1910年）初版本。

戈、魚、模而無麻部，非本自然，容經之所制也。吳、越故與上國殊俗，其民誕慢，故江南多麻音。《詩》稱"不吳不揚"，何承天讀吳爲胡化反。古之名國，多本其音，其音㝡張口，故謂之吳；其音次張口，故謂之揚州。越即揚也，如對越即對揚。陽、唐之音，故中原舊音矣，然其聲悉斂近内。今山西人呼陽、唐音，皆穹口，近宵、肴、豪。悟氣如欠以呼陽唐者，於古獨有揚州。是故吳、揚非正音也。

平、上、去、入四聲者，近起齊梁，以爲詩律。古者不以四聲制詩，非遽無四聲也。四聲既備，獨無去聲，怪其不近情矣。平、上者，定氣呼之；去聲者，引氣呼之。今作去聲，必先遒促其氣，劫之令吐，平、上異是，故去聲爲引音。余觀印度十二聲勢，㮧，音阿可反，此徑直音也；阿，音阿箇反，此引音也；醫，音伊以反，此徑直音也；縊，音伊異反，此引音也；塢，音烏古反，此徑直音也；汙，音塢固反，此引音也。見慧琳《一切經音義》第二十五。音紐相同而聲勢異，其引音者皆去聲。中國上世無引音，發聲易直，故曰放鄭聲。昔吾有先正，其言明且清也，無引音者，即不得有去聲矣。入聲皆與平、上相麗，盍、緝、至、月，獨無平、上，是有枝葉無本根，此可怪也。徵之近世北方之音，入聲有平、上者，皆轉爲平、上、去。盍、緝與月，北方皆作入聲，此古音也。王君以爲他部四聲相屬，獨此爲異。余以他部古無入聲，入聲於古皆爲平、上，獨盍、緝、至、月爲入聲。古者入聲與平、上不相麗，各爲部曲，故盍、緝、至、月不通於諸韻矣。

漢音異他國者，獨知、徹、澄三紐，細不至照、穿、牀，大不及端、透、定。羅甸字紐，傳于歐羅巴諸國，不足以切漢音者，惟漢音有知、徹、澄故。印度舊音，有繆、姹、荼三紐，斯則知、徹、澄也。今就問梵土諸學者，繆、姹、荼音，猶作多、佗、陀。多、佗、陀入麻部，本亦有多、佗、陀三紐，然與此輕重有別。故悉談亦不足切漢音。露西亞聲有上咢，與知、徹、澄又小異。斯齊州之土風，所以殊衆。今無知、徹、澄，則與域外相通耶？諸紐不發聲則不見，獨知、徹、澄、非、敷、奉、微，蹙口呼之，聲不暴出而清亮如鳴蜩、蟋蛄。此爲吟嘯，非語言也。語異于嘯，故無上咢、輕脣之音矣。

論語言文字之學[*]

今欲知國學,則不得不先知語言文字。此語言文字之學,古稱小學。蓋古者八歲入小學,教之識字。其書與今《千字文》相類,周有《史籀篇》,秦有《蒼頡篇》,漢有《凡將篇》、《滂喜篇》、《急就篇》。大抵非以四字爲句,卽以七字爲句。取其便於誦習,故以小學爲名。然自許叔重創作《說文解字》,專以字形爲主,而音韻、訓詁屬焉。前乎此者,則有《爾雅》、《小爾雅》、《方言》。後乎此者,則有《釋名》、《廣雅》,皆以訓詁爲主,而與字形無涉。《釋名》專以聲音爲訓,其他則否。又自李登作《聲類》,韋昭、孫炎作反切,至陸法言乃有《切韻》之作,凡分二百六韻。今之《廣韻》,卽就《切韻》增潤者。此皆以音爲主,而訓詁屬焉,其於字形罯不一道。合此三種,乃成語言文字之學。此固非兒童占畢所能盡者,然猶名爲小學,則以襲用古稱,便於指示,其實當名語言文字之學,方爲塙切。此種學問,《漢·藝文志》附入六藝。今日言小學者,皆似以此爲經學之附屬品,實則小學之用,非專以通經而已。周秦諸子、《史記》、《漢書》之屬皆多古言古字,非知小學者,必不能讀。若欲專求文學,更非小學不可。漢時相如、子雲,唐時韓、柳,皆通小學,故其文字閎深淵雅,迥非後人所及。中閒東漢、六朝諸文學家,亦無不通小學

---

[*] 原載《國粹學報》清光緒三十二年(1906年)第二十四、二十五期,署名章絳。

者。一披《文選》,便可畧知梗概。然自中唐以後,小學漸衰。韓退之言:"凡作文字,宜畧識字。"①可知當日文人,已多不識字者。自宋以來,歐、曾、王、蘇諸家,皆於此事茫然不省。歐陽作《集古錄》,雖於鐘鼎彝器有所考徵,而文字之原非其所識。曾氏長於校勘,但於形聲相近者,略施檢點,其源流則非所知也。王、蘇四家,尤爲可笑。王氏《字説》,恣意武斷。蘇氏問以"犇"、"麤"二字,何不以從鹿者爲"奔",從牛者爲"粗",王遂不知所對。要之,二子本未讀書,點、畫、真、俗尚不能辨,近比歐、曾,又若一龍、一豬矣。詩人當通小學,較之專爲筆語者,尤爲緊要。唐時李、杜無論矣,雖至兩宋詩人,亦尚有見及此者。自元以下,此風亦絶。明時七子,宗法盛唐,徒欲學其風骨,不知温醇《爾雅》之風,斷非通俗常言所能支配。清時王、朱二子,則又以運用僻典爲能,專造字遣辭不能由己,更傭猥不足道矣。要之,文辭之本,在乎文字,未有不識字而能爲文者。加以不明訓詁,則無以理解古書,胸中積理,自爾匱乏。文辭何由深厚?吾生幾四十歲,所見能文之士,大抵未能識字。擾擾焉作報章、爲策論者,固不足道。其在内地植根深固、稱爲文學大家者,亦或畧讀《説文》,粗明雅訓而終,不能冰識理解,故但能用其渾淪固有之名詞,而不能以己意分合。此則文學所以陵遲也。譯書之事,非通小學者亦不爲功,所以者何?通行文字所用名詞,數不踰萬,其字則不過三千而已。外來新理,豈能以此包括?求之古書,未嘗不有新異之名詞可相影合。然其所涵之義,究有

---

① 原文作:"凡爲文辭,宜畧識字。"見韓愈《科斗書後記》。

不同。呼鼠尋璞，卒何所取。若非深通小學，何能恣意鎔化？晉、唐之世，譯佛典者大抵皆通小學。今觀玄應、慧琳二家所作《一切經音義》，慧苑所作《華嚴經音義》，徵引小學諸書，凡數十種。可見當時譯經沙門，皆能識字，而文人之從事潤色者，亦知遵修舊文而不穿鑿。今則不然，略習制義程式，粗解蘇、王論鋒，投筆從戎，率爾譯述，其文辭之詰詘，名義之不通，較諸周誥殷盤，益爲難解，此新譯諸書所以爲人蔑視也。如上所說，則小學者非專爲通經之學，而爲一切學問之單位之學。

所謂小學，其義云何？曰：字之形體、音聲、訓詁而已。《說文》所述，重在形體，其訓詁惟是本義，而於引伸、假借則在所畧。然古今載籍，用本字、本義者少，而用引伸、假借者多。若墨守《說文》，則非特於古籍難通，卽近世常行之學，亦不得其解矣。是故引伸、假借之用，不得不求之《爾雅》、《方言》諸書，雖然，凡假借者，必其聲音相近；凡引伸者，亦大半從其聲類漸次變遷。而古韻、今韻往往殊異，古之同聲者，在今則異；古之異聲者，在今則同。而今字之引伸、假借，則非自今日始，率皆沿襲古，初一成不變，以今世音韻讀之，覺此字與彼字音韻絕殊。何以得相引伸？何以得相假借？是故欲知引伸、假借之源，則不得不先求音韻。韻之善者，今世惟有《廣韻》，次則《集韻》。雖其分合或有未當，沿流溯源，古韻庶幾可得。以古韻讀《說文》，然後知此之本字，卽彼引伸、假借之字。以古韻讀《爾雅》、《方言》諸書，然後知此引伸、假借之字，必以彼爲本字。能解此者，稱爲小學。若專解形體及本義者，如王菉友所作《說文釋例》、《說文句讀》，祇可稱爲《說文》之學，不得稱爲小學。若專解訓詁，而不知假借、引伸之條例者，如李巡、孫炎之説《爾雅》，郭璞之注《爾雅》、《方言》，衹可稱爲《爾雅》、《方言》之學，不得稱爲小學。若專解音聲，而不能應用於引伸、假借者，如鄭庠之《古音辨》、顧寧人之《唐韻正》，衹可稱古韻、唐韻之學，不可稱爲小學。兼此三者，得其條貫，始於休甯戴東原氏。

如上所説，治小學者，實以音韻爲入門。自顧寧人作《詩本音》，分東、支、魚、真、蕭、歌、陽、庚、蒸、侵，凡爲十部。江慎修作《古韻標準》，分東、支、魚、真、元、宵、歌、陽、庚、蒸、尤、侵、覃，凡爲十三部。段若膺作《六書音韻表》，分之、蕭、尤、侯、魚、蒸、侵、覃、東、陽、庚、真、諄、元、脂、支、歌，凡爲十七部。張皋文就十七部，分冬于東。王懷祖就十七部，分祭于脂，又分入聲十月以下七韻，獨爲一部。侵之入聲，二十六緝以下三韻；覃之入聲，二十七以下十六韻，皆各爲一部。故就張氏所分，可成十八部；就王氏所分，可成二十一部；計實可得二十二部，曰：之、蕭、尤、侯、魚、蒸、冬、侵、覃、緝、合、東、陽、庚、真、諄、元、脂、祭、月、支、歌。之部所生，有二派别，曰：蕭、尤、侯、魚爲一類，蒸、冬、侵、覃、緝合爲一類。二類不同，而皆與之部爲類。其他東、陽、庚爲一類，真、諄、元、脂、祭、月爲一類；支、歌爲一類。凡同部者，多可假借；凡異部者，同爲一類，有時亦可假借。此外，雙聲亦可假借，引伸準此。

或疑古韻不同于今韻。就古韻言，亦必有方音不同。何以十五《國風》韻皆一律？且古時未有韻書，而用韻皆能一致，此最不可解者。答曰：古無韻書，卽以官音爲韻書。今之官音，古稱雅言。《論語》云："子所雅言，《詩》、《書》、執禮，皆雅言也。"

雅言者，正言也。謂造次談論，或用方音。至於諷誦《詩》、《書》，臚傳典禮，則其言必一，出于雅正《國風》，異于謠諺。據《小序》説，大半刺譏國政，此非田夫野老所爲可知也。其佗里巷細情，民俗雜事，雖設爲主客，託言士女，而其詞皆出文人之手。觀於漢晉樂府，可以得其例矣。田夫野老或用方音，而士大夫則無有不知雅言者。故十五《國風》不同，而其韻部皆同。亦猶今時戲曲，直隸有京腔，山、陝有梆子腔，安徽有徽調，湖北有漢調，四川有渝調，江西有弋陽調。雖各省方言彼此異撰，而戲曲則無不可以相通，大抵皆以官音爲正，特其節奏有殊，感人亦異。此所以各成其腔調也。今之官音，豈有韻書規定？而演唱者皆能相合，則何疑於十五《國風》乎？

既知二十二部古韻之分，又當知有字母。字母云何？神珙所傳三十六字母是也。署分八類，八又分九，曰：喉音、牙音、舌頭音、舌上音、正齒音、齒頭音、輕脣音、重脣音及半舌、半齒音。凡同母音謂之雙聲，卽得引伸、假借；其非雙聲而同一音位者，亦得互相通轉。此事古今無大變遷，故韻學家亦無争論。好古者或謂：古有雙聲，而無字母。此因字母出于華嚴，爲沙門所傳述，而雙聲、反切則自魏之孫炎、吳之韋昭已發其端。又孫愐作《唐韻序》，尚在字母未出以前，而其文已云：

> 紐其脣、齒、喉、舌、牙，部件而次之。

又云：

> 切韻者，本乎四聲，紐以雙聲、疊韻。

是字紐之名，先於字母。故矜古者率以字母之名爲卑鄙。此固無關緊要。然如鄭樵《六書署》中，盛推七音，矜爲神秘，遂爲破壞韻學之端。故學者亦不得不竭力摧陷之矣。古今字母，雖無大異，而今之讀輕脣者，於古率爲重脣，如今音呼"父"爲輕脣，而古音呼"父"如"哺"，則爲重脣，不如此不得轉爲"爸"矣；今音呼"無"爲輕脣，而古音讀"無"爲"模"，不如此魏、晉譯經不得讀"南無"爲"曩模"矣。亦有古音重脣之字，今世讀爲輕脣，而常語則猶襲用古音之重脣者，如今音呼"鳳"爲輕脣，而古音讀"鳳"如"鵬"，則爲重脣，然至今"鵬"字猶讀重脣而不讀輕脣（鵬、鳳本一字，見《説文》）；又如今音呼"敷"爲輕脣，而古音讀"敷"如"鋪"，則爲重脣，然至今言鋪陳、言鋪設者，實皆"敷"字，而不讀"敷"之輕脣音。是皆沿襲古音之證也。雖然，自輕脣、重脣而外，古今大抵不殊。此皆不煩齟縷者也。若夫齎咨、涕洟皆疊韻，齊莊、中正皆雙聲，則昔人言之詳矣。

二十二部以斂、侈分，八音以清濁分。知此則知引伸、假借，各有範圍，率履不越。於是語言文字之學，始有端緒可尋矣。於是當就形體言之。

形體云何？謂造字製形之本也。如《説文》云：

> 一曰指事。指事者，視而可識，察而見意，上、下是也。二曰象形。象形者，畫成其物，隨體詰詘，日、月是也。三曰形聲。形聲者，以事爲名，取譬相成，江、河是也。四曰會意。會意者，比類合誼，以見指撝，武、信是也。五曰轉注。轉注者，建類一首，同意相受，考、老是也。六曰假借。假借者，本無其字，依聲託事，令、長是也。

由今觀之，造字之法，惟屬前四。抽象與普遍者，多用指事；具體與特別者，多用象形、指事之字。自上、下而外，復有一、二、三、四、五、六、七、八、九、十等字。十干之中，除戊、庚、辛三字外，亦皆指事。其他指事之字絕少。大抵孳乳爲字，皆用形聲、會意矣。象形之字，雖云"畫成其物"，然古文、小篆，又有不同。古文象形，如今工筆畫；小篆象形，如今寫意畫。考之儀器，鼅字作🦂，雞字作✡，環字作❽，宛然象其物色。小篆馬字作🐴，牛字作Ψ，犬字作ㄤ，鳥字作🐦，魚字作🐟，雖大致畧似，惟能得其梗概。隸書改作整方，則截然不相似矣。凡物之單純者，多用形聲。凡義之複雜者，多用會意。惟可用形聲者，必不可用會意。犬馬之名，草木之號，山川之別，金玉之品，固無可以比類合誼者，故皆形聲而無會意。然可用會意者，則亦可用形聲，且如表德之言，武信而外，仁、孝、敬、品等字，皆爲會意；若忠、若恕、若勇、若彊、若恭、若愙、若禮、若誼、若智、若哲、若嚴、若毅，悉用形聲。畢竟會意字少，形聲字多。以造字有難易，故亦有象形而兼會意者，如巢字從𦥑，象巢形，加木則兼會意矣；履字從舟（非舟楫字），舟象履形，加尸及彳夂，則兼會意矣；先字從㐁，㐁象先形，加人則兼會意矣。又有象形而兼得聲者，如包字從巳（十二支之巳字），巳象胎形，加勹，則兼得聲矣；舜字從匚，匚象華形，加舛，則兼得聲矣。復有象形而兼形聲者，如齒字從𠚕，象形也，從口，止聲，則兼形聲矣；龍字從㐫，象形也，從月，童省聲，則兼形聲矣；豐字從山（非山川字），象形也，從豆，丰聲，則兼形聲矣。此類甚多。凡指事、象形、形聲、會意，皆造字之法也。

用字之法,則屬後二。許説轉注而以考、老釋之,而其老部則云:"老,考也。""考,老也。"以考注老,以老注考,是謂同意相受,是謂互訓,是謂轉注。雖然,訓詁之用,以所見邊推未所見邊,然後易于了解。今若問曰:"老義云何?"答云:"老即是考。"又問曰:"考義云何?"答云:"考即是老。"如是互相絞紾,何由使人明白!然則轉注之義,許實誤解。實則所謂轉注者,卽是引伸之義。如發號爲令,引伸則爲縣令,久遠爲長,引伸則爲長者。許氏以此爲假借,不知此乃轉注也。又如,朋卽鵬字,亦卽鳳字,鳳飛羣鳥,從以萬數,故引伸爲朋黨字;韋,本相背之義,以揉皮易于相背,故引伸爲皮韋字;弟,本韋束、次第之義,以伯仲亦有次第,故引伸爲兄弟字;西,本鳥在巢上之義,以日落則鳥宿,故引伸爲東西字。此皆屬于轉注者,如水流注展轉不絶,故得轉注之名。若夫假借之例,則所謂"依聲託事"是已。然有"本無其字,依聲託事"者,亦有"本有其字,依聲託事"者。本無其字者,畧有一種。一與轉注相近,一與轉注相遠。其相近者,如古祇有人字,東夷之人蹲踞,下體詰詘,于是又作几字;人類相愛,名曰人偶,于是又作仁字;或作㠯形,亦卽仁字;東夷性仁,由此㠯形用作夷字,其後復造从大从弓之夷字。凡諸仁者,性皆平均,夷轉訓平,於是又作侇字。若據古初諸義,皆已萌芽,諸形猶未造作,則惟一人字兼該無數訓義,此卽所謂轉注也。其後漸製諸字,各有定形則稱古之專用人字者,名爲"本無其字,依聲託事"。如云:"仁者,人也。"其下人字,亦卽仁字,屬於假借矣。又如夷字造後,未造侇字,則以夷字兼該平義,此卽所謂轉注也。其後,晚製侇字,則稱古之專用夷字者,名爲"本無其字，依聲託事"。如云"我心則夷"，夷訓爲平，卽今恞字，屬於假借矣。相遠者則爲形容語，形容語有三：一曰疊韻形容語，一曰雙聲形容語，一曰連字形容語。大都本無其字，依聲託事者。別有單字形容語，如"瑟兮僩兮"，"赫兮烜兮"。有連義形容語，如飛揚、反側、陵厲、淸明，此皆本有其字，不在斯例。若疊韻之"宛轉"，雙聲之"忼慨"，連字之"煌煌昭昭"，亦或本有其字，然無字者爲多。疊韻者，如優游、委蛇、從容、契闊，是也；雙聲者，如猗違、容與、解垢、突梯，是也；連字者，如便便、欽欽、番番、踖踖是也。此與轉注無涉。自古未嘗製字，但由觸口成聲，用相比況而已。所以者何？萬物之現象有窮，而人心之比擬無盡。若一一爲製字，則繁於創造，是故依聲託事，而止此二者，皆"本無其字"者也。"本有其字"者，如近世仍用之字，多借同音、同部、同紐者，以代正文，如ナ皆作左，又皆作右，歬皆作前，罙皆作深，旱皆作厚，車皆作專，攸皆作散，以及古今載籍隨分移用者，無不皆是。亦有後人爲之，則稱別字，古人爲之，則稱假借者，如來之作麥，麥之作來，煤之作墨，墨之作煤，雖是同部同聲，實乃沿襲誤用。但其由來已久，故亦無所訾議。此二者，皆"本有其字"者也。如上說，則轉注、假借，皆用字之法也。①

上來所說，六書皆屬形體，而轉注、假借二者，實軼出形體之外，因循舊論，姑以形體概之。此後專明引伸、假借之事，則屬於訓詁者。引伸、假借之說，其常用者，不必繁徵。今就語言

---

① 上文刊於《國粹學報》光緒三十二年十一月二十日第二十四期。下文刊於《國粹學報》十二月二十日第二十五期。

文字之本原，略爲申論。

　　語言何自起乎？呼馬而馬，呼牛而牛，此非必恣意妄稱也，一切言語皆有其根。先徵之有形之物，則可見矣。何以言雀？謂其音卽卽足足也；何以言鵲？謂其音切切錯錯也；何以言雅？謂其音亞亞也；何以言雁？謂其音岸岸也；何以言駕鵝？謂其音加我也；何以言鶻鵃？謂其音格磔鉤輈也。此皆以音爲表者也。何以言馬？馬者，武也（古音馬、武同在魚部）；何以言牛？牛者，事也（古音牛、事同在之部）；何以言羊？羊者，祥也；何以言狗？狗者，叩也；何以言人？人者，仁也；何以言鬼？鬼者，歸也；何以言神？神者，引出萬物者也；何以言祇？祇者，提出萬物者也。此皆以德爲表者也。要之，以音爲表者，惟是鳥類爲多；以德爲表者，則萬物大抵皆是。乃至天之言顚，地之言底，山之言宣，水之言準（水在脂部，準在諄部，同類相轉），火之言毀（古音火、毀同在脂部），土之言吐，金之言禁，風之言氾，一切有形，大抵皆爾。以印度勝論之說言之，實、德、業三，各不相離。人云、馬云，是其實也；仁云、武云，是其德也；金云、火云，是其實也；禁云、毀云，是其業也。一實之名，必與其德、或與其業相麗相著，故物名必有由起。雖然，大古草昧之世，其言語惟以表實，而德、業之名爲後起。故牛、馬之名成立最早，而事、武之語卽由牛、馬變化而生。稍近文明，則德、業之語早成，而後施名於實。故先有引語，始稱"引出萬物者曰神"，先有提語，始稱"提出萬物者曰祇"。此皆轉注之例，亦卽假借之例也。

　　雖然物之得名，大都由於感覺。感覺之譌異者，刺激視聽，眩惑神思，則必爲之立一特別之名。其無所譌異者，則不爲特

名,而惟以發聲之語命之,例如牛、馬、犬、羊,皆與人異,故其命名
也,亦各有所取義。至於猴類,形體知識多與人同,人與彼族固
無大異,是故以"侯"稱"猴";侯者,發聲詞也(如云:"侯不邁哉",
"侯其禕而");以"爰"稱"猨",爰者,發聲詞也;以"且"稱"祖",且
者,發聲詞也;以"佳"稱"雎",佳者,發聲詞也(發聲之"維",古彝
器皆作"佳");以"胡"稱"猢"(陸璣《毛詩草木疏》云:"猨之白腰者
爲獅猢,猶有猢孫之語。")胡者,發聲詞也;以"渠"稱"遽",渠者,
發聲詞也(如云"何渠",亦作"何遽"。俗字有"詎",亦卽"渠"字);
蓋形體相似,耦俱無猜。耳無異聽,目無異視,心無異感,則不能
與之特別之名,故惟以發聲之語命之而已。推之人類,亦然。異
種殊族,爲之特立異名,如北方稱狄,東北稱貉,南方稱蠻、稱閩,
其名皆爲特異,加以犬及虫豸之形,謂其出於獸類。寔則蠻、閩
二字,本由苗轉,長言爲馬流(唐以前史籍皆作馬流,今作馬來),
短言爲苗,苗卽馬流之合音耳。尤、蕭二部通轉。稍變則稱曰"蠻",
又稍變則稱曰"閩",非必是虫類也。惟以彼爲異族,故加之以惡
名,狄、貉二名,亦猶是也。然此方種族遠自西來。《史記》稱高
陽生於若水,高辛生於江水,皆蜀西之地也。隴西之羌戎者,又
四岳苗裔也。故於西方各種,亦不爲特立異名,或稱曰"羌"。羌
者,發聲詞也;或稱曰"戎",戎者,又人之聲轉也(顏師古《匡謬正
俗》言今之戎獸,字當作揉。戎、揉一音之轉,猴類得名,亦由人
之轉音,此可互證)。東方諸國不與中國抗衡,故美之曰"仁人",
號之曰"夷種"。夷,本人字聲轉得名,說已見前。夷,古音當讀
人脂切。人、夷雙聲,其韻部則爲脂、真通轉,而夷復爲發聲之語
(如云"夷使則介之","夷考其行"),則又可展轉互證矣。東胡與

貊本一物也，胡亦發聲之詞，而以名貊種者，胡名初起，或卽九夷之類。其後漸以其名施之貊族，亦猶漢世以胡稱匈奴，隋唐人以胡稱西域耳。反古復始，則胡名必屬九夷，非貊族之號也。由是言之，施於獸類者，形性絕異，則與之特別之名；形性相似，則與之發聲之名。施於人類者，種類絕異，則與之特別之名；種類相似，則與之發聲之名。此可見言語之分，由感覺之順違而起也。

推之人之自稱與最親昵之相稱，則亦以發稱之詞言，如古人稱兄，今人稱哥，"兄"爲發聲詞（兄卽況字。如《詩》"倉兄塡兮"，"職兄斯引"，漢石經《尚書·無逸》篇"則兄自敬德"，兄皆發聲詞也），"哥"亦發聲詞也（哥从可聲，可从丂聲，丂卽今之阿字，發聲詞也）。至親無文，則稱之曰爾、曰乃、曰若，此皆發聲詞也。自稱曰"朁"，或曰"朁老子"，亦朁，發聲詞也（《說文》："朁，曾也。"引《詩》："朁不畏明。"古人自稱曰"朕"，朕卽朁字，正當作朁，朕乃假借耳）。自稱曰"我"，我轉爲義、爲儀、爲羲，亦皆發聲詞也。《書》稱"義爾邦君，越爾多士，尹氏御事。"《詩》："我儀圖之。"義、儀皆發聲詞也。《說文》云："羲，氣也。"凡言"烏呼"者，亦作"於戲"，"戲"當作"羲"，猶"伏羲"亦作"伏戲"也（於戲之爲發聲，人所共曉）。自稱曰"言"（《釋詁》："言，我也。"），言亦發聲也（如《詩》"言告師氏"，"言念君子"之屬），自稱曰"阿陽"（見《釋詁注》），亦曰"阿家"（見《宋書·范曄傳》）。阿卽丂字，亦發聲詞也（《說文》："丂，气欲舒出，上礙於一也。""丂，反丂也，讀若呵。"近世言"呵"者，其字皆當作"丂"）。此皆無所噩異，故未嘗特製一稱，益明語言之分，由感覺之順違而起也。

上世先有表實之名，以次擴充，而表德、表業之名因之；後世先有表德、表業之名，以次擴充，而表實之名因之。是故同一聲類，其義往往相同，如阮伯元所說，從古聲者，有枯槁、苦窳、沽薄諸義，此已發其端矣。今復博徵諸說，如立一"爲"字以爲根，爲者，母猴也。猴喜摹仿人之舉止，故引伸爲作爲，而其字變作"僞"矣。凡作爲者，異於自然，故引伸爲詐僞。凡詐僞者，異於真實，故引伸爲譌誤，而其字變作"譌"矣。又如，立一"禺"字以爲根，禺，亦母猴也。猴喜摹仿人之舉止，故引伸之，凡模擬者稱爲"禺"，《史記·封禪書》云："木禺龍欒車一駟，木禺車馬一駟。"是也。其後，木禺之字又變爲"偶"，《說文》云："偶，相人也。"偶非真物，而物形寄焉，故引伸爲寄義，而其字變作"寓"矣。凡寄寓者，非能常在，適然逢會而已，故引伸爲逢義，而其字變作"遇"矣。凡相遇者，必有對待，故引伸爲對待之義，而其字變作"耦"矣。又如，立一"乍"字以爲根，乍者，止亡詞也。倉猝遇之，則謂之乍，故引伸爲最始之義，字變爲"作"，《毛詩·魯頌傳》曰："作，始也。"《書》言"萬邦作乂"，"萊夷作牧"，作皆始也。凡最始者，必有創造，故引伸爲造作之義。凡造作者，異於自然，故引伸爲僞義，而其字變爲"詐"矣。又自最始之義引伸爲今日之稱往日，而其字變作"昨"矣。又如，立一"丰"字以爲根，丰者，掔也。掔者，刺也。其字從干，干從倒入，入一爲干（犯也），入二爲丰，言稍甚也，其音如飪。丰訓爲刺，又言稍甚，其實今之"甚"字，由"丰"而變。《說文》云："甚，尤安樂也。從甘、匹。匹，耦也。"男女之欲，安樂尤甚，而其中實含有直刺之義，後人改作凡殊尤之義，則專作"甚"字。凡直刺之義，則變爲"揕"

字（俗作砍），《史記·刺客傳》曰："左手把其臂，右手揕其胸。"是也。由刺之義，引伸爲"勝"，字變作"戡"，"西伯戡黎"是也。亦借用堪，《墨子·非攻》篇云："往攻之，予必使女大堪之。"是也。由勝之義引伸，復爲勝任，由勝任義引伸，復爲支載，於是字變作"堪"，《說文》云："堪，地突也。"今言堪輿，是也。然由甚字有尤安樂之義，其字或借用"湛"，《毛詩·小雅傳》曰："湛，樂之久也。"其後有專樂飲酒之義，則又變爲"酖"字。樂極無厭，還以自害，《左氏》有"宴安酖毒"之義，於是鳥之可以毒人者，亦得是名，而字變爲"鴆"矣。又如立一"辡"字以爲根，辡者，罪人相與訟也（方免切）。引伸則爲治訟者，字變作"辯"。治訟在乎能言，引伸則爲辯論、辯析。由辯析義引伸，則爲以刀判物，於是字變作"辨"。由刀判義引伸而有文理可以分析者，亦得是名，而其字變作"辬"矣。由刀判義引伸而瓜實可分者，亦得是名而字變作"瓣"矣。如上所說，爲字、禺字、乍字、羊字、辡字，一字遞演，變爲數字（廣說此類，其義無邊，今姑舉五事明之），此即所謂轉注者也。其釋轉注，亦未嘗不可云"建類一首，同意相受"，而義則與許君有異。許所謂"首"，以形爲之首也；吾所謂"首"，以聲爲之首也。許所謂"同意相受"，兩字之意，不異毫釐，得相爲互訓也；吾所謂"同意相受"，數字之義，成於遞演，無礙於歸根也。雖然，此轉注也，而亦未嘗不爲假借。就最初言，祇造聲首之字，而一切遞演之字皆未造成，則聲首之字兼該遞演之義，是所謂轉注也；就今日言，已有遞演之字，還觀古人之專用聲首，以兼該諸義者，則謂之"本無其字，依聲託事"，是即所謂假借之近於轉注者也。

若夫假借之法，有"本有其字，依聲託事"者，此無關於言語之起原。而讀古書者，不得不知此事。其事卽繁，亦聊舉著見者言之，如《釋詁》以初、哉、首、基爲始，初、首、基，皆本字也，而"哉"則爲"才"之假借。《說文》云："才，草木之初生也。"以介、純、夏、幠爲大，夏者，中國人；幠者，覆首，引伸皆爲大義，此本字也。而介、純則爲奈、奄之假借，《說文》："奈，大也。""奄，大也。"以矢、雉、引、延爲陳，引、延，本有長義，引伸爲陳，皆本字也。而矢則爲施之假借（矢、施雙聲），施設與陳列義近也；雉則直爲陳之假借，雉聲、夷聲、陳聲皆相轉也（《周禮》"雉氏"，故書直作"夷"，《左氏春秋經》"夷儀"，《公羊》作"陳儀"。此脂、真之轉）。以父、亂、靖、神、弗、淵爲治，亂、靖皆本字，而父則爲嫛之借，《說文》："嫛，治也。"神則爲倣之借，《說文》："倣，理也。"淵則爲汨之借，《說文》："汨，治水也。"如上四事，皆雅義之可見者也。更舉近人常用之語證之，如"密勿"二字，本出《魯詩》、《毛詩·十月之交》"黽勉從事"，《魯》作"密勿從事"（見《漢書·劉向傳》）。密勿者，黽勉之假借也（古音勿讀沒，密勿、黽勉爲雙聲，皆重脣音、得相通轉）。而近人不知誤，以爲樞密禁近之義矣（如姚石甫《復厲青一兄書》云："祁公與有姻故，承柱顧，答以'公在密勿，獲咎之人，於義不當干謁。'"）。又如，"眷屬"二字，亦常語也。譯內典者多用此字。共語始見《管子》，《幼官》云："强國爲圈，弱國爲屬。"《立政》云："圈屬羣徒，不順於常。"圈屬之於羣徒，其義相類。"圈"本"麇"之假借（《左氏春秋經》"楚子伐麇"，《公羊》作"伐圈"），麇訓爲羣（《左氏傳》："求諸侯而麇至。"杜解："麇，羣也。"），字或作"權故"。《管子·七法》云："攻國救邑,不恃權與之國。"(《幼官》、《事語》、《輕重甲》三篇,皆言"權與")。權,謂圈屬;與,謂與國也。尹知章不知圈屬之義,而以圈爲豕圈。近人亦不知眷屬之義,而以眷爲眷顧,則皆可笑矣。又如,"蟬聯"二字,亦常語也。始見《漢書·楊雄傳》,字作"蟬嫣"。應劭曰:"蟬嫣,連也。"《史記·五帝本紀》:"帝顓頊生子,曰窮蟬。"《索隱》引《世本》作"窮係",蓋"蟬"本借爲"單"。《毛詩·大雅傳》"三單相襲也"("單"之本義,當訓爲"襲",前人妄說,無一可信,余別有說),相襲之義,亦借用禪,禪位,卽襲位也。亦或作嬗,《漢書·賈誼傳》"變化而嬗",是也。相襲,故有連係之義。"窮蟬"作"窮係"者,古人名字相應,一名而一字也,而自服虔之注《漢書》已云:"嬗,音如蟬。"謂變蛻也。近人則皆以"蟬聯"二字,謂如蟬蛻之相聯而下,所謂郢書燕說者矣。又如,"伐閱"二字,亦常語也。《史記·高祖功臣侯年表》曰:"明其等曰伐,積日曰閱。"伐,卽功伐之義,漢人言"持伐閱"者,猶今言"持履歷"耳。俗字作閥,始見《廣韻》云:"閥閱,自序也。"其字雖俗,而其義尚不誤。不知何時,以"閥閱"爲"門第"之義。相沿至今,曾莫覺悟。若云"伐"是假借,"閥"乃正文,則《廣韻》之訓"閥閱",亦不以爲"門第",復從何處得此異義也?此前三者,以不知假借而誤;此後一者,以妄謂假借而誤。然則不知假借之法,雖通俗語言,猶致繆誤,而況於讀周秦、兩漢之書乎?

　　近世文人不知假借者,率謂古人著述,多用方言,未必實有其字。夫方言之用,見於記載者誠多,而口授者尤甚。如《公羊傳》之多用齊語,是也。若其著之竹帛者,雖間用方言,而其義必可解,文必有徵(除發聲語、嗟歎語不必有字,如《史記》之"夥頤"，《淮南》之"邪許"，是也。其他不能爲例）。試讀《方言》楊子之所記者，徵以《説文》，無不有其本字。又如，《爾雅·釋詁》一義之言，或至二三十字，此非古今異語，則必方國殊言。然以《説文》證之，亦各有本字在，斷無以渾淪難解之詞、著之竹帛者。嘗記有人謂余曰："如《莊子·齊物論》云：'其厭也如緘。以言其老洫也。''老洫'何解？豈非方言乎？"余曰："'洫'，借爲'侐'。《魯頌·閟宫》有侐，《毛傳》曰：'侐，清静也。'老侐者，謂老而清静也。《莊子》或本'洫'亦作'溢'（見《釋文》）。此其字雖不同，而義實一。《釋詁》云：'溢，静也。'溢字，正當作'謐'。《釋詁》亦云：'謐，静也。'（此必古義相傳。《説文》但以行迹爲説，未錄雅訓。）非特'老洫'可解。上文云：'其厭也如緘。''厭'亦當爲'懕'之假借。《説文》：'懕，安也。'非特二句可以假借明之。"上文云："其留如詛盟，其守勝之謂也。""守勝"二字，亦可以假借。明之守勝，卽守司（《潛夫論·志氏姓》篇云："信都者，司徒也。"俗音不正，曰"信都"，或曰"申徒"，或"勝屠"，然其本一"司徒"耳。《吕覽·精諭》有勝書説周公旦事，所謂勝書，卽司書也。司、勝雙聲，又爲之、蒸二部之通轉）。古字無伺，司，卽伺字。守勝，謂守伺耳。以此觀之，古書豈有不可解者！自高郵王氏著《讀書雜志》以後，近世德清俞氏、瑞安孫氏繼之，古籍疑文，渙如冰釋。其他未能了解者，特十中之一二耳，容有傳寫錯訛，不能强解者，要之，不可以此爲例。余雖不敢以諸老自擬，而發見前人所未了者，亦無慮數百事也。

上來旣説引伸、假借之例，所謂以聲音求訓詁，以聲音證形體者，大略如是，此所謂小學，此所謂語言文字之學也。臨終又有一言,附述於此。

中國文字類,皆一字一音,然亦有一字二音者,此爲例外之事,何以證之？曰:以《說文》證之。凡一物而以二字爲名者,或是雙聲,或是疊韻。若但以聲音比況,則不必別爲製字。乃古字有但製一字不製一字者,旣造此字,何不遂造彼字。若謂《說文》遺漏,則以二字爲物名者,《說文》皆連屬書之,亦不至善忘若此也。然則遠溯造字之初,必以一文而兼二音,故不必別作彼字爾。如《說文》虫部有"悉蟀",蟀,本字也,而悉則爲借音之字。何以不兼造"蟋"字？此必蟀字兼有悉、蟀二音也。如《說文》人部有"僬僥",僥,本字也,而焦則爲借音之字。何以不兼造"僬"字？此必僥字兼有焦、僥二音也。如《說文》廌部有"解廌",廌,本字也,而解則爲借音之字。何以不兼造"獬"字？此必廌字兼有解、廌二音也(廌字兼有解、廌二音,更有確證。《左傳・宣十七年》:"庶有廌乎？"杜解:"廌,解也。"借廌爲解,卽廌有解音之證)。艸部有"牂藙",藙,本字也,而牂則爲借音之字。何以不兼造"萪"字？此必藙字兼有牂、藙二音也。其他動詞、形容詞以二字成一言者,此例尚多。如"黽勉"之勉,本字也,而黽則爲借音之字。何以不造？此必勉字兼有黽、勉二音也。如"詰詘"之詘,本字也,而詰則爲借音之字,何以不造？此必詘字兼有詰、詘二音也。如"篦箸"之篦,本字也,而箸則爲借音之字,何以不造？此必篦字兼有篦、箸二音也。如"唐隸"之隸,本字也,而唐則爲借音之字,何以不造？此必隸字兼有唐、隸二音也。此類實多,不可僂指。大抵古文祇有一字兼讀二音,而此事旣非常例,故後人於其本字之旁,增注借音之字,久則遂以二字并書,亦猶"越"稱"於越","邾"稱"邾婁"。在彼固以一字而讀二音,然自魯史書之,則不得不增注"於"字、"婁"字於其上下。余發此義,未知海内治小學者以爲何如耳。

駁中國用萬國新語説[*]

巴黎留學生相集作《新世紀》，謂中國當廢漢文，而用萬國新語。蓋季世學者，好尚奇觚，震懾于白人侈大之言，外務名譽，不暇問其中失所在，非獨萬國新語一端而已。其所執守，以象形字爲未開化人所用，合音字爲既開化人所用。且謂漢文紛雜，非有準則，不能視形而知其字，故當以萬國新語代之。余聞風律不同，視五土之宜，以分其剛柔侈歛。是故吹萬不同，使其自已，前者唱喁，後者唱于，雖大巧莫能齊也。萬國新語者，本以歐洲爲準，取其最普通易曉者，糅合以成一種，於他洲未有所取也。大地富媪博厚矣，殊色異居，非白人所獨有，明其語不足以方行世界，獨在歐洲有交通之便而已。歐洲諸語，本自希臘、羅甸，孳乳以成，波瀾不二。然改造者不直取希臘、羅甸之言，而必以萬國新語爲幟者，正由古今異撰，弗可矯揉。以此相稽，則漢語之異於萬國新語，視萬國新語之異於希臘、羅甸，其遠彌甚。在彼則以便俗爲功，在此則以戾匡從事，既遠人情，亦自相牴牾甚矣。若夫象形、合音之別，優劣所在，未可質言。今者南至馬來，北抵蒙古，文字亦悉以合音成體，彼其文化，豈有優於中國哉？合音之字，視而可識者，徒識其音，固不能知其義，其去象形，差不容以一黍。故俄人識字者，其比例猶視中國爲少。

---

[*] 原載《民報》第 21 號，光緒三十四年（1908 年）五月十二日。

日本人旣識假名，亦並粗知漢字。漢字象形，日本人識之，不以爲奇恆難了。是知國人能徧知文字以否，在彊迫教育之有無，不在象形、合音之分也。識字之難，未若辨別草木，草木形類而難分，文字形殊而易別。然諸農圃，識草木必數百種，尋常雜字，足以明民共財者，亦不逾數百字耳。治文學者，猶采藥之夫，治小學者，猶博物之彥，雖稍艱阻，不必夫人而能之也。古之小學，習書計與五甲六方，故人人知文字，計之粗者，乘除、開方諸術，習之易矣。然今世士人，尚非盡人能解，豈漢算獨難治哉？士人知書而愚於計，商賈識計而短於書，由其用有緩急，故治之有先後也。至於庶業滋繁，飾僞萌生，人不知書，則常苦爲人所詐。夫農夫操耒，若無事於知書。乃至陶人搏土，梓匠營宮，婦功刺繡，錦官織繒，工藝精良，視農耕爲難習矣。然皆十口相傳，不在載籍，當其習此，以爲文字非所急圖，出而涉世，乃自悔其失學，書札、契券、計簿之微，猶待他人爲之營治，欺詐不可以猝曉，隱曲不可以自藏，斯亦爽然自咎也！若豫覩知書之急，誰不督促子弟以就學者，重以彊迫教育，何患漢字之難知乎？或言日本雖用漢字，凌雜無紀，支絀亦可覩矣。漢人守之，其不利亦將等于日本。此未辨清濁之原也。日本語言，故與漢語有別，彊用其文以爲表識，稱名旣異，其發聲又纔及漢音之半，由是音讀、訓讀，所在紛糅。及空海作假名，至今承用，和、漢二書，又相羼廁。夫語言文字，出于一本，獨日本則爲二本，欲無凌雜，其可得乎？漢人所用，顧獨有漢字耳。古今語雖少不同，名物猶無大變，至于儕偶相呼，今昔無爽，助詞發語之聲，世俗瞀儒，疑爲異古。余嘗窮究音變，明其非有差違，作《釋詞》

七十餘條,用爲左證。今舉數例:孔之與好,同訓爲"嘉",古音本以旁紐、雙聲相轉,故《釋器》云"肉倍好,好倍肉"者,好即借爲孔字。古者謂甚曰"孔",今者謂甚曰"好","好大"、"好快",若古語則言"孔大"、"孔快"矣。《小爾雅》肆訓"極",《說文》肆訓"極,陳",《大雅》:"其風肆好。"肆好者,極好也。今遼東謂極備曰"有得肆",蘇州謂極熱曰"熱得肆",訓肆爲"極",是與古同。肆、殺同部,去、入一聲,故《夏小正》"貍子肇肆",《傳》謂肆借爲殺。宋人謂極好曰"殺好",即古言"肆好"矣。今人謂極陳力曰"殺力",即常言"肆力"矣。《說文》相從曰聲,亦從里聲,作裡。《考工記》"里爲式",即"已爲式"。明古音里與曰同。古人說過去事,語終言"矣",今人說過去事,語終言"哩"。哩,即矣之聲變也。《商書》以昵爲禰,《釋獸》以泥爲䵄,明古音尼與爾同。詞之必然,古語言"爾",今語言"呢"。呢,即爾之本音也。乃至楚人發語言羌,今湖北、黃梅人冠語多用羌字,音斂如姜。《釋詁》訓都爲於,今江南、蘇州人言於,則用都字,音促如篤。此則通言別語,詞气皆與古符。由此以雙聲、叠韻展轉鉤校,今之詞气,蓋無一不與雅訓相會者。百代曩疑,渙爾冰釋,況諸名物取捨之詞,而有與故言相失者耶?特世人鮮通韻學,音聲小變,即無以知所從來。若循法言《切韻》之例,一字數音,區其正變,則雖謂周、漢舊言,猶存今世可也。況其文字本出一途,不以假名相雜,與日本之凌雜無紀者,阡陌有殊。憂其同病,所謂比儗失倫者哉!或疑方土不同,一道數府之閒,音已互異,名物則南北大殊,旣難齊一,其不便有莫甚者。同一禹域之民,而對語或須轉譯,曷若易之爲便?抑以萬國新語易漢語,視以漢語南北互輸，孰難孰易？今各省語雖小異，其根柢固大同。若爲便俗致用計者，習效官音，慮非難事。若爲審定言音計者，今之聲韻，或正或譌，南北皆有偏至。北方分紐，善符於神珙，而韻略有函胡；廣東辨韻，眇合於法言，而紐復多殽混。南北相校，惟江、漢處其中流，江陵、武昌，韻、紐皆正，然猶須旁采州國，以成夏聲。若風聲本在侵部，而江寧言風，音猶作方林切；庚聲本在陽部，而蘇州言庚，音猶作古郎切。此合于周、秦本音者。松之音，所在皆切"相容"，而黃州、廣州呼松者，猶作祥容切。鳥之音，所在皆切"女了"，而湖南、江左呼鳥者，猶作都了切。此合于隋、唐《切韻》者。既以江、漢閒爲正音，復取四方典則之聲，用相和會，則聲韻其無謬矣。故訓衰微，留者可寶，此在南北，亦皆互有短長。閩、嶠之言，至詰詘也。然而稱一爲蜀，呼事爲載，讀火如毀，乃《毛傳》《方言》之故訓，中原板蕩，佚在東南，可謂邊方無典語耶？秦、蜀、荆、楚之言，至通達也，然而冰出爲凌，見諸《國風》《官禮》，他方無舉此者，淮西猶謂雨而木冰爲油光凌。暴雨爲凍，徵之《楚辭》《淮南》，他方無舉此者，川、陝閒猶謂夏月暴雨爲偏凍雨。可謂中原無別語耶？若知斯類，北人不當以南紀之言爲磔格，南人不當以中州之語爲冤句，有能調均殊語，以爲一家，則名言其有則矣。若是者，誠不若苟習官音爲易，視彼萬國新語，則難易相距，猶不可以籌策計也。必欲盡廢漢文，而用萬國新語者，其謬則有二事：一、若欲統一語言，故盡用其語者，歐洲諸族，因與原語無大差違，習之自爲徑易。其在漢土，排列先後之異，紐母繁簡之殊，韻部多寡之分，器物有無之別，兩相徑挺。此其犖犖大者，彊爲轉變，欲其調達如簧,固不能矣。乃夫丘里之言,偏冒衆有,人情互異,雖欲轉變無由。杜爾斯兊氏言:中國"道"字,他方任用何文,皆不能譯。夫不能譯者,非絶無擬議之詞也。要之,封域大小,意趣淺深,必不能以密切。猥用彼語以相比況,將何以宣達職志,條鬯性情?此蓋非一"道"字而已,其用於屈伸取捨者,某宣教師亦爲余言:漢語有獨秀者,如持者,通名也。高而舉之曰抗,俯而引之曰提,束而曳之曰捽,擁之在前曰抱,曳之自後曰扡,兩手合持曰奉,肩手任持曰儋,併力同舉曰擡,獨力引重曰扛,如是別名,則他國所無也。今自廢其分明者,而取他之掍合者,言以足志,宜何取焉?及如械器有無,東西殊貫,食有竹箸,賭有圍棋,樂器有簫、管、笙、磬之殊形,衣服有袍、褂、衫、襦之異用,若此類者,殆以百數。夫稱帽爲冠,以槃爲案,正名者猶云不可,況或本無其器,而皮傅爲名乎?夫兩語相注,繁簡多寡之不相當,既如是矣。且一字而引伸爲數義者,語必有根,轉用新語,彼此引伸之義,其條貫不皆相準,是則杜絶語根也。尋常稱謂之詞,復有志而晦者,今人尊敬之言,曰"台"、曰"令"。台之語,本于"三能",三足鼈謂之能,魁下六星,兩兩相比似之,故曰三能。古音能與台同,故或書作三台,以比三公,而尊稱曰台者,自三能來。今若謂人爲鼈,未有不色然怒者;稱之以台,則爲尊敬,此由古今語變,今時已無有呼鼈爲能者爾。令之語本于"靈",靈者,巫也。上古重神事,故靈引伸爲善,假借作令,尊稱曰令者,自靈字來。今若比人以巫,則侮慢語也;而稱令,顧爲尊敬,此由古今語異,今時已無有呼巫爲靈者爾。若其轉爲新語,汎以尊貴之語代台,以良善之語代令,則粗觕而失語柢;

若質譯爲鼇、爲巫,則不可以爲尊敬之詞。夫尋常譯述,得其大義可也。至於轉變語言,必使源流相當而後可。汎則失實,切則失情,將以何術轉變之也?且萬國新語者,學之難耶?必不能舍其土風,而新是用。學之易耶?簡單之語,上不足以明學術,下不足以道情志。苟取交通,若今之通郵異國者,用異國文字可也,寧當自廢漢語哉!豈直漢語爾,印度、歐洲諸語猶合保存。蓋學之近質者,非繇密幽邃之詞,不足宣鬯。今之持無政府主義者,欲廢彊權,豈欲廢學術耶?學之近文者,其美乃在節奏句度之閒,不專以文辭爲準。若其紐母不同,韻部有異,名詞長短,往復皆殊,則在彼爲至美者,於此乃反爲僿劣。擺倫之詩,西方以爲淒愴妍麗矣,譯爲漢文,則率直不足觀采。其稍可者,必增損其文身、句身,彊以從我,此猶治璞玉者施以刻雕,非其舊式然也。由是知漢土篇章之美者,譯爲歐文,轉爲萬國新語,其率直鮮味也亦然。本爲諸韻,轉之則無韻;本爲雙聲,轉之則異聲;本以數音成語,轉之則音節冗長,失其同律。是則杜絕文學,歸于樸儜也。嘗見譜岳鄂王詞者,合以風琴,聲遂沈濁。彼其朱弦疏越,用之廟堂,施之宗教,宜以是爲上宮。而漢土詞曲,音取悲涼,惟笛能諧其聲氣,風琴嘽緩,清濁異宜,故聞者幾於思臥。夫以樂器準音,絲竹猶勿能相代,況復言語有差,其不相值也明矣。若徒以交通爲務,舊所承用,一切芟夷,學術文辭之章章者,甚則棄捐,輕乃裁減,斯則其道大觳,非宜民之事也。二、若謂象形不便,故但用其音者,文明野蠻,吾所不論。然言語文字者,所以爲別,聲繁則易別而爲優,聲簡則難別而爲劣。日本嘗欲用羅甸字母,以彼發音簡少,故羅甸足以相資。

漢土則不然，縱分音紐，自梵土悉曇而外，紐之繁富，未有過于漢土者也。橫分音韻，梵韻復不若漢韻繁矣。視歐洲音，直鴃語耳！昔自漢末、三國之閒，始有反語，隋之《切韻》以紐定聲，舍利、神珙諸子，綜合其音，參取梵文字母聲勢之法，分列八音，至今承用者，爲字母三十六，而聲勢復在其外，以現有法言《切韻》也。今之韻部，著于脣舌者，慮不能如舊韻之分明，然大較猶得二十。計紐及韻，可得五十餘字，其視萬國新語以二十八字母含孕諸聲者，繁簡相去，至縣遠也。河淮、江漢之閒，侵之與真，覃之與寒，韻部絕遠，而或轉相掍殽。廣東呼侵、覃部字則合口，呼真、寒部字則開口，區以別矣。青之與真，韻部相望若比鄰，中原亦轉相迤入。廣東呼真部字，則收鼻推气言之，呼青部字，則橫口歛气言之。然若呼"雨"爲"以"，讀"居"成"箕"，則不逮中原之正。凡此分別，歐洲之音，不能具也。字母三十六者，本由華嚴四十二字增損以成。漢、梵發音亦有小別，故不得悉用華嚴。乃如非、敷、奉、娘四紐，梵音所無，錢大昕已明其義。蓋自孫炎、韋昭、徐仙民、李軌、劉昌宗諸家，各爲反語，揚榷可知。然重脣、輕脣，至中唐始有分辨，舌頭、舌上，亦遂析爲二音，此至今無替者也。漢音所以異者，在舌上知、徹、澄三紐，江左呼之，幾與照、穿、牀等。閩、廣則或迤入喉、牙。自此數省而外，分畫至嚴，呼"中"者不得同"宗"，言"丑"者不可作"醜"，讀"宁"者不能似"樹"，蓋婦孺所知矣。若如歐洲之音，齒音照紐，尚不能質直出聲，至舌上知、徹、澄等，則無音可以模寫。余昔視梵文字母，有縿、姹、茶三音，謂與此土知、徹、澄等，及就問印度人，猶云作多、佗、陀，讀入麻部。惟縿、姹、茶之音，亦得令其切出，歐洲則一切闕之。與白人語，北言直隸，南言鎮南關，"直"云、"鎮"云，必譌變其音以就彼。是三紐者，蓋漢土卓特之音，日本人亦弗能道是也。若夫正齒有照、穿、牀、審、禪五紐，齒頭則以精、清、從、心、邪相副，得其半音，禹域而外，孰能具此？且正齒、齒頭當日析爲十紐，若從簡易，卽分等之術耳，同在一紐，而音有四等之殊。故夫"見"之與"貫"，"谿"之與"坤"，其鴻纖必有辨也。審紐只隸正齒，而北音或邃入舌上，是舌上復增一紐。舌頭定母所隸同、徒諸字，今呼者不純如定，乃在定、透之閒，亦如曉、喻相磋，其閒復出匣母。故以此三十六者，按等區分，其音且將逾百，韻以四聲爲劑，亦有八十餘音，二者并兼，則音母幾將二百。然皆堅完獨立，非如日本五十假名，刪之不過二十音也。寧有二十八字之體文，遂足以窮其變乎？夫聲音繁簡，彼是有殊，非直新語合音之法不可單行，縱盡改吾語言以就彼律，抑猶有詰詘者，是何也？常言雖可易，而郡國、姓名諸語，必不可易，屈而就彼，音旣舛變，則是失其本名，何以成語？或言漢音雖繁，然譯述他國固有名詞，亦少音和，而多類隔，要在得其大致而已。準是，則以新語譯漢土舊名，小有盈朒，亦無眚焉。應之曰：以漢語譯述者，漢人也，名從主人，號從中國。他方人、地，非吾所習狎者，雖音有弇、侈，何害？今以漢人自道鄉里，而聲气差違，則不可以此相例，亦明矣。蓋削趾以適履者，工之愚也；戕杞柳以爲杯棬者，事之賊也。頃者，日本人創漢字統一會，欲令漢人諷誦漢文，一以日本厖奇之音爲主。今之欲用萬國新語者，亦何以異是耶？且漢字所以獨用象形，不用合音者，慮亦有故。原其名言符號，皆以一音成立，故音同義殊者衆，若用合音之字，將芒昧不足以爲別。況以地域廣袤，而令方土異音，合音爲文，逾千里則弗能相喻，故非獨他方字母不可用於域中，雖自取其紐韻之文，省減點畫，以相絣切，其道猶困而難施。自頡、籒、斯、邈以來，文字皆獨標部首，據形系聯者，其勢固不得已也。由斯二義，盡用彼語，則吐辭述學，勢有不周；獨用彼音，則繁簡相差，聲有未盡。談者不深惟其利病，而儳焉以除舊布新爲號，豈其智有未喻，亦騖名而不求實之過哉！雖然，輔漢文之深密，使易能、易知者，則有術矣。一、欲使速於疏寫，則人人當兼知章草。漢世制詔三王，其册書猶真、草兼具，豈況符、契、箋、奏之書，日不暇給，則何取端書、分隸？草書之作，導源先漢，故由隸體遷移。若夫禆諶草創，難知其審，而阮氏《鐘鼎款識》謂周世自有草篆，則過崇鷹器，爲不根之談也。要之，漢初文史，辭尚簡嚴，猶以草書綴屬，今之繁辭，則宜用草書審矣。大抵事有緩急，物有質文，文字宜分三品：題署碑版，則用小篆；彫刻册籍，則用今隸；至于倉卒應急，取備事情，則直作草書可也。然自張旭、懷素以來，恣意鉤聯，形殽已甚。當依《急就》正書，字各分區，無使聯緜難斷，而任情損益，補短裁長，以求側媚者，一切遮禁。字形有定，則無由展轉紛岐，此非獨便于今隸，視歐文亦愈徑省。何者？本以一音爲一文，非以數音成一語也。二、若欲易于察識，則當略知小篆，稍見本原。初識字時，宜教以五百四十部首，若又簡略，雖授《文字蒙求》可也。凡兒童初引筆爲書，今隸方整，當體則難；小篆詘曲，成書反易。且日、月、山、水諸文，宛轉悉如其象，非若隸書之局就準繩，與形相失。當其知識初開，一見字形，乃如畫成其物，踊躍歡喜，等于熙游，其引導則易矣。象形之與合音，前者易知其義，難知其音；後者易知其音，難知其義。何者？令當初識字時，但知魚、鳥二文，則凡從魚之字，不爲魚名，卽爲魚事；從鳥之字，不爲鳥名，卽爲鳥事。可以意揣度得之。縱於假借未明，本形本義，思則過半。嘗有人言：學者相聚說"感慨"字，《漢書》皆作"感概"，一科舉人惑之，曰："此謬語也；慨自心出，非自木出，何以字當從木？"此雖昧于假借，然本義本形，自當作慨，科舉人所說，固於小學非甚戾也。然則略知部首，於所隸屬之字，雖未瞭知定義，而較略可以意窺，異乎合音之字，其大義無由縣揣。故象形與合音者，得失爲相庚，特隸書省變之文，部首已多殽亂，故五百四十小篆，爲初教識字之門矣。若欲瞭解定音，反語旣著，音自可知。然世人不能以反語得音者，以用爲反語之字，非有素定，尚不能知反語之定音，何由知反語所切者之定音哉？若專用見、谿以下三十六字，東、鍾以下二百六字爲反語，但得二百四十二字之音，則餘音自可覘矣。然此可爲成人長者言之，以教兒童，猶苦繁宂。又況今音作韻，非有二百六部之多，其字自當併省。欲使兒童視而能瞭，非以反語注記字旁，無由明憭。而見、谿諸文，形體茂密，復不便于旁注。於是有自矜通悟者，作爲一點一畫，縱橫回復，以標識字音，先後作者，蓋四五輩矣。然皆不可施用，是何故？今人發語之音，上紐下韻，經緯相交，除去四等、四聲可以規圈識別，其本母必不損五、六十字。而今之作者，旣於韻學芒無所瞭，又復自守鄉土，不遍方音，其所創造，少者纔十餘字，多乃不逾三十，以此相切，聲之闕者方多，曾何足以襲用歟？又其惑者，乃謂本字可廢，惟以切音成文。斯則同音而殊訓者,又無以爲別也。重紕貤繆,疑眩後生,卒以世所公非,不見采用,而定音遂無其術。余謂切音之用,只在箋識字端,令本音畫然可曉,非廢本字而以切音代之。紐韻旣繁,徒以點畫、波磔、粗細爲分,其形將匱,況其體勢折旋,略同今隸,易於羼入正文,誠亦有不適者。故嘗定紐文爲三十六,韻文爲二十二,皆取古文、篆、籀徑省之形,以代舊譜,旣有典則,異于鄉壁虛造所爲,庶幾足以行遠。其詳如左:

紐文三十六

喉音　亦曰深喉音

丨　今隸作丨,《唐韻》古本切,卽舊見母。

ᐞ　今隸作凵,《唐韻》口犯切,卽舊谿母。

ᒣ　今隸從小篆作及,《唐韻》巨立切,卽舊羣母。

ᚷ　今隸作乂,《唐韻》魚廢切,卽舊疑母。

牙音　亦曰淺喉音

一　今隸作一,《唐韻》於悉切,卽舊影母。

厂　今隸作厂,《唐韻》呼旱切,卽舊曉母。

吕　今隸作㠯,字亦作以,《唐韻》羊止切,卽舊喻母。

ᘰ　今隸作㠯,《唐韻》乎感切,卽舊匣母。

舌頭音

刀　今隸作刀,《唐韻》都牢切,卽舊端母。

土　今隸作土,《唐韻》他魯切,卽舊透母。

大　今隸作大,《唐韻》徒蓋切,卽舊定母。

弓　今隸作乃,《唐韻》奴亥切,卽舊泥母。

舌上音

𠯑　今隸作乇,《唐韻》陟格切,即舊知母。

屮　今隸作中,《唐韻》丑列切,即舊徹母。

𣎳　今隸作宁,《唐韻》直呂切,即舊澄母。

𡚦　今隸作女,《唐韻》尼呂切,即舊娘母。

正齒音

𠚻　今隸作勺,《唐韻》之若切,即舊照母。

巛　今隸作川,《唐韻》昌緣切,即舊穿母。

士　今隸作士,《唐韻》鉏里切,即舊牀母。

𠃌　今隸作尸,《唐韻》式脂切,即舊審母。

十　今隸作十,《唐韻》是執切,即舊禪母。

齒頭音

卪　今隸作卩,《唐韻》子結切,即舊精母。

𠀎　今隸作七,《唐韻》親吉切,即舊清母。

人　今隸作Λ,《唐韻》秦入切,即舊從母。

厶　今隸作厶,經典相承以私爲之,《唐韻》息夷切,即舊心母。

𠂊　今隸作夕,《唐韻》祥易切,即舊邪母。

重脣音

八　今隸作八,《唐韻》博拔切,即舊幫母。

氺　今隸作氺,《唐韻》匹刃切,即舊滂母。

白　今隸作白,《唐韻》旁陌切,即舊並母。

冂　今隸作冖,《唐韻》莫狄切,即舊明母。

輕脣音

匚　今隸作匚,經典相承以方爲之,《唐韻》府良切,即舊非母。

乀　今隸作乀,《唐韻》分勿切,即舊敷母。

丿　今隸作丿,《唐韻》房密切,即舊奉母。

附錄・駁中國用萬國新語說

ㄇ　今隸作未，《唐韻》無沸切，即舊微母。

半舌音

ㄖ　今隸作了，《唐韻》盧鳥切，即舊來母。

半齒音

𠆢　今隸作人，《唐韻》人汁切，即舊日母。

右紐文三十六，作一等規左下，作二等規左上，作三等規右上，作四等規右下，本在其等者不規。

韻文二十二

工　今隸作工，《唐韻》古紅切，即舊東、冬、鍾韻。

肎　今隸作肎，《唐韻》苦江切，即舊江韻。

乙　今隸作乙，相承從俗作肱，《唐韻》古薨切，即舊蒸、登韻。

今　今隸作今，《唐韻》居音切，即舊侵韻。

ㅂ　今隸作甘，《唐韻》古三切，即舊覃、談、凡韻。欲作鹽、添、咸、銜、嚴韻者，點其字下。

兀　今隸作兀，《唐韻》居之切，即舊之韻。欲作咍韻者，點其字下。

牛　今隸作牛，《唐韻》語求切，即舊幽、尤韻。今音呼侯韻，亦入此。

幺　今隸作幺，《唐韻》於堯切，即舊宵、肴、豪韻。今音呼蕭韻，亦入此。

丂　今隸作丂，《唐韻》虎何切，即舊歌、戈韻。

ㄩ　今隸作ㄩ，《唐韻》去魚切，即舊魚韻。今音呼虞韻，亦入此。

半　今隸從小，篆作虍，《唐韻》荒烏切，即舊模韻。

王　今隸作王，《唐韻》雨方切，即舊陽、唐韻。

H　今隸作H，《唐韻》古熒切，即舊耕、清、青韻。今音呼庚韻，亦入此。

巾　今隸作巾，《唐韻》居銀切，即舊真、臻韻。

云　今隸從小篆作云，《唐韻》王分切，即舊諄、文、殷、魂、痕韻。

回　今隸作回，《唐韻》戶恢切，即舊灰、微韻。

目　今隸從小篆作環，《唐韻》戶關切，即舊元、桓韻。

丫　今隸作干，《唐韻》苦寒切，即舊寒、删、山韻。

￥　今隸作￥，《唐韻》去虔切，即舊先韻。今音呼仙韻，亦入此。

乁　今隸作乁，《唐韻》弋支切，即舊支韻。欲作佳、皆韻者，點其字下。

禾　今隸作禾，《唐韻》古兮切，即舊脂、齊韻。

牙　今隸作牙，《唐韻》五加切，即舊麻韻。

右韻文二十二，皆用平聲深喉、淺喉之字爲之。作上規左上，作去規右上，作入規右下。

如是上紐下韻，相切成音。凡《説文》、《玉篇》、《廣韻》所著反語字，作某紐、某韻者，皆悉改從紐文、韻文，類爲音表。音表但記音聲，略及本義，小字版本不過一册，書僅竹笘，以此標識其旁，則定音自可得矣。然當其始入蒙學，即當以此五十八音諦審教授，而又別其分等、分聲之法，才及三旬，音已清遴，然後書五百四十部首，面作小篆，背爲今隸，悉以紐韻作切，識其左右，計三四月而文字部居，形義相貫，不愆于素。乃以恒用各字授之，亦悉以紐韻作切，識其左右，計又得四五月，而僮子應識之字備矣。程功先後，無過期年。自是以降，乃以蒙學課本，爲之講説形體音訓，根柢既成，後雖廢學，習農圃、陶韋之事，以之記姓名而書簿領，不患其盲。若猶有不識者，音表具在，足以按切而知，何慮其難憭耶？凡諸人事，苟偷于前者，其難在後；審察于始者，易乃在終。今教兒童習書，素無審音之術，蓋非不知其善，徒畏難耳！及其據字授音，旋得復失，有入學四五年，而才識百許字者，偷計一時之便，而廢數歲之功，無算已甚！震矜泰西之士，乃以漢字難知，便欲率情改作，卒之其所尊用者，音聲則省削而不周,義訓則華離而難合。用其語也,此以一音成義,造次易周,詭效歐風,其時閒將逾三倍,妨功虧計,所失滋多。若乃著之笘籥,則以新語作一草書,視以漢語作一草書,一繁一省,按體可知。既廢時日,而又空積簡書,滋爲重滯,其不適至易明矣。用其音也,吾所有者,彼所素無,吾所無者,亦或彼所適有,彊以求諧,未有切音之用。蓋莊生有言曰:"鳧脛雖短,續之則憂;鶴脛雖長,斷之則悲。故性長非所斷,性短非所續,無所去憂也。"今以中國字母施之歐洲,則病其續短矣。乃以歐洲字母施之中國,則病其斷長矣。又況其他損害,復有如前所說者哉?世之君子,當以實事求是爲期,毋沾沾徇名是務。欲求行遠,用萬國新語以省象譯可也。至于漢字更易,既無其術,從而繕治,則教授疏寫,皆易爲功,蓋亦反其本矣。

　　作此說竟,見《新世紀》中又有改良漢語之議,亦以排列不同,懼有窒礙,故欲使漢語詞气,種種與萬國新語相當。如多數之名,下必加以"們"字;形容之語,下必加以"的"字,是也。不悟今世語言,本由古言轉蛻,音聲流衍,或有小殊,而詞气皆如舊貫。今人讀周、秦、兩漢之書,惟通小學者,爲能得其旨趣。此由古今語異,聲气漸差,故非式古訓者,莫能理董,其詞气固非有異也。魏、晉以降,略曉文學者,能讀之矣。自宋以降,略識助字者,能讀之矣。里言小說,但識俗字者,能讀之矣。是無他,詞气本同,故通曉爲易耳。今若恣情變亂,以譯萬國新語則易,以讀舊有之典籍則難。凡諸史傳文辭,向日視而能瞭者,今乃增其隔閡。語言之用,以譯他國語爲急耶?抑以解吾故有之書爲急耶?彼將曰:"史傳者,蒿里死人之遺事;文辭者,無益民用之浮言。雖悉棄捐可也。"不悟人類所以異鳥獸者，正以其有過去、未來之念耳。若謂過去之念，當令埽除，是則未來之念，亦可遏絕，人生亦知此瞬閒已耳，何爲懷千歲之憂，而當營營於改良社會哉？縱令先民典記，非資生之急務，契券簿錄，爲今人所必用者，亦可瞢然不解乎？方今家人婦孺之閒，縱未涉學，但略識千許字，則里言小說，猶可資以爲樂。一從轉變，將《水滸傳》《儒林外史》諸書，且難卒讀，而歡愉自此喪，憤鬱自此生矣！彼意本以漢文難瞭，故欲量爲革更。及革更之，令讀書者轉難於昔，甚矣，其果於崇拜歐洲！而不察吾民之性情士用也！又謂漢字當用其最普通者，其他悉從洮汰，是又與漢字統一會同其迷謬而已。彼所謂普通，以何者爲準耶？今虜雖建宅宛平，宛平之語，未可爲萬方準則。凡諸通都省會之閒，舊語存者以千百數，其字或世儒所不識，而按之雅記，皆有自來，卽前所舉油光凌、偏凍雨諸條，皆非窮鄉奇譎之言也。綜而存之，其字數當過常文三倍。若其自尊鄉曲，以一己所聞知，爲最普通者，以一己所不聞知，卽謂之不普通者，名爲目營四海，實乃與里巷嗇夫同其偏陋，斯亦摭落不材之至矣！又謂改良漢字，惟取點、畫、直豎、右戾四者，以爲交叉、鉤乙、左戾諸形，一切廢棄，其存者復爲鈍勢，不見鋒芒，此又無所取義，率情高下，與兒童語無異。原其用意，殆爲習用鉛筆計耳。蓋漢土嘗用鉛筆矣，楊雄《與劉歆書》言"以鉛擿次之於槧"；《緯書》記孔子讀《易》，復有"鐵擿三折"之文。是鉛、鐵並可作筆也。然後生覺其匡剌，而以鹿豪、兔豪代之，楊雄書中已云"三寸弱翰"，尚觀武王銘筆，亦且云"豪毛茂茂"矣。蓋上世惟用鉛、鐵，周、漢之閒，鹿豪始作,猶與鉛、鐵並用。崔豹《古今注》曰:"蒙恬始作秦筆,以柘木爲管,鹿毛爲柱,羊毛爲被。所謂鹿豪[①],非兔豪竹管也。"王羲之《筆經》曰:"漢時諸郡獻兔豪,惟有趙國豪中用,是時兔豪作矣。"《嶺表録異》曰:"番禺地無狐兔,昭富、春勤等州,則擇雞毛爲筆,其用也,亦與兔豪無異。是故雞毛筆者自南方來。"所引諸書,皆見《御覽》六百五。展轉蜕變,豪之製造愈良,而鉛、鐵遂廢不用,歐洲則訖今未改。以筆言之,亦見漢土所用爲已進化,而歐洲所用爲未進化也。彼固以進化爲美談者,曷不曰歐人作書,當改如漢文形態,乃欲使漢字去其鋒芒,抑何其自相攻伐耶?今觀漢土羊、兔諸豪,轉移徑便,其紙薄者用竹,厚者用楮,皆輕利勝於歐洲。諸子在巴黎,習用鉛筆,則言鉛筆之善,向若漂流絶域,與赤黑人相處,其不謂蘆薈葉勝於竹紙者幾希!嗚呼!貫頭之衣,本自駱越爲之,《漢書·地理志》:儋耳、珠厓"民皆服布如單被,穿中央爲貫頭。"師古曰:"著時從頭而貫之。"《南齊書》曰:"扶南國女爲貫頭。"扶南,即今緬甸。是儋耳俗,與緬甸相近也。歐洲人亦服焉,而見者以爲美於漢衣。刀叉之具,本自匈奴用之,《漢書·匈奴傳》:"單于以徑路刀、金留犁撓酒。"歐洲人亦御焉,而見者以爲美於漢食。趨時之士,冥行盲步,以逐文明,乃往往得其最野者,亦何可勝道哉?

[①] "鹿豪",崔豹《古今注》作"蒼豪",當改。

章太炎先生學術年表*

1869 年（清同治八年）①

戊辰年十一月三十日（1 月 12 日）生於浙江餘杭縣。初名學乘，後改名炳麟，字枚叔（一作"梅叔"）。因仰慕顧炎武（名絳），改名絳，別號太炎。其他筆名、別號頗多。

是年，父章濬返餘杭任縣學訓導，兼杭州詁經精舍監院。

1873 年（同治十二年）

始入塾就讀。

1876 年（光緒二年）

外祖父朱有虔來餘杭課讀經，按清代漢學的治學方法嚴格要求外孫，"授音必審，粗爲講解"，歷時四年，使先生"稍知經訓"②，在文字音韵方面打下了堅實的基礎。

1880 年（光緒六年）

外祖父返鄉，由父親親自督教，課以律詩和科舉文字。

1883 年（光緒九年）

應童子試，因癲癇突發退出。此後，父親同意他棄八股制義，專

---

* 本年表由張渭毅撰寫。

① 本年表以公元紀年爲主，辛亥革命以前括注帝王紀年，并按農曆紀月、日，辛亥革命以後則按公曆紀月、日。

② 上引見《太炎先生自定年譜》，下文凡引此書不復注出處。其他引文另行注明。

心學業,"頗涉獵史傳,瀏覽《老》、《莊》"。

1884 年(光緒十年)

讀《史記》、《漢書》、《後漢書》、《三國志》、《文選》、《說文解字》。

1885 年(光緒十一年)

讀唐人《九經義疏》,從長兄章籛治經學,讀《音學五書》、《經義述聞》、《爾雅義疏》、《說文解字注》、《十三經注疏》。"自是壹意治經,文必法古。"章籛,明經史,通算學,精醫術,對先生治學有一定影響。

1886 年(光緒十二年)

從是年起,兩年間通讀《學海堂經解》188 種。

1887 年(光緒十三年)

讀《明季稗史》17 種和王夫之《黃書》,"排滿思想始盛"①。

1888 年(光緒十四年)

通讀《南菁書院經解》209 種,旁理周秦諸子著作及史傳,"始有著述之志"。

1890 年(光緒十六年)

正月,父親去世,離家赴杭州,入詁經精舍師從俞樾,兼向高學治問經,向譚獻問文辭法度。此三師對先生早期治學有較大影響。日後所撰《俞先生傳》、《高先生傳》、《自述學術次第》、《致譚獻書》等對他們各有論及。

始讀《通典》,"循誦凡七八過"。

1891 年(光緒十七年)

本年,"始分別古今文師說",始撰《膏蘭室劄記》,共四冊稿本,約耗時三年,生前未刊刻。先生繼承乾嘉學派的治學方法,深受俞

---

① 朱希祖:《本師章太炎先生口授少年事迹筆記》。

樾的影響,對儒家經籍、周秦諸子逐條考釋;以文字學爲基點,對古注擇善而從,提出新義,或對清儒考證提出批評。然"少年氣盛,立說好異前人,由今觀之,多穿鑿失本意,大氐十得其五耳。"①後收入《章太炎全集》第一卷出版。

1892年(光緒十八年)

始撰《春秋左傳讀》,歷時五年而成,凡九卷,考釋古詞古字、典章名物,疏證體例,闡發微言大義。

1894年(光緒二十年)

八月,撰《獨居記》,後改名《明獨》,收入《訄書》。

1895年(光緒二十一年)

夏,1890至1893年間所作17篇課藝入選《詁經精舍課藝》第七集,刊刻出版,是爲最早發表的著述文字,反映出他對經籍文字音義的詮解。

高學治去世,作《高先生傳》,後收入《太炎文録》卷二。

1896年(光緒二十二年)

撰《駁箴膏肓評》、《砭後證》,駁難劉逢禄,申述鄭玄之學。

1897年(光緒二十三年)

三月,撰《〈新學僞經考〉駁議》。

七月,與興浙會同人創辦《經世報》,任總撰述,發表《變法箴言》(見第一册)、《平等論》(見第一册)、《讀管子書》(見第三册)等時評政論文章,使諸子學呈現新風貌。

八月,任《實學報》主筆,連續發表《後聖》、《儒道》、《儒兵》(見第二册)、《儒法》、《儒墨》(見第三册)、《東方盛衰論》、《儒俠》、《異術》

---

① 章太炎:《再與人論國學書》,《國粹學報》光緒三十三年第十二月號。

（見第四冊）等比較儒學和諸子學的論文，反對"罷黜百家、獨尊儒術"的正統偏見。

十月初一，在上海創辦《譯書公會報》，任主筆，發表《譯書公會敘》（見第二冊）、《讀日本國志一》（見第四冊）、《論民數驟增》（見第八冊）、《讀日本國志二》（見第十冊）。

撰《文例雜論》，後收入《太炎文錄》卷一。

1894至1896年間所作20篇課藝，入選《詁經精舍課藝》第八集，刊刻出版。

1898年（光緒二十四年）

春，撰《弭兵難》、《鬻廟》，收入《訄書》原刊本。

七月，任《昌言報》主筆，自七月初一第一冊起，發表曾廣詮采譯、章炳麟筆述的《斯賓塞爾文集》。

撰《商鞅》，收入《訄書》原刊本。

八月，撰《祭維新六賢文》，刊於次年正月二十一日出版的《清議報》第七冊。

九月初六，在《昌言報》第七冊發表《書漢以來革政之獄》。二十六日，在《昌言報》第九冊發表《蒙古盛衰論》和《回教盛衰論》。

十月，被清廷通緝，赴臺北任《臺灣日日新報》特約撰述。

十二月，編撰《訄書》，收入論政、論學文字。

1899年（光緒二十五年）

四月十一日，在梁啟超主編的《清議報》第十五冊發表《客帝論》。增改後收入《訄書》原刊本。

七月初一，始在《清議報》第二十三至三十四冊連續發表長篇論文《儒術真論》，並附《視天論》、《菌說》兩篇論文。

九月初十，在《五洲時事彙編》第三冊發表《翼教叢編書後》，表明他對經學今古文學派之爭的態度。

十二月,《訄書》在蘇州付梓,於次年木刻印行。全書50篇,補佚兩篇。其中11篇已發表過,輯入本書時有不同程度的增删。此爲先生第一部專著,充滿了對思想文化和學術歷史的反思,是一部全方位研究社會改造的著作。

1900年(光緒二十六年)

春,《訄書》原刊本問世,三月十八日,嚴復作《致章枚叔》,稱讚此書"不獨非一輩時賢所及,即求之古人,晉宋以下可多得耶?"

七月,撰《解辮髮》以明志,收入《訄書》手校本。七月二十七日,被追捕,避歸鄉里,對《訄書》原刊本進行校訂,是爲手校本。手校本重擬了目錄,共64篇,較原刊本增加24篇矢志革命的論文,删去11篇議論變法、損益改制的論文,反映出他的思想變化。

1901年(光緒二十七年)

正月,爲日本友人館森鴻《拙存園叢稿》作後序,論及史家之文與文士之文的高下,以及史學、六藝跟文學的關係。

撰《廣救文格論》,與1897年《文例雜論》旨趣相近。

六月二十六日,在東京出版的《國民報》第四期上發表《正仇滿論》,駁斥梁啓超的《積弱溯源論》。此文是批駁改良派政治主張的第一篇文章,也是中國近代史上革命與改良論爭最早的歷史文獻。

七月,赴蘇州東吳大學任教。

撰《秦獻記》,論焚書坑儒。此文初刊於1910年東京出版的《學林》第二册,1914年載於《雅言》第六期,前者收入《太炎文錄》卷一。兩份手稿内容有所不同。

撰《徵信論》(上、下),在《學林》第二册發表,上篇1914年載於《雅言》第五期。均收入《太炎文錄》卷一。此文批判康有爲借今文經學"治史"，主張論學治史首先應該信實，批評當時學風。

撰《與尤鎣問答記》，1914 年發表在《雅言》第五期，收入《太炎文錄》卷一。

撰《讀郭象論嵇紹文》和《張蒼水集後序》，後收入《太炎文錄》卷一。

撰《七略別錄佚文徵》一卷並序，後發表在《雅言》第二十五期。

1902 年（光緒二十八年）

三月初一，始在梁啟超主編的《新民叢報》第五號、九號和十五號連載《文學說例》。對於語言文字之學的許多基本見解，在此文中已見端倪。先生後來修訂《訄書》，修改此文，編入《正名雜義》，作為《訂文》第二十五的附錄。

六月，從日本回國，為上海廣智書局譯述日本學者岸本能武太《社會學》，撰《社會學自序》，八月二十三日印行。

下半年，修訂《訄書》，在 1900 年手校本的基礎上"刪革"重訂，共 65 篇。較原刊本不同，如原刊本始《尊荀》終《獨聖》，重印本則始《原學》終《解辮髮》；與手校本篇目大體相同，更換三篇，有所改動。"刪革"的《訄書》，發生了顯著的思想變化，加強了反滿的革命思想，尖銳批判了孔子及其學說，比手校本更加觀點鮮明。

1903 年（光緒二十九年）

五月十五日，在《蘇報》發表《序革命軍》。

閏五月初五，在《蘇報》發表《駁康有為論革命書》，成為當時振聾發聵的革命檄文。

與劉師培訂交。師培字申叔，訂交後改名光漢，在學術上相互切磋經學與文字訓詁之學。

撰《與劉師培書一》和《與劉師培書二》，1905 年正月二十日分別以《章太炎與劉申叔書》和《章太炎再與劉申叔書》爲題,發表於《國粹學報》第一號。

1904 年(光緒三十年)

在獄中讀《瑜伽師地論》、《因明入正理論》、《成唯識論》等書。

六月,《訄書》重印本由日本東京翔鸞社出版,次年八月再版。

1905 年(光緒三十一年)

二月二十日,在《國粹學報》第二號發表《釋真》。

三月二十日,在《國粹學報》第三號發表《章太炎讀佛典雜記》。

十月二十六日,撰《致黃宗仰論佛學書》。

1906 年(光緒三十二年)

五月十六日,加入同盟會,任機關報《民報》總編輯和發行人。

五月二十四日,發表演說,題爲《東京留學生歡迎會演說辭》,後刊於《民報》第六號。

七月十七日,在《民報》第七號發表《俱分進化論》,并自本期起擔任主編。

八月上旬,國學講習會成立,任主講人。《論語言文字之學》、《論文學》和《論諸子學》收入《國學講習會略說》一書,由日本秀光社出版。同年,《論語言文字之學》又載於《國粹學報》第十二、十三號,《論諸子學》又載於《國粹學報》第八、九號,題爲《諸子學略說》。

任《國學振興社講義》第一册編輯和發行人,由日本秀光社鉛印出版,收錄他的《管子餘義》。

八月二十日至十月二十日,在《國粹學報》第九至十一號連載《文學論略》。

八月二十一日,在《民報》第八號發表《無神論》和《革命之道德》。

九月,撰《南疆逸史序》,後載《國粹學報》1907 年第九號。撰

《洪秀全演義序》，載《洪秀全演義》卷首，由香港中國日報社發行。二十九日，在《民報》第九號發表《建立宗教論》和《説林》。

十月二十日，在《國粹學報》第十一號發表《與人論樸學報書》。

十一月二十日，在《國粹學報》第十二號發表《與劉師培書三》和《與劉師培書四》（題《某君與某書》）。

十二月二十日，在《國粹學報》第十三號發表《與劉師培書五》（題《某君與某書》）。

撰《古今音損益説》，後載於《國粹學報》1908 年第七號。

撰《語言緣起説》和《一字重音説》，後收入《國故論衡》卷上。

1907 年（光緒三十三年）

正月二十日至十一月二十日，在《國粹學報》第一至十一號連載《春秋左傳讀敘錄》。

正月二十二日，在《民報》第十二號發表《社會通詮商兑》。

四月二十日，在《國粹學報》第四號發表《與劉師培書六》（題《某君與某書》）。二十八日，在《民報》第十四號發表《官制索隱》和《答鐵錚》。

九月二十日至十二月二十日，在《國粹學報》第九至十二號連載《新方言》。

十二月二十日，在《國粹學報》第十二號發表《與人論國學書》和《再與人論國學書》（題《某君與人論國粹學書》一、二）。

撰《與劉光漢黃侃問答記》，後收入《太炎文錄》卷一。

撰《丁未與黃侃書》、《再與黃侃書》，後收入《太炎文錄》卷二。

1908 年（光緒三十四年）

正月二十日至六月二十日，在《國粹學報》第一至六號繼續連載《新方言》，後收入《章氏叢書》初編。

正月二十四日，在《民報》第十九號發表《大乘佛教緣起說》、《辨大乘起信論之真僞》、《龍樹菩薩生滅年月考》等文。

二月至九月，爲留日青年學生開設講座，講授《說文解字》、《爾雅》、《莊子》、《楚辭》等，聽講者有黃侃、錢玄同、朱希祖、馬幼漁、沈兼士、周樹人、周作人、許壽裳等。

三月二十日至七月二十日，在《國粹學報》第三至七號連載《劉子政左氏說》。

三月二十五日，在《民報》第二十號發表《印度人之論國粹》。

五月十二日，在《民報》第二十一號發表《駁中國用萬國新語說》、《答夢庵書》和《博徵海内方言告白》。又在《國粹學報》第四、五號發表《駁中國用萬國新語說》。同刊第五號發表《古音娘日二紐歸泥說》。同刊第六號發表《古雙聲說》、《梵文典序》。

六月十二日，在《民報》第二十二號發表《四惑論》。

七月二十日，在《國粹學報》第七號發表《俞先生傳》、《孫詒讓傳》、《古今音損益說》。

九月十六日，在《民報》第二十四號發表《規新世紀》。在此期還發表了《法顯發見西半球說》、《大秦譯音說》、《漢土始知歐洲各國略說》、《匈奴始遷歐洲考》、《印度先民知地球繞日及人身有精蟲二事》等文。

撰《說刑名》，後編入《訄書》1910年修訂版。

撰《說彖象》，後收入《太炎文錄》卷一。

撰《三與黃侃書》，後收入《太炎文錄》卷二。

1909 年（宣統元年）

二月二十日至十二月二十日，在《國粹學報》第二、三、五至九、十一、十二號連載《莊子解詁》。

二月二十日，在《國粹學報》第二號發表《六詩說》、《小雅大雅說》、《八卦釋名》、《毛公說字述》。

七月，《新方言》（附《嶺外三州語》）在日本東京出版。

九月二十日，在《國粹學報》第十號發表《致國粹學報社書二》、《原經》、《原儒》。

十月二十日，在《國粹學報》第十一號發表《致國粹學報社書三》、《原名》。

十二月二十日，在《國粹學報》第十三號發表《毛詩正韻序》。

撰《與鄧實書》、《再與鄧實書》，後收入《太炎文錄》卷二。

撰《小學答問》，由錢玄同寫刻付印，後收入《章氏叢書》初編。

1910 年（宣統二年）

正月二十日，在《國粹學報》第一號發表《與王鶴鳴書》、《致國粹學報社書五》。

正月二十九日，《教育今語雜誌》在日本創刊，由秀光社印行，發表《中國文化的根源和近代學術的發達》。

二月二十日、三月二十日，在《國粹學報》第二、三號發表《駁皮錫瑞三書》。

二月三十日，在《教育今語雜誌》第二冊發表《常識與教育》和《論經的大意》。

三月二十九日，在《教育今語雜誌》第三冊發表《教育的根本要從自國自心發出來》和《論諸子的大概》。

四月二十九日，在《教育今語雜誌》第四冊發表《庚戌會衍說錄》和《論文字的通借》。

五月朔日前，對《訄書》"多所修治"，此本稱作手改本。增删調整了不少篇目。較之重印本在内容、思想上又有較大變化。

五月朔日，《國故論衡》在日本初版，由國學講習發行，秀光舍鉛字排印，上卷小學、中卷文學，下卷諸子學。1912、1913 年由上海大共和日報館再版。先生於校本書眉云："此初本語亦有校定本所未載者，他日當集合刊之。"

　　五月二十日，在《國粹學報》第五號發表《原道》（上、中、下）和《文學總略》。

　　夏，黃侃創辦《學林》，在日本出版，主要刊登先生的國學論著，共兩册。第一册收錄《文始》、《封建考》、《五朝學》、《信史》（上、下）、《思鄉願》（上、下）、《與農科大學教習羅振玉書》、《秋夜與黃侃聯句》、《游仙與黃侃聯句》。第二册收錄《文始》（續）、《試戴》、《非黃》、《徵信論》（上、下）、《秦政記》、《秦獻記》、《醫術平議》、《程師》、《與人論文書》。

　　是年，修訂《新方言》。又寫成《齊物論釋》，分八個部分。用《莊子》與佛理互證，用佛理解釋《莊子》，爲《莊子》研究和佛學研究開闢新的境界。未即付印，1911 年修改後成《齊物論釋重定本》一卷，1912 年由頻伽精舍校刊單行。兩本均收入《章氏叢書》。

1911 年（宣統三年）

　　九月初五、初七、初十，在檳榔嶼《光華日報》連載政治論文《誅政黨》，論及漢唐宋元明政治得失和歐美政治制度，評價康有爲、梁啓超、嚴復等風雲人物，涉及清末民初學術史的很多問題。

　　在《國粹學報》第七號發表《與簡竹居書》和《齊物論釋自序》。

1912 年

　　1 月，爲胡仰曾《國語學草創》作序，肯定胡利用西方語言學研究國語，重申以湖北語音爲基礎規定國語語音的主張。1919 年 5 月 20 日發表於《國故月刊》第三期。

2月28日,章門弟子發起"國學會",先生出任會長,在當日《民立報》發表《國學會緣起》。國學會以講授國學、保存國故爲宗旨。

9月,在《佛學叢報》創刊號上刊登《頻伽精舍校刊大藏經序》,附《與宗仰上人書》。

1913年

12月9日,在共和黨本部會議廳開辦國學會,以《反對以孔教爲國教,示國學會諸生》爲題主講經學、玄學、史學和小學,在《雅言》創刊號發表《駁建立孔教議》。

修改《小學答問》、《文始》,並將《文始》手稿石印出版。

1914年

3月,《章太炎文鈔》由上海中華圖書館石印出版,分五卷,内容以《訄書》爲主。其中卷四收《諸子學略説》、《古音娘日二紐歸泥説》、《古雙聲説》、《古今音損益説》、《駁中國用萬國新語説》等。

4月1日,在《雅言》第六期發表《題所撰初本〈新方言〉予黄侃》。

本年,修改增删《訄書》,更名《檢論》,次年年初完成。此次在1910年手改本基礎上,删除了重印本中許多革命的内容,增加了國故的内容,同時也新增了不少篇目。

《莊子解故》一卷在北京排印出版。

下半年,撰《自述學術次第》。

1915年

4月,錢須彌編《太炎最近文録》由上海國學書室鉛排出版,所收多爲先生自辛亥革命返國後至1913年間刊發的文章。先生在《家書》中對此書多有批評。

5月,《國故論衡》增訂完畢,較之初版本,中、下卷篇目相同,上卷删去《古今音損益説》,新增《音理論》、《二十三部音準》。是月,

《檢論》定稿，凡九卷。兩書均收入《章氏叢書》。

本年至 1916 年初，先生口述"玄理"，令吳承仕筆述整理，成《菿漢微言》，共 167 則，論及印度哲學、佛學、先秦諸子、宋明理學以及文字音韻等。

7 月，《章氏叢書》由上海右文社出版，兩函 24 册，所收均爲學術論著，經他親自審定。但因此版錯字較多，先生很不滿意。

1916 年

春，完成《菿漢微言》，有北京鉛字排印本，後收入浙江圖書館本《章氏叢書》。

秋，撰《無卯字說》，發表在《甲寅週刊》一卷一號。

9 月，撰《甲寅雜誌題辭》、《重刊甲寅雜誌題辭》，1925 年 7 月 25 日刊於《甲寅週刊》第一卷第二號。

是年，撰《阿育王寺重修舍利殿記》，後收入《太炎文錄補編》。

1917 年

3 月 4 日，發起並組織召開亞洲古學會第一次大會。4 月 8 日，在亞洲古學會第二次大會上就佛教研究發表演說。

4 月 3 日、12 日，撰《與吳承仕論宋明道學利病書》（一、二），發表在《國民雜誌》一卷一期。後收入《章太炎書劄》。

1919 年

4 月 20 日，在《國故月刊》第二期發表《與吳檢齋書》和《與黃季剛書》。

5 月 20 日，在《國故月刊》第三期發表讀書劄記《太炎漫錄》。

夏，爲劉成禺《洪憲紀事詩本事簿注》作序。

浙江圖書館出版了《章氏叢書》，刊印精良。較之上海右文社 1915 年版增加了《齊物論釋》重定本、《太炎文錄補編》和《菿漢微言》三種。

1920 年

春,《太炎教育談》刊於觀鑒廬,兩卷兩册,收録 1910 年《教育今語雜誌》所載講演文章。

5 月,爲宋教仁《我之歷史》作序,載該書卷首。在《國學厄林》刊登《毛詩韻例序》和《與吴承仕論哲學書》。

撰《鹽城陶小石遺書序》,後載於《制言》第 26 期。

1921 年

1 月 19 日,在《時事新報·學燈》發表《關於佛理之辨解》。

春,《太炎學説》刊於觀鑒廬,分上、下兩卷,上卷爲講演録九篇,下卷爲已發表的書信。

4 月 19 日,撰《與徐哲東書》,見《太炎先生著述目録初稿》卷下。

5 月,在《宗聖學報》第二十五號發表《易校三國志序》;撰《與吴檢齋論説文説》,後收入《章太炎書劄》鈔本。

6 月 20 日,上海泰東圖書館據《太炎教育談》一書出版《章太炎的白話文》。

10 月 5 日,在《時事新報·學燈》發表《實驗與理想》。

12 月 1 日,在《民鐸雜誌》三卷一號發表《致李石岑與吕黎兩君論佛理書》。是月,爲吴承仕《經籍舊音》題辭。

1922 年

4 月 1 日至 6 月 17 日,在上海講授國學,共十講。4 月 2 日至 18 日,在《申報》陸續刊登講演録。又有曹聚仁筆録整理稿,在邵力子主編的《覺悟》上連載;後題爲《國學概論》,11 月 1 日由上海泰東圖書局鉛印出版,附録評議者論文。《國學概論》比《申報》本所記詳細,文字較好,但也有遺漏,可以《申報》本爲補充。另有張冥飛筆述整理的《章太炎先生國學講演集》，1924 年由平民印書局再版。

5 月 5 日，撰《論散氏盤書與寅邨》，就易培基寄來的散氏盤原器拓本中的文字，加以考釋，提出對於彝器古文的看法。1924 年 6 月載於東南大學《國學叢刊》一卷一期。6 月 7 日，再次致信易培基，又考出一個字。

6 月，上海文明書局鉛印出版《章太炎尺牘》。

6 月 15 日，撰《致柳翼謀書》，答覆柳詒徵《論近人講諸子之學者之失》對他的批評，8 月，發表在《史地學報》一卷四期上，感謝柳文對自己年輕時詆孔之論所作的批評，表明自己"中年以後，古文經典篤信如故，至詆孔則絕口不談"，同時嚴厲批評了康有爲和胡適的學術觀點，反映了學術思想的變化。

10 月 10 日，《中華新報》出版紀念增刊，特請先生撰《時學箴言》，並刊登先生和愛迪生的照片，此文論及治諸子學的難易得失，"示國人以治學之津梁"①。

10 月下旬，參加世界佛教居士林會議，并發表演說。10 月 30 日在《申報》發表《世界佛教居士林會演說辭》。

1923 年

9 月 15 日，《華國月刊》在上海創刊，任社長，在創刊號上發表《華國月刊發刊辭》，說明此刊宗旨在於"甄明學術，發揚國光"。從當日至 12 月 15 日，在此刊第一卷第一至四期連載《新出三體石經考》，從不同角度論證三體石經可信與可貴。後收入《章太炎書劄》。

11 月 23 日，致信吳承仕，對其新著《經籍舊音辨證》評價甚高，載於該書卷首。

---

① 《中華新報》1922 年 10 月 10 日紀念增刊識語。

12月4日，撰《與張伯英書》，論及石經。15日，在《華國月刊》第一卷第四期發表《答曹聚仁論白話詩》、《與于右任論三體石經書》、《與章行嚴論墨學第一書》、《與章行嚴論墨學第二書》、《復馮衷博書》等。21日，撰《答王宏先書》，論及石經。上述文章後均收入《章太炎書劄》。是月，太炎先生在《華國月刊》第一卷第七期發表《擬重刻古醫書目序》。

是年，撰《答黃季剛書》，論及石經。後收入《章太炎書劄》。撰《得友人所贈三體石經》，後收入《太炎文錄續編》卷七下。

1924 年

1月15日，在《華國月刊》第一卷第五期發表《與汪旭初論阿字長短音書》，又見《甲寅週刊》第一卷第五號。同刊還發表了《指南針考》、《璞廬詩序》、《與張波浪論醫書》等文章。後收入《太炎文錄續編》。是月，撰《秦量刻辭跋》和《跋楊遂庵遺墨》，後刊於《制言》第三十六期。

春，完成醫學著作《猝病新論》五卷。

2月15日，在《華國月刊》第一卷第六期發表《墨子大取釋義序》（附考）、《傷寒病單論本題辭》、《書顧亭林軼事》等文章，後兩篇收入《太炎文錄續編》。是月，在《三三醫報》第一卷第二十期發表《傷寒誤認風溫之誤治論》。

4月15日，在《華國月刊》第一卷第八期發表《李自成遺詩存錄》。後收入《太炎文錄續編》卷六上。是月，在《山西醫學雜誌》第十八册發表《論臟腑經脈之要諦》。

5月15日，在《華國月刊》第一卷第九期發表《史考五篇》，即《記永曆帝後裔》、《記李赤心後裔》、《記袁督師家系》、《再書李自成事》和《書張英事》，後收入《太炎文錄續編》卷六上。同刊還發表了

《經籍舊音題辭》，後收入《太炎文錄續編》卷二下。是月，在《三三醫報》第一卷第二十八期發表了《雜病新論》。撰《復李繹之書論太平天國事》，刊於李繹之著《太平天國志》卷首。

6月15日，在《華國月刊》第一卷第十期發表《史考二篇》，即《書李巨來事》和《書呂用晦事》。後收入《太炎文錄續編》卷六上。是月，在《中醫雜誌》發表《溫度不能以探口爲據說》。

7月15日，在《華國月刊》第一卷第十一期發表《大雅韓奕義》、《雜說三篇》、《復湖南船山學社書》等文，後收入《太炎文錄續編》。

8月15日，在《華國月刊》第一卷第十二期發表《救學弊論》，後收入《太炎文錄續編》卷一，論及當時國學研究、學校教學和青年治學中存在的弊端。

8月24日、9月10日、19日，撰《與吳承仕論滿洲舊事書》（六至八），次年在《華國月刊》第二期第三冊發表。

9月30日、10月14日，撰《與吳承仕論三體石經書》（一、二），次年2月在《華國月刊》第二期第四冊發表。

《清建國別記》出版聚珍仿宋本。凡八篇（附錄論文三篇），是"先生遍檢《明實錄》及明人著述多種，以訂清官書之悠謬……實考證清史者必讀之書也。"[1]

11月，在《華國月刊》第二期第一冊發表《王陽明像贊》、《王文成公全書題辭》、《仲氏世醫記》、《史考一篇》（即《書梅伯言事》）等，後三篇收入《太炎文錄續編》。

12月，在《華國月刊》第二期第二冊發表《中學國文書目》、《華嚴庵記》、《華嚴庵記書後》和《與吳承仕論滿洲舊事書》（一至五）。

---

[1] 見《華國月刊》第二期第三冊封裏所登的出版廣告。

在《中醫雜誌》發表《治溫退熱論》。在《山西醫學雜誌》發表《論肺炎病治法》。26日，撰《與吳承仕論尚書古今文書》（一），刊登在《華國月刊》1925年第二期第六冊。是月，撰《與太虛上人書》，載於泰東圖書局出版的太虛《人生觀的科學》。《章氏叢書》由上海古書流通處再版，錯字很多。

1925年

1月，在《華國月刊》第二期第三冊發表《致知格物正義》、《康成子雍爲宋明心學導師説》、《書秦蕙田五禮通考後》。

2月，在《華國月刊》第二期第四冊發表《與吳承仕論三體石經書》（一、二）。

3月，在《華國月刊》第二期第五冊發表《銅器鐵器變遷考》。3月5日、11日，撰《與吳承仕論尚書古今文書》（二、三），在《華國月刊》第二期第六冊發表，同刊發表《書段若膺明世家非禮論後》。在《中醫雜誌》第十四期發表《陽明證變法與用麻桂二湯之正義》。

撰《黄疸論》、《瘧疾論》、《溫病自口鼻入論》、《中土傳染病論》、《論厥陰病》，分別在《紹興醫藥月報》第一卷第四、五、六、八、十發表。

4月3日、4日，撰《與吳承仕論尚書古今文書》（四、五），5月刊於《華國月刊》第二期第七冊。

7月，在《群治大學年刊》第一期刊登《與張蔚西論脈書》。7月6日，撰《論中醫剝復案與吳檢齋書》，指出中西醫各有所長。刊於《華國月刊》1926年第三期第三冊。

8月，在《華國月刊》第二期第八冊發表《讀論語小記》和《夏布說》。

10月，在《華國月刊》第二期第九冊發表《伯夷叔齊種族考》。

11月，在《華國月刊》第二期第十册發表《疏證古文八事》。

12月，在《華國月刊》第二期第十二册發表《又與吳承仕論尚書》。

撰《與檢齋論喪服書》，後刊於《制言》第二十七期。

撰《與歐陽竟無書》，見《太炎先生著述目錄初稿》卷下。

1926 年

5月，《與羅振玉書》、《與汪旭初論阿字長短音書》、《答曹聚仁書》、《與劉光漢書》等九篇書牘收入王文濡編《當代名人尺牘》下卷，由文明書局出版。

6月，出任國民大學校長，在國學系授課，與胡樸安擔任國學系作文、諸子學、五經學、文字學、國學研究、古書校讀法等課程①。同時，堅辭不就上海法政大學校長之任②。

7月，撰《騰越寶峰山佛殿碑記跋》，見《景邃堂題跋》。

8月9日，任江蘇省修訂禮制會會長，出席成立會，作長詩《觀鄭覲文作樂》，後收入《太炎文錄續編》卷七下。

是年，撰《民國五豪贊》，後收入《太炎文錄續編》卷七上。

1927 年

1月，爲連橫《臺灣通史》作序，以《臺灣通史題辭》爲題，後刊於《制言》第四十期。

2月，爲金松岑《天放樓文言》作序，見該書卷首，後收入《太炎文錄續編》卷二下。

11月2日，撰《與吳承仕書》，論及宋明理學和佛學。11月28

---

① 見《申報》1926年8月29日《國民大學本學期之課程》報道。
② 見《申報》1927年10月15日"本埠新聞"《法大副校長潘大道昨被暗殺》。

日、12月17日,致信吳承仕,討論喪服、喪禮。均見《章太炎論學集》。

12月9日,撰《與汪旭初論詩書》、《答汪旭初論碑文書》,後刊於《制言》第二十九期。23日,撰《生日自述》詩,後收入《太炎文錄續編》卷七下。

冬,撰《中國醫藥問題序》,論中醫之利病,後刊於《制言》第五十九期。

1928年

1月,長兄章籛去世,撰《伯兄教諭君事略》,後收入《太炎文錄續編》卷四。

2月,撰《論少陰病》,刊於《紹興醫學月報》第四卷第四號。

6月,爲黃侃《游廬山詩》作序,後收入《太炎文錄續編》卷二下。

7月,爲馮自由《中華民國開國前革命史》作序,11月15日載該書上編,後收入《太炎文錄續編》卷二下。

8月3日,撰《與馬伯通書》,後刊於《制言》第十五期。

11月,爲李希白《治平吟草》作序,見《太炎文錄續編》卷二下。

爲惲鐵樵《傷寒論輯義按》作序,指出醫學貴在治病實效,雖然西醫生理學説精深,但中醫價值不可抹煞。後收入《太炎文錄續編》卷二下。

撰《重訂三字經題辭》,後刊於《制言》第六十二期。

撰《自定年譜》,由一歲起,至五十五歲止。去世後,由蘇州章氏國學講習會鉛印出版,題《太炎先生自定年譜》,略有删節。

1929年

1月30日,撰《答吳檢齋書》,論治三禮名物,後刊於《制言》第八期。

3月，爲反對上海的廢止中醫風潮，幫助章次公、陸淵雷、徐衡之創辦上海國醫學院，並任院長。

4月，爲馬宗霍《音學通論》題辭，簡述音韻學源流及其音韻學主張，後收入《太炎文錄續編》卷二下。

6月，撰《闕塋石刻跋》，後刊於《制言》第三十六期。

7月，《上海國醫學院院刊》創刊，作《國醫報題辭》。同刊還發表《傷寒病講詞》。在該刊第二期發表《與余雲岫論脾臟書》、《論骨蒸五勞六極與某君書》、《張仲景事狀考》、《古今權量考》。

撰《春秋左氏疑義答問》五卷。成書後曾與黃侃通信討論，幷在1932年6月24日《與吳承仕論春秋答問作意書》中稱此書"爲三十年精力所聚之書，向之繁言碎辭，一切芟薙，獨存此四萬言而已"。後收入《章氏叢書續編》，交錢玄同、吳承仕刊刻。

在上海震旦大學講演，題爲《說我》，後刊於《制言》第四十八期。此文發揮王陽明學說，強調顧炎武所倡"行己有恥"。

1930年

4月，撰《答黃季剛書》，見《章太炎書劄》。

夏，撰《釋秦量》，後收入《章太炎先生學術論著手迹選》，北京師範大學出版社1986年版。

9月，撰《謝君馬夫人六十壽序》，論及男女平等問題，後刊於《制言》第四十二期。

秋，撰《三界重修水閣記》，後收入《太炎文錄續編》卷六。

撰《答汪旭初論碑文書》，後刊於《制言》第二十九期。

1931年

1月，在《上海國醫學院院刊》第三期發表《濕溫論治》。

2月24日，撰《與黃季剛論大衍之數書》，收入《章太炎書劄》。

4月27日,撰《與季剛論司馬門書》,收入《章太炎書劄》。

5月1日,開始在吳承仕編《國學叢刊》第一期發表文章,共12篇,中國大學出版。《與吳承仕論宋明道學利病書》二通、《南郭英賢題名記》(見第一册),《棲霞寺印楞禪師塔銘》(見第二册),《論古韻四事》(見第四册),此文後又刊於《制言》第五期,題爲《韻學餘論》,收入《太炎文錄續編》卷一,指出以往《文始》和《二十三部音準》沿襲冬部與東部分立之説,"亦未考證","由今思之,古音但有侵部而已,更無冬部也"。

夏,撰《與孫思昉論學書》、《與孫思昉論文書》,後刊於《制言》第四十六期。撰《與孫思昉論因果報書》,見《章太炎書劄》。

6月,撰《古驪室記》,後刊於《制言》第九期。

7月,在《金陵學報》發表《與黃侃論韻書》二首,後刊於《制言》第四期。

8月,撰《傷寒今釋序》、《桃仁承氣及抵當湯之應用》、《猩紅熱論》、《勸中醫審霍亂之治》,後刊於《制言》第六十期。是月,爲沈竹礽著《周易易解》作序,題爲《周易易解題辭》,後刊於《制言》第十一期,收入《太炎文錄續編》卷二下。

9月,爲孫至誠著《老子政治思想概論》作序,後刊於《制言》第十一期,同刊發表《中國觀人論題辭》,均收入《太炎文錄續編》卷二下。

11月13日、12月2日,撰《與吳承仕書》兩通,論及次年即出的《漢儒識古文考》和治《三禮》的途徑。後收入《章炳麟論學集》。

撰《與季剛論古文殺字書》和《與季剛論理學書》,後刊於《制言》第三十五期。

1932 年

1月,在《中醫新論彙編》發表《答王一仁再論霍亂之治法》。

3月24日,在燕京大學講《論今日切要之學》,號召青年既要學習歷史,又要學習實用的本領。演講稿刊於《中法大學月刊》第五卷第五期。31日,在北平師範大學演講,題爲《清代學術之系統》,由柴德賡筆錄。他指出清代詩、詞、古文成績平平,但學術著作甚有成績。記錄稿刊於《師大月刊》第十期。

4月20日至22日,在北京大學國文研究所講《廣論語駢枝》,由錢玄同翻譯,演講稿由王聯曾整理,發表在《中法大學月刊》第二卷第二期,1933年收入《章氏叢書續編》。

5月,《漢儒識古文考》(上、下),刊於《國學叢編》第一期第五、六册,後收入《太炎文錄續編》卷一。

5月29日,在青島大學講演。

6月24日,撰《與吳承仕論春秋答問作意書》,見《章太炎書劄》。

7月14日,撰《與吳綗齋書》,後刊於《制言》第十二期。是月,發表《明史鈔略跋》,由商務印書館出版。在《醫界春秋》第八十一期發表《對於統一病名建議書》。

8月27日,撰《與黃季剛書》,後刊於《制言》第三十五期。

夏,撰《古文尚書拾遺》,次年收入《章氏叢書續編》。

9月,撰《天放樓續文言序》,見該書卷首。

秋,先生在蘇州講學,有六篇演講稿。有《記太炎先生講儒行要旨》、《記太炎先生講大學大義》、《經義與治事》(見《蘇中校刊》10月第68期)、《記太炎先生講文章源流》(見《蘇中校刊》11月第69期)、《尚書大義》、《詩經大義》(未刊)。

10月6日,撰《與徐哲東論春秋書》,後刊於《制言》第十七期。是月,在《昌明醫刊》第二期發表《覆刻何本金匱玉函經題辭》。

11月22日、12月15日，撰《與吳承仕論形聲條例書》（一、二），次年8月刊於《國學論衡》第二期第二册。後收入《章太炎書劄》。

撰《喪服依開元禮儀》，後刊於《制言》第十二期。

撰《喪服草案》、《喪服總説明書》、《喪服説明書》，後刊於《制言》第二十一期。

1933年

1月，參加國學會成立儀式並發表《國學會會刊宣言》，6月1日刊於《國學商兑》第一卷第一號。

2月10日，撰《與馬宗霍論近人僞造碑版書》（一），後刊於《制言》第四十三期。

3月5日，撰《與吳承仕書》，論及古文經傳，載《章炳麟論學集》。14日，在無錫國學專門學校講演，由弟子記録，題爲《國學之統宗》，後刊於《制言》第五十四期。此外，還有《太炎先生講經學》和《太炎先生講史學》，刊於《無錫國專季刊》1933年第一册。15日，在江蘇省立無錫師範學校講《歷史之重要》和《春秋三傳之起源及其得失》，分别刊於《制言》第五十五、五十六期。

4月18日，在蘇州十全街曲石精廬講治學經歷，由弟子記録，題爲《記本師章公自述治學之功夫及志向》，後刊於《制言》第二十五期。此文是瞭解先生晚年學術思想變遷的重要資料。

5月7日，撰《與楊遇夫論子字書》，見《章太炎書劄》。

6月，親自校訂之《章氏叢書續編》定稿，付錢玄同、吳承仕等校刊，實際刻成於1935年初夏。收入著作七種，包括《廣論語駢枝》一卷、《體撰録》一卷、《太史公古文尚書説》一卷、《古文尚書拾遺》二卷、《春秋左氏疑義答問》五卷、《新出三體石經考》一卷和《菿漢昌言》六卷。《春秋左氏疑義答問》和《菿漢昌言》另有章氏國學講習會單行本。25 日,撰《答吳檢齋書》,載《章太炎書劄》。

10 月 22 日,在無錫國學專門學校講《適宜於今日之理學》,由諸祖耿記錄,後刊於《制言》第五十七期。此外,還有一些講稿,由弟子記錄整理發表:《中國人種之起源》(見《太炎先生著述目錄初稿》卷下),《喪服概論》、《儒行大義》(見《國學商兑》第一卷第一期),《述今古文之源流及其異同》、《講學大旨與孝經要義》(見《國學論衡》第二期)。

10 月,在《歸納》第一期發表《日知錄校記序》,後收入《太炎文錄續編》卷二。到蘇州、無錫講學。在蘇州講演二十餘次,由李希泌記錄,其中兩次講演稿《辛亥革命》與《儒家之利病》,李希泌以《章太炎先生的兩篇講演記錄》為題,刊於《蘭州大學學報》1980 年第 1 期。

10 月 31 日至 12 月 26 日,多次致信弟子潘承弼,談及對國學會會刊的意見,後收入《章太炎先生遺劄未刻稿》。

11 月 25 日,撰《與馬宗霍論近人偽造碑版書》(二),後刊於《制言》第四十三期。是月,撰《辭通序》,刊於《辭通》卷首。

12 月,撰《孫仲容先生年譜序》,刊於《青鶴》1934 年 1 月 16 日第二卷第五期,又見《甌風》1934 年 2 月第二期,後刊於《制言》第二十期。撰《孫太僕年譜序》,刊於《青鶴》1934 年 3 月 16 日第二卷第九期,《甌風》1934 年 2 月第二期,後刊於《制言》第五十九期。撰《墨子大取釋義序》,後刊於《制言》第三十九期。

1934 年

2 月 9 日,撰《與鄧之誠論史書》,對殷商銅器金文不滿,堅持以正史等史書為考史的主要根據,後刊於《制言》第五十一期。

3 月 10 日,在《醫報》第一卷十一、十二期合刊發表《時師誤指傷寒小柴胡證爲濕温辨》。

5月,爲王純甫撰《今字解剖題辭》,載此書卷首,後刊於《制言》第二十四期,收入《太炎文錄續編》卷二。撰《古詩選評注序》,後刊於《制言》第五十七期。

6月,在《國學論衡》第三期發表《疑年拾遺》,後刊於《制言》第十九期,收入《太炎文錄續編》卷一。又於同刊發表《與邵瑞彭論太誓書》一文。

9月,《與黄永鎮書論韻學源流》(一、二)收入黄永鎮《古韻學源流》,由商務印書館出版。爲陳存仁著《中國藥學大辭典》作序,載該書卷首,後刊於《制言》第五十期。19日,撰《與歐陽竟無論禪宗傳授書》,見《章太炎書劄》。

秋,撰《桃源饒子六十壽序》,後刊於《制言》第四十六期,收入《太炎文錄續編》卷三。又撰《與馬宗霍論文體書》(二),見《章太炎書劄》。

12月,撰《與王宏先書》,論及三體石經,見《章太炎書劄》。

冬,因與國學會旨趣不合,先生在蘇州發起章氏國學講習會,然是年於蘇州講學,仍歸國學會,由弟子記錄,有《讀史與文化復興之關係》、《中國歷代興亡之關係》、《論無韻之文》、《九流之比較》、《明清之際略論》、《十六國略論》、《三國略論》、《周易概說》、《論漢宋學可否和會》和《漢學之利弊》。此外,還有講演稿《論讀史之利益》和《略論讀史之法》,後分別刊於《制言》第五十二、五十三期。

撰《清故龍安府學教授廖君墓誌銘》,廖君即廖平,是今文經學代表人物,而先生作爲古文經學代表人物,不回避學術分歧,公允評價了廖平的人品、思想和學說。此文是近代經學史的重要文獻,後刊於《制言》第一期,收入《太炎文錄續編》。

撰《說文部首韻語》，有武昌中道書局石印本。

1935 年

1月，在《中醫新生命》發表《王叔和考》。

3月，在光華大學《中國語文學研究》發表《書論》，後刊於《制言》第十一期，題爲《論碑版法帖》。3月2日、10日，撰《與李源澄論公羊書》（一、二），刊於《光華大學半月刊》第三卷第八期。

4月至11月，在蘇州舉辦章氏星期講演會，共九期，由弟子記錄講稿，每期一册，共印出六册：《說文解字序》、《白話與文言之關係》、《論讀經有利而無弊》（6月15、16日刊於《大公報》）、《論經史實錄不應無故懷疑》（刊於《浙江圖書館館刊》）、《再釋讀經之異議》、《論經史儒之分合》，另有三册未刊稿：《論讀史之利益》、《略論讀史之法》、《文學略說》。

6月，在《國學論衡》第五期發表《與吳檢齋論易書》。章氏國學講習會鉛字排印了太炎先生的《菿漢昌言》一册。6月28日、30日，撰《與金祖同論甲骨文書》（一、二），主張甲骨文真僞難知，探文字源流應以《說文》爲准，後刊於日本《書苑》1937年一卷一號，又刊於《制言》第五十期。收入金祖同著《甲骨文辨證》1941年影印本。

7月，舉辦章氏暑期講習會，講稿有《孝經講義》和《呂氏春秋行覽與孝經之關係》兩種，均未刊。撰《麽些文字序》，後刊於《制言》第六十二期。

8月，撰《與金祖同論甲骨文書》（三、四），主張金文可信者什之六七，而甲骨文不足信，以甲骨文補商史，於大局無補。1941年11月，兩信收入金祖同著《甲骨文辨證》影印本。

9月16日，章氏國學講習會正式開講，發起人爲朱希祖、錢玄同、黃侃、汪東、吳承仕、馬裕藻、潘承弼等，限期兩年，分四期。先生任主講，由弟子記錄，編入《章氏國學講習會講演記錄》，其中有《小學略說》（上、下）、《經學略說》（上、下）、《史學略說》（上、下）、《諸子略說》（上、下）。是月，《制言》雜誌創刊，爲半月刊，由章氏國學講習會發行。先生任主編，在《制言》創刊號發表多篇論文，有《制言發刊宣言》、《漢學論》（上、下）、《尚書續說》、《禹廟碑》、《清故龍安府學教授廖君墓誌銘》、《季剛、旭初行攝山得大小徐題名以墨本見示》等。本月，在《川南師範特種國文選》發表《蜀語》。

10月1日，在《制言》第二期發表《黃晦聞墓誌銘》，後收入《太炎文錄續編》卷一、卷五下。10日，在《制言》第三期發表《王伯申新定助詞辨》，後收入《太炎文錄續編》卷一。

10月8日，黃侃去世。11月16日，在《制言》第五期發表《黃季剛墓誌銘》、《答李源澄書》和《韻學餘論》。

12月1日，在《制言》第六期發表《駁金氏五官考》，後收入《太炎文錄續編》卷一。16日，在《制言》第七期發表《孟子大事考》。是月，在《學術世界》第一卷第七期發表《答李源澄論戴東原〈原善〉〈孟子字義疏證〉書》。

撰《實用文字學序》，載該書卷首，由商務印書館出版。

1936 年

2月至6月，抱病在章氏國學講習會講授兩門課程，由弟子記錄。2月至5月講《尚書》，有《尚書講義》，又擴張舊著《古文尚書拾遺》爲《古文尚書拾遺定本》，刊於《制言》"太炎先生紀念專號"，題下署"太炎先生最後著作"。5月至6月講《說文部首》，有《說文部首講義》，惜"講未及半"[①]。

---

① 《太炎先生著述目錄初稿》卷下。

3月11日，撰《與吳承仕論古文尚書》，見《章炳麟論學集》。3月16日、4月1日，在《制言》第十三、十四期連載《菿漢閒話》，後收入《太炎文錄續編》卷一。3月25日，撰《與人論讀經書》，刊於《制言》第二十一期。

4月，在《中央大學文藝叢刊》第二卷第二期發表《黃季剛先生遺著專號序》。撰《二十五史別編序》，刊於《制言》第五十七期。4月3日，撰《與吳承仕論尚書孔傳書》，見《章炳麟論學集》。16日，在《制言》第十五期發表《書曾刻船山遺書後》，後收入《太炎文錄續編》卷二上。

5月1日，在《制言》第十六期發表《書洛陽續出三體石經考》。

6月14日晨8時，先生因鼻咽癌、膽囊炎、瘧疾、氣喘病四症并發，在蘇州逝世，享年六十九歲。國民政府7月9日發佈了國葬令。

6月16日，《制言》第十九期刊發《疑年拾遺》和《答楊立三毛詩言字義》。

8月1日至10月15日，《制言》第二十二、二十四、二十六、二十七期連載《菿漢大師語錄》。8月16日，《制言》第二十三期刊發《讀太史公書》、《黃氏藏書樓記》。

夏，《蘇州國醫雜誌》第十期刊發《答張破浪論誤下救下書》和《章校長太炎醫學遺著特輯》。

9月1日，《制言》第二十四期刊發《中學讀經分年日程》。16日，《制言》第二十五期刊發《古文尚書拾遺定本》、《連語》和《菿漢雅言劄記》。

10月1日，《制言》第二十六期刊發《論東林誤國事》。16日，《制言》第二十七期刊發《評校説文解字注》、《答吳緦齋論喪服書》和《答沈商耆論喪服書》。

11月1日,《制言》第二十八期刊發《論生命》。

12月1日,《制言》第三十期刊發《論中古哲學》。12月16日始,《制言》第三十一、三十三、三十四期連載《菿漢大師說文講記》。

參考書目:

章太炎著:《太炎先生自定年譜》,上海書店1986年影印本。

章太炎著:《民國章太炎先生炳麟自訂年譜》,臺灣商務印書館1987年版。

章太炎著:《章太炎生平與學術自述》,江蘇人民出版社1999年版。

湯志鈞編:《章太炎年譜長編》(上、下),中華書局1979年版。

謝櫻寧著:《章太炎年譜摭遺》,中國社會科學出版社1987年版。

姚奠中、董國興著:《章太炎學術年譜》,山西古籍出版社1996年版。

章太炎著:《章氏叢書》,浙江圖書館1919年校刊本。

章太炎著:《章太炎全集》,上海人民出版社1982—1994年版。

章太炎著:《章太炎論學集》,北京師範大學出版社1982年版。

湯國梨編:《章太炎先生家書》,上海古籍出版社1985年版。

馬勇編:《章太炎書信集》,河北人民出版社2003年版。

章太炎著:《章炳麟論學手札》(修訂版),吳承仕藏,北京師範大學出版社2010年版。

章念馳編:《章太炎生平與學術》,生活・讀書・新知三聯書店1988年版。

姜義華著:《章炳麟評傳》,南京大學出版社2002年版。

許壽裳著:《章太炎傳》,百花文藝出版社2004年版。

陳平原、杜玲玲編:《追憶章太炎》(修訂本),生活・讀書・新知三聯書店2009年版。

論章太炎先生的學術成就[*]

章念馳

歷史學本仁者見仁,智者見智,何況太炎先生一生何其龐雜,令人更有盲人摸象之嘆。其實,這是正常現象。任何人的文章不可能成爲某個歷史人物的定論,即便我作爲他的後裔也如此。

論述太炎先生的文章太多了,每個人根據自己的理解都可對他發上一通高論,因此文章常相矛盾。但太炎先生一生也確實充滿矛盾。我讀了諸多大作,常迷惘地問自己:這是太炎先生麽? 的確,全面地把握一個歷史人物,決非易事,何況像太炎先生這樣革命與學術一身而兼二任的新舊交替時代的大師,全面而客觀認識他的政治思想與學術思想,尤其如此。

本文將簡單扼要地論述太炎先生的學術成就,但要毫不涉及他的政治觀,是不可能的。一個人的學術觀會影響他的政治觀,但政治觀也必影響其學術。太炎先生曾擁護康梁變法,入《時務報》,但終因學術觀"輒如冰炭"而導致政治上分途。這種正反例子,在太炎先生一生中是很多的。作爲一位政治家,太炎先生偉大却不高明,作爲學問家,他似無愧色,可稱一代宗師。太炎先生一生,充滿愛國者的心酸,革命者的顛沛,學者的悲憤,然而他不屈不撓,被人視爲瘋子——一種天生的怪人,他的言行往往驚世駭俗,超越政見與黨

---

[*] 原載《史林》1990 年第 1 期,第 34—38 頁,上海社會科學院出版社出版。

見，富有超前意識，常爲世所不解，他是倔强的化身，桀驁不馴的代名詞，不說假話的象徵，他正是執著"依自不依他"的哲學，孕育了自己的學說。如果他沒有參與從戊戌變法——辛亥革命——"五四"運動——抗日戰爭的歷史巨變，也許他的學術成就會大大暗淡。魯迅先生生前最後兩篇大作，都是紀念太炎先生的文字，是什麼原因使魯迅先生在清末民初學者如林的學術界獨崇太炎先生？這決非一綫師生之誼引發，而是敬佩太炎先生一生把自己的學術研究和理論鬥爭，自覺地同國家前途、民族命運、人民利益密切聯繫起來，同自己所獻身的政治理想緊緊結合在一起。因此，太炎先生的學說有着豐富的政治内涵，即便他研究古老的經學，也是如此。所以胡適説太炎先生爲今古文作了光榮的結局，侯外廬則稱太炎先生是"自成宗派的巨人"，"運用古今中外的學術，揉合而成一家言的哲學體係，在近世他是第一個博學深思的人"。這並非過譽之詞。

太炎先生的學術成就表現在小學、經學、諸子學、佛學、哲學、史學、文學、醫學諸領域，下文將分而述之。

一

太炎先生學術成就首先表現在小學方面。他九歲從外祖父朱有虔讀經，後從學於俞曲園，繼承了由俞氏至王引之、王念孫、戴東原、江慎修、顧亭林的學術精華，學有淵源。對他影響最大的要算顧亭林，因亭林先生名絳號炎武，太炎先生也改名絳號太炎，可見崇拜程度。他以亭林先生"博學於文，行己有恥"爲準則，治學講究"明道、救世"，態度講求"實事求是"，注重"厚之根基"，從整個傳統文化着眼,博覽資料,詳考得失,尋根探源。爲精研古代群經,太炎先生力攻小學。小學者,即古代文字之學,今日稱之爲語言文字學,要讀懂讀通古書群經,必須先識古字,弄清古字的涵義,太炎先生正是從此着手。他讀二徐《說文》七十餘過,卓然見語言文字之本。他治小學,"不欲爲王菉友輩,滯於形體",而强調通音韵、明訓詁、辨形體,深探文字的音、形、義關係,在文字學、音韵學、訓詁學方面,獨步千古,取得很大成就。然後他運用深厚的小學功底,直探群經的精微,乃至諸子學的妙詣,取得很多真知灼見。

傳統的小學,經千餘年歷代學者的努力,到清代達到了鼎盛時期,太炎先生則集乾嘉之大成,成爲最後一位小學大師。但他又没有停留在古人基礎上,他積極汲取西方文字學研究成果,特别接受了德國馬格斯牟拉學說,致力於建立起具有本民族特色的語言文字學,將傳統小學,一變爲一門獨立的有條理系統的現代語言文字學。"語言文字學"一詞,爲太炎先生所創,從而發展和取代了傳統"小學"。在研究小學基礎上,他作《文始》,上探語流,下辨流變,成爲近代漢語語源學第一部要著,也是最早接受西方理論寫成的語言學著作。他在前代研究音韻學基礎上,將古韵分爲二十三部,并且用漢字作爲工具確定了各韵部的音值,這比前代學者進了一大步。太炎先生的《小學問答》、《說文部首均語》、《新方言》等書,真可謂邁越前賢,下啓後學。尤其是《新方言》一書,從中國語言的地理分布,探討了各地語音,以推証古代文字的意義,貢獻卓越。他所著《國故論衡》中的《小學略說》,可以說是一部語言文字學的總綱,《成均圖》、《音理論》、《二十三部音準》是闡述古韵理論的,《一字重音說》、《古音娘日二紐歸泥說》、《古雙聲說》,乃是探討古聲類理論的,《語言緣起說》是論述語言的起源及詞的語音變化的,這些論述,在他以前,還没有人這樣全面而係統地談論過。

在訓詁學方面，他使小學擺脱了經學的附庸地位。我國第一套注音符號——五十八個切音符號，也是太炎先生首創，在辛亥革命後被沿用了數十年。

太炎先生的小學成就，還在於他把語言文字學作爲宣傳愛國思想，激發民族自尊心的一個重要内容，作爲振興民族文化，挽救祖國命運的一個重要手段，即他一貫提倡的"以國粹激動種性，增進愛國的熱腸"，這"國粹"就是他所説的祖國歷史——語言文字、典章制度、人物事迹及風俗。

二

由於太炎先生精通小學，因此他在研究古代文獻時，如出入無人之境，左右博采，碩果纍纍，在經學研究方面成就卓著。他治經獨崇漢代劉歆，自稱"劉子政私淑弟子"，崇尚漢學，不黜魏晉，對古文經學有特别造詣，常能推翻舊説，提出新解。他贊同章學誠的"六經皆史"觀點，在研究古代六經基礎上，形成一係列著述。論述《春秋》的有《春秋左傳讀》、《春秋左傳讀叙録》、《劉子政左氏説》、《春秋左氏疑義答問》等等；論述《尚書》的有《太史公古文尚書説》、《古文尚書拾遺》、《尚書大義》、《古文尚書講》等；論述《詩經》的有《小雅大雅説》、《六詩説》、《關雎故言》、《詩終始論》等；論述《易經》的有《八釋卦名》、《易象義》等；論述《禮經》的有《孔子制禮駁議》、《王制駁議》等。另外還有《新出三體石經考》、《廣論語駢枝》、《駁箴膏肓評》、《七略别録佚文徵》一係列對經學研究的論著，都有獨特見解，考證翔實，立論精闢。

太炎先生的經學研究，已不是傳統的注經釋經，他力圖把經學研究建立在近世科學理性主義的基礎上，以恢復經學的本來面目，而使經學不再是中世紀的舊神學。他反對今文經學中的經天緯地之説，反對神化孔子，他把孔子從歷代統治階級捧上大智大聖、萬世師表的寶座上，降到凡人——一個教育家、史學家的地位。他認爲"過崇前聖，推爲萬能，則適爲桎梏矣"。他正是爲把人們從封建桎梏中解放出來，而激烈詆孔，以適應辛亥革命思想上與輿論上的需要。他一生從事拆散封建經學殿梁的工作，反對封建傳統，但他的晚年，目睹全盤西化侵襲，中國傳統面臨全盤否定之災，又起而捍衛傳統，爲早年反孔感到遺憾。在他身上時而充滿這種矛盾。

三

在諸子學研究方面，太炎先生也是獨辟蹊徑。在兩千年來獨尊儒家廢黜百家的束縛下，他致力於儒家的异端——諸子學的研究。他認爲中國學術導源於周秦諸子，言玄理，他以爲孔子不如老莊；言名學，墨子、荀子優於前儒，故在名法上他推重荀卿、韓非，在哲理上他推崇莊周，他把孔子僅僅當作諸子百家中的一家去討論，這在清末思想界、學術界是非常"恣言"的。太炎先生對傳統文化討論從經學擴大到諸子學。在諸子學中他特別欣賞莊子的"憤世"精神，著有《諸子學略説》，又成《莊子解故》，借老莊哲學而展開本人的哲學思想體系，又以佛理解釋老莊，成《齊物論釋》，以及《原道》、《原名》、《明見》、《辨性》、《道本》、《道微》、《原墨》等，胡適稱之爲都是"更爲空前的著作"。太炎先生對於魏晉之學,頗多贊頌,因爲在他看來魏晉玄學富有批判精神,重個性而厭束縛,在學術上富有自由化風格;重名理而張技藝,與太炎先生本人學術民主思想相合,故多贊言。

太炎先生的諸子學研究,打破了被儒家獨尊的封閉的神秘壁壘的束縛,揭示了千百年來對孔子偶像崇拜的危害,建立了一個近代人眼光下所見的古代思維世界,對當時康有爲等主張的尊奉孔教的觀點,以及宋明理學對人們思想的長期束縛,起了思想大解放的作用,成爲近世杰出的思想啓蒙大師。這種啓蒙,不僅孕育了一大批摧毁清政府統治的仁人志士,也孕育了一大批"五四"新文化運動的旗手。

四

佛學研究是太炎先生學術體係的又一重要組成部分。儒家自漢初確立了獨尊地位,至東漢,天下大亂,玄學漸興,至兩晉,玄學大盛,到隋唐,佛學東漸,構成儒、道、釋三家並存之勢。太炎先生深知佛學對中國文化的重大影響,而博研佛藏,在佛教教義衆多、流派林立之中,他獨尊唯識宗,以華嚴之行和法相之理,來發揮他的政治主張,謂此與其所治朴學爲近,"以分析名相始,以排遣名相終"。他"宗師法相,亦兼事魏晉玄文",覺得佛學與莊子義有相徵,都是發揚"平等如一"之旨,遂以佛釋道,企圖融合玄佛爲一家,撰《無神論》、《大乘佛教緣起説》、《建立宗教論》等。他借佛學的"勇猛無畏"和"濟度衆生",作爲革命者的道德標準,藉以批評儒家的"競名死利"和"道德墮廢",企圖以西方的佛學衝擊東方封建禮教的羅網。他借佛學來建築自己的哲學體系,以佛學釋老莊,又納入康德的"批判哲學",爲革命理論服務,并用以闡述自己對哲學中諸重大問題的看法。他説:"佛最恨君權,大乘戒律所説:'國王暴君,菩薩有權,應當廢黜。'又説:'殺了一人,能救衆人,這就是菩薩行。'""佛教最重平等,所以妨礙平等的東西必要除去。滿洲政府待我漢人種種不平,豈不應該攘逐?"因此"照佛教説,逐滿復漢,正是分内的事。"所以太炎先生認爲革命者信奉佛教,有利於"排除生死,旁若無人,布衣麻鞋,徑行獨往,上無政黨猥賤之操,下作懦夫奮矜之氣",有利於民族主義和民生主義的實行。太炎先生佛學的論著很多,論述很深,但他説的佛學,與封建迷信的佛教已毫無共同之處,他所看重的是佛教的哲理,并將資産階級的平等、自由、民主等思想注入佛身,使佛的形象適合於革命的需要。

五

太炎先生的史學研究成就是最爲引人注目的。他一貫認爲歷史學發達與否,關係到民族的興衰,他一生致力於提倡民族主義,即以歷史爲武器。他説:"民族主義,如稼穡然,要以史籍所載人物、制度、地理、風俗之類,爲之灌溉,則蔚然以興矣。不然,徒知主義之可貴,而不知民族之可愛,吾恐其漸就萎黄也。"在史學研究的方法上,他認爲過去治史者只注意地理、官制,過於狹隘,主張進一步從姓氏學、刑法學、食貨、樂律等角度,去綜合地研究,即從社會史、制度史、文明史、經濟史等領域,去開闢歷史研究的新領域。他還主張治史要"尋其根株",不要"摭拾枝葉",要"實事求是,非致用之術"。他反對強行牽合某些歷史現象,以比附現實,或籠統地用社會學的一段結論來取代對歷史的具體分析,他主張要疑古,不要輕信前說,但也不要臆造歷史,而要用科學精神來研究歷史。由於太炎先生學問淵博,又堅持科學態度,所以他的史論,充滿新見,每每爲史家所重。太炎先生曾計劃寫一部中國通史,可惜沒有完成,但從他的中國通史提綱和《徵信論》、《信史》、《原經》等史論中,還是可以一窺到他的新史觀的。侯外廬說:"太炎先生雖然沒有專門寫一部中國學術史的著作,但他可以説是中國近代第一位有係統地嘗試研究中國學術史的學者,他對周秦諸子、兩漢經師、五朝玄學、隋唐佛學、宋明理學、清代學術的論述,足啓後學,在史學研究領域篳路藍縷之功,不可磨滅。"

六

太炎先生的文學成就也是燦爛的。宋恕曾稱"枚叔(即太炎)文章,天下第一"。太炎先生戰鬥的文章,被稱爲泣鬼神,驚天地,令清政府喪膽。他早年精研小學,後又深窺群經,"欲使雅言故訓後用於常文",故文字古奧老辣,便康梁也難以招架,中年他兼取兩晉文辭,使文章又具"清和流美"之長,有魏晋名理之風,懷有建安之骨,自謂文風"清遠本之吳魏,風骨兼存周漢",故他的文章既有曹孟德的慷慨沉雄,又有劉越石的激越悲壯,表現了清末革命派的心聲與追求,在近代文學史上占有重要地位。

太炎先生的一支筆,曾牽動了他一代知識分子憂國憂民的心扉。他的一生,寫下了大量的戰鬥政論文章,正如魯迅所說:"戰鬥的文章,乃先生一生中最大最久的業績。"這句話是一點也不過分的。太炎先生一貫主張文學要講究形式與內容的統一,反對重形式,輕內容,刻意模擬,或無病呻吟。他認爲文風可表現國勢的盛衰和民氣的剛柔,他所以推崇魏晋文學,是認爲這種文體正是革命文學所需要的文體。他本人的文章,就是從不計較形式,陡然而來,戛然而止,没有什麽首尾呼應等形式,不講落套。因此吴文祺説:太炎先生"文章中無一句浮泛的話,一句話中無一個浮泛的字"。太炎先生所處的年代,風雨如晦,鷄鳴不已,反動東西太强大了,黑暗太濃重了,他"痛同胞之醉夢猶昏,悲祖國之陸沉難挽",决心去搏擊,去流血,他與許多先驅人物一樣,爲争生存,却常想到死,他與保皇派、立憲派所不同的是,他决心拿頭顱去撞擊那冰涼的舊堡壘的墻,所以他的詩與文,都帶有悲憤之音,是怒吼文學,像一匹受了傷的獅子,充滿一種憤怒與大哀痛,充滿一種凄惻的情感,廉悍勁利,逼人而來,與祖國命運和人民哀號渾爲一體,有一種不可抗拒的力量,從而開近代文學之先河。

七

太炎先生醫學研究上的成就,也爲他這時代中西醫家所稱道。太炎先生出身於三代世醫之家,從小受家庭熏陶,酷愛醫學,如果没有時代風暴的召唤,他也許會去當一名良醫,但在醫國與醫人兩條道上,他以天下興亡爲己任,毅然投入社會革命行列,先醫國病。在革命生涯的倥傯中,他不忘研究醫學典籍,收集各種古代驗方、醫書,詳考得失,由於他博通古代文獻,對中醫尤有研究,撰寫了百餘篇醫學論著,其中有對中醫術語的注釋,對病症的論斷,對古今衡量和醫史的考證,都有精闢見解,爲世所重。曾結集出版過《猝病新論》,但僅收錄了醫論三十八篇。

太炎先生的醫學,是從整個傳統文化着眼,抉取要義,又旁涉西學,返涉醫學,并能運用近代科學知識來總結中醫遺産,因此有許多新見。在近代中西醫大論戰中,他可以説是唯一的以革命家身份參與論戰的學者,他見識廣博,持論公允。既反對廢除中醫,反對排斥中醫教育,反對民族虛無主義,反對一味崇洋與妄自菲薄,又反對中醫守舊自大,反對中醫盲目排斥西醫,反對西醫抓住中醫部分迷信落後成份輒言廢止中醫,主張中西醫匯通,發展有中國特色的醫學。他認爲保衛和發揚中華傳統醫學和接受西方先進的醫學是并無矛盾的,因此他受到中西醫普遍尊敬。太炎先生的晚年可以説完全與醫學爲伍了,一係列的挫折與失敗,迫使他離開政治舞臺,去退守"不爲良相即爲醫"的最後一塊陣地,致力於醫學研究,曾歷任四個醫學院的院長或名譽院長,長達十載,爲中醫教育事業作出了很大貢獻,并留下了一份豐富的醫學遺産。

八

太炎先生是處於我國新舊時代交替中的一個人物,他思想上有許多因襲傳統的東西,也有擷取外來文化的東西,構成了他非常龐雜的思想體係和學術體係。人們習慣稱他"國學大師",因此後人不乏誤認爲他是個只知古不知今,只知舊不知新,只知中不知洋的古舊人物,其實這是很大的誤解。太炎先生與許多先進的中國人一樣,曾努力吸收當時一切外來文化,如哲學、社會學、人類學、考古學、民俗學、經濟學以及自然科學的成果,在進化學説方面,他曾認真研讀過日本有賀長雄的《族制進化論》,芬蘭韋斯特馬克的《婚姻進化史》,達爾文、拉馬克的生物進化論及斯賓塞和吉丁斯的社會進化論。他對西方的哲學,更是如饑似渴地博覽精思,古至希臘的伊利亞、斯多葛諸學派,以及蘇格拉底、柏拉圖、亞里士多德、伊壁鳩魯諸名家,近世的康德、費希特、黑格爾、叔本華、謝林、尼采、培根、休謨、貝克萊、洛克、萊布尼茨、穆勒、笛卡爾、斯賓諾沙等各家,太炎先生都廣泛涉獵、咀嚼吐納,他對大至宇宙天體,小至細胞原子,乃至聲、光、電、化、數學,以及人類社會的整體結構與各個側面,都有自己的觀察與判斷。他熔中西古今學説,以構築自己的哲學體系,撰寫了許多哲學論著。如《五無論》、《四惑論》、《國家論》、《代議然否論》、《俱分進化論》等等,爲辛亥革命提供了理論根據。正如賀麟在評價太炎先生哲學時所説:"他是當時革命黨唯一的哲學代言人,而且可以認作民國八年以來新思想運動的先驅。"

九

太炎先生早年還從事過翻譯工作,是他最早將斯賓塞文集譯入中國,1902 年由他編譯的日本岸本能武太的《社會學》出版,是第一部傳入中國的社會學著作,"社會學"一詞也是太炎先生所創。另外,他還翻譯過《希臘文學史》等。太炎先生精於國學,但并非對西學一無所知,可是他終身激烈反對生搬硬套,反對全盤西化,終身竭力維護本國文化的特性。太炎先生既不爲傳統文化所禁錮,又不對西方近代文化盲從，他對中西文化進行了雙重的反省，由於他同時啓開了這兩座文化的閘門，汹湧而來的浪潮激起了許多湍急的回流與旋渦，使他本人也不能自如駕馭，這種一身而二任的啓蒙工作，給他本人帶來了極大麻煩。他早晨在宣揚達爾文、斯賓塞，喚醒國人奮力反對封建專制，奔向民主共和，晚上已在宣揚顧炎武、王夫之，勸告國人克服物欲，保全自性，防止資本奴役。這種急切的轉彎，前後的矛盾，常常使後人費解，令人迷惘。所以人們很容易從太炎先生某一時某一側面的言行，得出一個與另一時另一側面言行相矛盾的結論。短短數千字的拙作，對太炎先生的一生及其學術成就當然也難免掛一漏万。

太炎先生是近代杰出的人物，但他決不是一個完人，也不可能是完人，他的學說也不可能盡善盡美，在他的身上有許多歷史的教訓與悲劇，但這是一份應該接受和必須接受的寶貴遺産——是一個遠遠沒有被開發的富礦，因此我們不必急於給他作什麼結論，而應該鼓勵人們更多更好地對他進行研究與開發。

校後記*

張渭毅

一、《國故論衡》的名義

　　清同治七年戊辰十一月三十日（1869 年 1 月 12 日），章太炎先生出生於浙江杭州府餘杭縣東鄉倉前鎮。初名學乘，後改名炳麟，字枚叔（一作"梅叔"）。因傾慕明末清初愛國學者顧炎武（名絳），改名絳，別號太炎，太炎先生的弟子、後學和仰慕者多以這個別號相稱。他的筆名、別號較多，主要有：絳叔、章燐、章緇、章氏學、西狩、日本西狩祝予、陸沉居士、窮荒孤客、臺灣旅客、亡是公、獵胡、支獵胡、末底、戴角、獨角、支拉夫、支那夫、獨立生、毛一、膏蘭室主人、牛馬走、夜叉、知拙夫、蕭海琳、劉子政私淑弟子、劉子駿之紹述者等，又常被稱作餘杭先生。另號菿漢、菿漢閣主，弟子尊稱他爲菿漢大師。"菿"字音倬，陟角反，菿、倬音同義通，爲"明大"之義，太炎先生

＊　本文原載於《邯鄲學院學報》2011 年第 3 期，題目是《章太炎和他的〈國故論衡〉》。2010 年 8 月，作者受商務印書館委托，重新校訂和標點了《國故論衡》，并撰寫了本文和《章太炎先生學術年表》。新的《國故論衡》校點本，於 2010 年 12 月由商務印書館出版，由於時間關係，本文未及刊入，現借重印之機收錄，并略有改動。

自稱莉漢,有"振大漢之天聲"之意①。

1936 年 6 月 14 日早 8 時,太炎先生因鼻咽癌(一説鼻菌症)、膽囊炎、瘧疾、氣喘病四症并發(一説鼻衄病和膽囊炎并發)不治,在蘇州逝世,享年 69 歲。7 月 9 日,國民政府發布了國葬令。太炎先生去世後,葬於杭州西湖南屏山麓明末抗清領袖張蒼水墓側。1986 年,杭州市政府興建了章太炎紀念館。1986 年 6 月 14 日,"章太炎先生逝世 50 周年紀念會暨學術討論會"在杭州舉行,發表學術論文 51 篇,章念馳著有《章太炎先生逝世 50 周年學術討論會綜述》。1982-1994 年,上海人民出版社出版了《章太炎全集》第 1-8 集。

太炎先生是中國近代傑出的革命家、思想家、學術家和教育家,作爲中國思想史、學術史、教育史和民主革命史的巨擘,他的卓越建樹彪炳於 20 世紀中國史册。一方面,他以不屈不撓的革命精神和激越的思想站在反對民族壓迫、推翻封建帝制、救亡圖存的斗争前沿,另一方面,他又以自己創新的國學思想與實踐站在走向峰巔的乾嘉經學、史學、文學和"小學"的學術制高點上②。後人或把他看作有學問的革命家,或把他當作革命的學問家,或把他視爲有學問的思想家,從不同角度對他的思想和學術進行多元的、多層面的探討與研究,形成一門專門的學問——"章學"。作爲一位民族的、革命的、有思想的中國學術大家,國學大師是太炎先生當之無愧的學術定位。他學貫古今中外,成就恢弘博大,生前勤於講學,著述宏富,撰寫和發表了大批有巨大學術價值和深遠學術影響的論著,其中《國故論衡》就是一部體大思精、最具代表性的關於中國語言文字

---

① 沈延國:《章太炎先生在蘇州·莉漢大師解》,見陳平原、杜玲玲:《追憶章太炎》(修訂本),生活·讀書·新知三聯書店 2009 年版,第 394 頁。

② 參見王寧《章太炎説文解字授課筆記·前言》,中華書局 2008 年版,第 1 頁。

學、文學和哲學思想的概論性著作。

所謂"國故",是太炎先生首先提出的學術概念和術語。按照胡適先生的定義,國故指中國一切過去時代的歷史與文化,也包括典章與制度、典故與故事。既包含着"國粹",也包含着"國渣"。研究國故的學問,叫國故學,簡稱國學。1920 年,胡適在《〈新思潮〉的意義》里首次明確提出了"整理國故"的學術口號,"整理就是從亂七八糟里面尋出一個條理脉絡來;從無頭無腦里面尋出一個前因後果來;從胡説謬解里面尋出一個真意義來;從武斷迷信里面尋出一個真價值來。"①他在 1923 年《國學季刊·發刊宣言》中指出:"'國學'在我們心眼里,只是'國故學'的縮寫。中國的一切過去的文化歷史,都是我們的'國故';研究這一切過去的歷史文化的學問,就是'國故學',省稱爲'國學'。"并且説:"'國故'這個名詞,最爲妥當,因爲他是一個中立的名詞,不含褒貶的意義,其中包含了'國粹'和'國渣'。""若要知道什麽是國粹,什麽是國渣,先須要用評判的態度,科學的精神,去做一番整理國故的工夫。"②

太炎先生所謂"國故",其内涵和外延却跟胡適先生的解説不同,指的是"國粹",有時稱作"歷史"或"古學"。根據太炎先生 1906 年 7 月 15 日的《東京留學生歡迎會演説辭》,"國粹"就廣義説,分爲三項:"一是語言文字,二是典章制度,三是人物事迹。"太炎先生的國學,即章氏國學,有兩種講法,其一,相對於君學而言,國學"不以人君之是非爲是非者",爲歷代帝王所排斥③,含有反抗君主專制、啓迪民智的内涵;其二,相對於西學而言,指中國固有之學術。一般

---

① 《胡適文存》(1),黄山書社 1996 年版,第 532—533 頁。
② 《胡適文集》(3),北京大學出版社 1998 年版,第 14—15 頁。
③ 參見鄧實《國學無用辨》,《國粹學報》第 6 期,1907 年。

指後者。從太炎先生在不同時期的講學和著述來看,章氏國學的内容是發展變化的。1906年,太炎先生在日本東京籌辦國學振起社,"間月發行講義",内容分爲諸子學、文史學、制度學、内典學、宋明理學和中國歷史六個部分。而由東京秀光舍1906年出版、同年在《國粹學報》上連載的太炎先生在東京國學講習會的講稿《國學講習會略說》,分爲《論語言文字之學》、《文學論略》和《諸子學略説》三章①。1922年4月至6月,太炎先生在上海講演國學,由曹聚仁記錄的《國學概論》可知,章氏國學的本體是經史、經典諸子和歷史,治學的方法有辨書籍的真僞、通小學、明地理、知古今人情底變遷和辨文學應用,而"研究國學,無論讀古書或治文學、哲學,通小學都是一件緊要的事"②。太炎先生晚年在蘇州章氏國學講習會的講稿《章氏國學講習會講演記錄》則分《小學略説》、《經學略説》、《史學略説》、《諸子學略説》和《文學略説》五章。③ 以上所述,雖然内容有同有異,但是都包括小學(即語言文字之學)、文學和諸子學(即哲學)的内容,可以説這些構成章氏國學的基本内容。《國故論衡》,顧名思義,榷論國學之要略,全書分爲上卷小學、中卷文學、下卷諸子學三卷。

　　需要特別指出的是,太炎先生撰著《國故論衡》,不是爲了單純地整理國故而進行國學研究。作爲中國近代學術文化的一代宗師,他之所以畢生孜孜不倦致力於國學研究,是因爲他深刻而清醒地認識到,國學維繫着中華民族文化的大統,關係到民族與國家的存亡,

---

① 參見張昭軍編:《章太炎講國學》,東方出版社2007年版。
② 參見張昭軍編:《章太炎講國學》,第70頁。
③ 同上書。

他說:"國粹淪亡,國於何有?"①又說:"環球諸邦,興滅五常,其能屹立數千載而永存者,必有特異之學術,足以發揚其種姓。"②正如章士釗先生所說:"夫一國之所以存立者,必其國有獨優之治法施之於其國爲最宜,有獨至之文詞爲其國秀美之士所愛賞。""夫國學者,國家所以成立之源泉也。吾聞處競争之世,徒恃國學固不足以立國矣,而吾未聞國學不興而國能自立者也。吾聞有國亡而國學不亡者矣,而吾未聞國學先亡而國仍立者也。故今日國學之無人興起,即將影響於國家之存滅,是不亦視前世爲尤岌岌乎?"③太炎先生在他人生的各個時期著書立説、講學授徒的宗旨,都在於紹述中華民族文化的精華,延續國學的命脈,力保國性之不失。這是走近、理解、解讀和研究國學大師太炎先生的國學著作的一個重要的認知視角。

二、《國故論衡》的學術定位

關於《國故論衡》的學術定位,時人和後人從不同的角度做了多種評説。陳平原從學術史家的高度,把這部書準確定位爲一部經過"精心結構"的、能够完整體現太炎先生學術風貌的、令人着迷地以

---

① 章太炎:《華國月刊發刊詞》,見湯志鈞編:《章太炎政論選集》,中華書局 1977 年版。
② 章太炎:《刊行教育今語雜志之緣起》,見湯志鈞編:《章太炎年譜長編》,中華書局 1979 年版。
③ 章士釗:《國學講習會序》,載章太炎《國學講習會略説》卷首,署名"國學講習會發起人"(即章士釗),原載 1906 年 9 月 5 日出版的《民報》第七號。

音韻文字訓詁學勾連語言研究和哲學分析的"文實閎雅"之作①，論證較全面公允。

太炎先生對於《國故論衡》的自我定位，尤其值得我們關注。他生前對《國故論衡》極爲重視，評價甚高，在他的《自述學術次第》、《自訂年譜》裏，將《國故論衡》跟其他國學代表作《訄書》、《小學答問》、《新方言》、《文始》、《齊物論釋》等相提并論。他在《自訂年譜》"四十三歲"條説："余學雖有師友講習，然得於憂患者多。自三十九歲亡命日本……始治小學音韻，徧覽清世大師著撰，猶謂未至。久乃專讀大徐原本，日繙數葉，至十餘周。以《説解》正文比較，疑義冰釋。先後成《小學答問》、《新方言》、《文始》三書，又爲《國故論衡》、《齊物論釋》、《訄書》亦多所修治矣。"②又在《自述學術次第》裏説："余所撰著，若《文始》、《新方言》、《齊物論釋》及《國故論衡》中《明見》、《原名》、《辨性》諸篇，皆積年討論，以補前人所未舉。"③

太炎先生還在書信中經常提及《國故論衡》。1913年夏至1916年5月，太炎先生被袁世凱軟禁在北京，在與其長婿龔寶銓的18封通信中，有五封提到《國故論衡》。他在絕食抗爭的生死關頭，還惦記着《國故論衡》和其他幾部重要著作，在1914年5月23日信中説："夫成功者去，事所當然，今亦瞑目，無所吝恨；但以懷抱學術，教思無窮，其志不盡。所著數種，獨《齊物論釋》、《文始》千六百年未有等匹。《國故論衡》、《新方言》、《小學答問》三種，先正復生，非不能爲也。"④

---

① 參見章太炎著、陳平原導讀：《國故論衡》，上海古籍出版社2003年版，第6—19頁。
② 章太炎著，王雲五主編：《民國章太炎先生炳麟自訂年譜》，臺灣商務印書館1987年版，第14頁。
③ 同上書，第67頁。
④ 馬勇編：《章太炎書信集》，河北人民出版社2003年版，第586頁。

他在囑咐龔寶銓將《章氏叢書》設法交浙江圖書館木刻刊行時，猶不忘贊頌《國故論衡》，在1915年12月23日信中說："《國故論衡》原稿亦當取回存杭，此書之作，較陳蘭甫《東塾讀書記》過之十倍，必有知者，不煩自詡也。"①

太炎先生對《國故論衡》的自我評價，充分說明《國故論衡》在章氏國學乃至章氏學術史所占據的重要地位。《國故論衡》是一部超越前人、千古難得的學術精品，這是毋庸置疑的。

三、《國故論衡》的成書及其性質

《國故論衡》的成書，可以從出版時間和所收篇章的完成時間兩個方面來看。

其一，從出版時間看，1910年6月7日，《國故論衡》初版本由國學講習會發行，日本秀光舍鉛印出版。

《國故論衡》的成書及其性質，要跟太炎先生在東瀛講學的學術活動聯繫起來。1906年7月，太炎先生出獄後，流亡日本。9月，在東京成立了國學講習會，任主講人，出版了講義《國學講習會略說》。爲了"振興國學，發揚國光"，太炎先生又發起國學振興社，發行講義，出版了《國學振興社講義》第一冊。此後直至1912年歸國前，太炎先生在日本的學術活動是講學與著述相輔相成，他有一批國學基礎好、比較成熟、比較堅定的學生，他的講學規模不大但教學內容專精，收到很好的成效，爲中國培養了一批優秀的學者，基本上形成了

---

① 馬勇編:《章太炎書信集》，河北人民出版社2003年版，第593頁。

一個學術流派。① 把已經發表的論文編入講義,再口授給弟子,進行討論,然後把講義次第定稿爲學術著作出版,是這個時期太炎先生撰寫學術著作的主要方式。《國故論衡》出版後,出版廣告對此書的性質看法不一,如有的廣告把它看作"餘杭章先生近與同人討論舊文而作","口授既畢,爰著紙素。同人傳鈔,懼其所及未廣"②的著作,有的廣告說它用"講義體裁,解說簡明,學理湛深,誠研究國學者所不可不讀也"③,有的廣告則說此書"本在學會口說,次爲文辭,説解明皙,學理湛深"④。其實,這些說法并不矛盾,《國故論衡》是太炎先生講課口授、與弟子討論在先,用講義體裁編成專著在後的國學概論性著作。他最具有代表性的其他幾部國學著作,如《小學答問》、《新方言》、《文始》等,也是在這個時期以這種寫作方式寫成的。我們說《國故論衡》是講義式的學術專著,一點也沒有貶低它的學術價值。

其二,就所收篇章成文的時間而論,《國故論衡》雖然初版於 1910 年 6 月 7 日,但是其中的 11 篇論文,早在《國故論衡》成書前就已經正式發表過,或者在收入本書時或少或多地修訂過。

最早發表的是卷下所收的《原學》,見於 1900 年太炎先生親自校訂的《訄書》(即《訄書》手校本)第 1 篇,又見於 1902 年出版的《訄書》重印本和 1910 年出版的《訄書》手改本第 1 篇。卷中《辨詩》曾以《六詩說》爲題,發表於 1909 年 3 月 11 日出版的《國粹學報》己酉年第 2 號;卷中《原經》和卷下《原儒》發表於 1909 年 11 月 2 日出版

---

① 參見姚奠中、董國炎《章太炎學術年譜》,山西古籍出版社 1996 年版,第 131 頁。
② 湯志鈞:《章太炎年譜長編》,第 343 頁。
③ 同上書,第 344 頁。
④ 同上書,第 344 頁。

的《國粹學報》己酉年第 10 號,成書時有改動;卷下《原名》發表於 1919 年 12 月 2 日出版的《國粹學報》己酉年第 11 號;卷下《明見》曾以《正見》爲題,與卷下《原道》都見於 1910 年 6 月 7 日前(即《國故論衡》出版前)定稿的《訄書》手改本。以上所列 7 篇,太炎先生都收入 1910 年的《訄書》手改本。

《國故論衡》卷上《古音娘日二紐歸泥説》、《古雙聲説》,分别刊登於 1908 年出版的《國粹學報》戊申年第 5 號和第 6 號。卷上《古今音損益説》,寫成於 1907 年,載於 1908 年出版的《國粹學報》戊申年第 7 號。

據謝櫻寧先生考證,卷中《文學總略》,原是《文學論略》一文的改寫,《文學論略》曾連載於 1906 年 10 月至 12 月出版的《國粹學報》第 21—23 期,因改寫幅度大,《文學總略》在收入《國故論衡》的前後,又在 1910 年 6 月 26 日出版的《國粹學報》庚戌年第 5 號上重登了一回。①

另外,卷上《語言緣起説》和《一字重音説》,寫成於 1907 年,正式發表於《國故論衡》。

四、《國故論衡》的版本及其差異

就版本而論,《國故論衡》有兩個版本,即初版本和《章氏叢書》本,後者是增訂本,兩個版本在太炎先生生前各刊印了三次,共六次。

---

① 見謝櫻寧:《章太炎年譜摭遺》,中國社會科學出版社 1987 年版,第 35—36 頁。

清宣統二年庚戌（1910年）五月朔日（6月7日），《國故論衡》初版本在日本印行，封面篆書"國故論衡"四字，鉛字排印，共216頁，分上、中、下三卷。書末版權頁署："庚戌年五月朔日出版，定價日幣七十錢；版權所有者：國學講習會；印刷所：日本秀光舍"①。此爲《國故論衡》初版本的初印本。初版本於1912年12月再版，1913年4月第三次印行。第二版、第三版的封面、正文、頁碼與日本初印本完全相同，變更的只是版權頁。我們看到的本子，是北京大學圖書館藏的1913年上海大共和日報館刊印的第三版，書末版權頁署："民國元年十二月再版，民國二年四月三版；定價銀圓壹圓；著作者章炳麟；印刷者上海大共和日報館；發行所上海大共和日報館。"

　　1915年5月，太炎先生把《國故論衡》增訂完畢，收入上海右文社7月出版的《章氏叢書》，鉛字排印，全書兩函24册，是爲右文版《章氏叢書》。《章氏叢書》所收的《國故論衡》，内容跟初版本不同。其中錯字較多，太炎先生很不滿意，在12月19日《致龔未生書》中説："此書錯亂百出，校亦難清。"②并多次談及計劃重新刊刻此書。1919年，浙江圖書館出版了《章氏叢書》，對右文版進行校訂，刊印精良，是爲浙本《章氏叢書》，其内容比右文版《章氏叢書》有所增删，但是，所收《國故論衡》的内容没有變化。1924年，上海古書流通處再版了浙本《章氏叢書》，中多錯字。總的説來，浙本《章氏叢書》錯誤少，向來被看作《章氏叢書》的定本。故此次校訂《國故論衡》，我

---

　　① 我們没有看到日本初印本，有關版本的描寫參見湯志鈞《章太炎年譜長編》，第343頁，陳平原導讀《國故論衡》，第20頁。陳平原、夏曉虹先生爲我們提供了日本初印本的版權頁照片（見本卷書首圖片，原書把出版時間"庚戌年"誤印爲"庚戍年"）。在此，謹向陳、夏兩位先生深表謝意。

　　② 馬勇編：《章太炎書信集》，第592頁。

們採用的底本就是浙本《章氏叢書》所收的《國故論衡》,簡稱浙本《國故論衡》。

從《國故論衡》兩個版本的内容上看,初版本和浙本的内容各有增删,互有不同,兩個版本的差異主要體現在以下兩個方面。

其一,篇數不同,篇目各有增删。初版本《國故論衡》上卷小學有十篇,包括小學略說、成均圖、一字重音說、古今音損益說、古音娘日二紐歸泥說、古雙聲說、語言緣起說、轉注假借說、理惑論、正言論。中卷文學有七篇,包括文學總略、原經、明解故上、明解故下、論式、辨詩、正齎送。下卷諸子學有九篇,包括原學、原儒、原道上、原道中、原道下、原名、明見、辨性上、辨性下。

浙本中卷、下卷篇目與初版本相同,但是上卷有 11 篇,其中九篇與初版本同,但是删去了初版本的《古今音損益說》一篇,增加了《音理論》、《二十三部音準》兩篇。

其二,兩個版本中相同的篇目,文字互有損益,内容各有差異。一般是浙本在初版本基礎上增補,但也有浙本改訂、删除初版本的内容之處。根據我們的統計,浙本增補的内容有 82 條,改、删的内容有 96 條。

關於《國故論衡》兩個版本的差異,太炎先生生前已經指明了。《太炎先生著述目録初編》卷上"已刊之部"的"《國故論衡》三卷"條下按語說:"謹按:《國故論衡》有先校本,庚戌年五月日本國學講習會刊行。先校本修正二十四則,先師自書眉云:'此初校本語亦有校定本所未載者,他日當集合刊之。'"[①]對於這個按語,"章學"權威學者有兩種不同的說法。

---

① 王雲五主編:《章太炎先生炳麟自訂年譜》,第 71 頁。

校後記

第一種說法認爲，太炎先生所云"初校本"是1910年日本刊行《國故論衡》初版後的一個校本，1915年上海右文社出版的《章氏叢書》所收《國故論衡》，即太炎先生所云"校定本"。先有《國故論衡》，然後才有初校本，修正的24則見於《章氏叢書》右文版。"右文版另增《音理論》、《二十三部音準》，文字亦有損益。凡'修正二十四則'。"①

第二種說法指出，《國故論衡》初版前就已經有先校本，即初校本，日本1910年刊行的《國故論衡》初版本就是先校本，《國故論衡》初版本修正了24則。《章氏叢書》所收《國故論衡》，即太炎先生所云"校正本"②。

由於我們沒有看到太炎先生加眉批的初校本，而且《章氏叢書》本《國故論衡》實際增訂的内容要多於24條，無從判斷這兩種看法孰是孰非，但是有一點是可以肯定的，《章氏叢書》1915年右文版和1919年浙本《國故論衡》，跟1910年初版本相比，内容有損益，太炎先生希望"他日當集合刊"出兩個版本的《國故論衡》。2010年8月至12月，商務印書館委托筆者以《國故論衡》浙本爲底本，參校初版本，重新校點全書，力圖全面展示兩個版本内容的異同，實現了太炎先生生前的願望，實在是爲學術界、尤其是爲"章學"做了一件大好事。

《國故論衡》初版本與《章氏叢書》本，出版時間相隔五年，内容有增删改訂，差别不小。我們把初版本跟浙本進行比較，從浙本增補的82條和删改的96條内容裏，可以發現太炎先生語言文字學、文學和哲學思想嬗變和發展的一些重要的綫索和不少有價值的學

---

① 湯志鈞：《章太炎年譜長編》，第348頁。
② 姚奠中、董國興：《章太炎學術年譜》，第161頁。

術信息，這是以往的"章學"研究者忽略的地方，應該引起足夠的重視。我們認爲，解讀《國故論衡》的内容，評價其學術價值，必須建立在比較兩個版本内容異同的基礎之上。

以卷上爲例。我們發現，太炎先生在初版本和浙本的《轉注假借說》里，分别用了他在兩個不同時期的古韻分部學說討論字音的歸類，具體說來，初版本没有《二十三部音準》一章，採用的是《文始》的古韻二十三部系統；而浙本改從《二十三部音準》的古韻系統，隊部的歸字有所不同。太炎先生的弟子們後來提到并採納章氏古韵二十三部分部的結論，大多以浙本所收的《二十三部音準》的古韻系統爲準，即隊部只包括去、入聲字，不包括平、上聲字（即黄季剛先生所謂"没部"）。而王力先生創立的脂、微分部的學說，却是受到了太炎先生《文始》隊部從段玉裁、王念孫脂部中分出平、上字的啓發而提出的。①

至於兩個版本内容的全部差異及其學術價值，我們另文具體闡述。

五、《國故論衡》的校勘和整理

章太炎先生的《國故論衡》，是一部體大思精、影響深遠的國學名著，研讀《國故論衡》，成爲廣大國學研究者的必修科目。因此，《國故論衡》的校勘和整理工作，向來受到各界的重視。國内通行的《國故論衡》校本有陳平原先生導讀、點校的《國故論衡》和龐俊、郭

---

① 參見王力《上古韻母系統研究》，載《王力語言學論文集》，商務印書館 2000 年版，第 117—123 頁。

誠永先生點校、疏證的《國故論衡疏證》。陳校本以 1910 年日本秀光舍刊行的《國故論衡》初版本的初印本爲底本,參校右文版和浙本,未收錄浙本增加的《音理論》、《二十三部音準》兩篇論文,採用簡體橫排和現行標點符號,有少量校注,2003 年由上海古籍出版社出版。龐、郭疏證本以 1919 年浙本《國故論衡》爲底本,旁徵博引,疏證細密,未收錄初版本原有的《古今音損益說》,採用繁體竪排,按新式標點符號斷句標點,2008 年由中華書局出版。

這兩個校本的底本不同。内容不盡相同,整理工作也各有側重。爲了凸顯《國故論衡》兩個版本內容的差異,并爲全面研究章氏國學提供有價值的學術綫索,2010 年 8 月,筆者受商務印書館委托,重新校訂和標點了章太炎先生的這部國學名著,并編寫了《章太炎先生學術年表》。這部新的《國故論衡》校點本,作爲"中華現代學術名著叢書"之一,於 2010 年 12 月由商務印書館出版。謹以此書紀念《國故論衡》出版 100 周年、"革命元勛、國學泰斗"章太炎先生逝世 74 周年。

現將商務印書館出版的《國故論衡》新的校點本體例説明如下:

1. 1913 年上海大共和日報館刊印的《國故論衡》初版本第 3 版,簡稱初版本。1915 年上海右文社出版的《章氏叢書》所收《國故論衡》,簡稱右文版。1919 年浙江圖書館出版的《章氏叢書》所收《國故論衡》,簡稱浙本。我們以浙本爲底本,參校北京大學圖書館所藏的初版本和右文版,比勘互校,辨析同異,以隨文加校注的形式體現浙本和初版本兩種版本內容的差異。

2. 此書採用繁體橫排,按照現行標點符號,重新斷句標點。原文標點有誤或不妥之處,都予以改正。原文的引文錯誤,我們經核對后,也一并加校注予以改正。

3. 浙本增補或删改的内容，爲簡明起見，在此書中一般擇取整句話或整段話中的前後幾個字，表示整句話或整段話的内容。

4. 浙本删去了初版本卷上的《古今音損益説》，爲了體現《國故論衡》兩個版本的差異，并爲全面了解和考察太炎先生《國故論衡》音韻學思想的發展提供依據，我們根據初版本，附錄補收了此文。另外，太炎先生1906年發表的《論語言文字之學》、1908年發表的《駁中國用萬國新語説》，是研讀《國故論衡》的重要參考依據，也是中國語言學史上重要的綱領性文獻，本書附錄分别依據《國粹學報》丙午年(1906)第12、第13號和《國粹學報》戊申年(1908)第4、第5號予以收錄，都用繁體橫排，按現行標點符號重新斷句、標點。

5. 此書的斷句、標點和校勘，參考了陳平原先生導讀、點校的《國故論衡》和龐俊、郭誠永先生點校、疏證的《國故論衡疏證》的成果，謹此致謝。我們還對兩部書中的一些誤、漏、衍之處做了訂正。

此次整理編輯《國故論衡》的工作，得到北京大學中文系何九盈先生的關懷和指導，何先生特别建議我們選入太炎先生的《論語言文字之學》、《駁中國用萬國新語説》兩篇重要的學術論文，并提出一些指導性意見。本書收入"中華現代學術名著叢書"，自始至終得到商務印書館編校人員無私的、熱情的幫助，謹在此一并致謝。

2010年聖誕夜寫於北京西二旗寓所